U0473109

万向区块链实验室丛书

区块链：新经济蓝图及导读

[美] 梅兰妮·斯万 著

新星出版社 NEW STAR PRESS

翻译及导读：龚　鸣　初夏虎　陶荣祺　达鸿飞
　　　　　　　曾林钏　张凯悦
特约导读：沙　钱　罗　佳　吴志峰
审　　校：孙　铭　李　戈　陈峤
主　　编：韩　锋
特约编辑：刘　刚

出版说明

感谢清华大学的顾学雍教授向我推荐了Melanie Swan的这本《区块链：新经济蓝图及导读》。我和龚鸣（暴走恭亲王）、陶荣祺、达鸿飞、顾颖（初夏虎）、孙铭（高素质蓝领）、曾林钏、张凯悦一拍即合，认为这本书提供了现在全球区块链产业从理念到创业比较全面的叙述，决定一起翻译并导读这本书。其中暴走兄贡献最大，翻译了其中第二、三、四、七章并导读第三、四、七章，初夏虎翻译了第一、六章，曾林钏和张凯悦翻译了前言和附录，陶荣祺翻译了第五章并导读，达鸿飞导读第二章，初夏虎、高素质蓝领、陶荣祺、张凯悦和李戈做了出色的审校工作，后来沙钱、罗佳总和吴志峰博士也参与了导读工作，中国万向控股副董事长肖风写了序，阿里巴巴副总裁高红冰和我对话形成了前言总导读，我后来又在译后注上补充了《区块链的人工智能》，孙铭、蒋海分别写了跋一、跋二，李戈制作了《中国区块链创业项目一览表》。

感谢以上各位参与者和一直关注支持本书出版的每一位朋友，希望本书可以给广大中国区块链爱好和创业者以思想的启迪和创业的帮助。

感谢万向区块链实验室把本书列为"万向区块链丛书"第一本，并大力支持本书的出版工作。

主编　韩锋

目 录

区块链——互联网金融的终局（序）……………………………001
关于区块链认知的对话……………………………………………005
前言…………………………………………………………………027

第一章 导读 不仅仅有比特币……………………………………041
第一章 区块链1.0：货币…………………………………………045
第二章 导读 可编程货币…………………………………………055
第二章 区块链2.0：合约…………………………………………059
第三章 导读 人类文明的最大公约数……………………………083
第三章 区块链3.0：超越货币、经济和市场的公正应用………089
第四章 导读 高精度的大规模协作………………………………121
第四章 区块链3.0：超越货币、经济和市场的效率和协作应用……125
第五章 导读 货币的再认知………………………………………143
第五章 高级概念……………………………………………………149
第六章 导读 技术局限或自我局限………………………………163
第六章 局限性………………………………………………………169
第七章 导读 历史转折点…………………………………………181
第七章 总结…………………………………………………………185

译后注	区块链的人工智能	191
跋一	浅谈区块链众筹的法律问题	203
跋二	区块链的股权众筹应用探讨	209
跋三	中国区块链创业项目一览表	215
附录A	加密数字货币的基础	227
附录B	莱德拉资本大区块链列表	231
注解和参考书		237
区块链专业名词中英文对照表		255

序

区块链——互联网金融的终局

肖风

近期的《福布斯》杂志中文网上有一篇文章说道：没听过区块链？你可能对互联网金融知之有限！

这可绝对不是标题党的作为。在互联网金融几乎家喻户晓的中国，关于世上是否真有互联网金融的争论，居然还能像沉渣一样时不时地泛起，也难怪有人要作此提醒了。其实，我们在中国看到的任何互联网金融的技术或商业模式雏形，都发源于欧美，无一例外！只是他们不叫互联网金融，叫FinTech——金融科技！如果美国驻华大使给你一张中文姓名的名片，你可千万不要按中文拼音去美国查人！在FinTech中，目前最热闹的就是区块链技术了。据报道，全球主要的金融机构甚至纳斯达克交易所，已经或马上要建立区块链实验室，以试验区块链技术在各种金融场景中的应用。花旗银行甚至在内部发行了自己的数字货币"花旗币"。瑞士联合银行（UBS）在区块链上试验了二十多项金融应用，包括金融交易、支付结算和发行智能债券，等等。

有人预言十年之后互联网金融会消失，因为届时互联网金融如同互联网一样已经融入世界，万物互联，化为无形。我一直在想象，那个时候的互联网金融会是怎样呢？《区块链：新经济蓝图及导读》这本书也许可以帮助我们更好地找到答案。

我们都知道，信任是世界上任何价值物转移、交易、存储和支付的基础，缺失信任，人类将无法完成任何价值交换。最初人们靠血缘和宗族来建立信任，接着人们靠宗教和道德来建立信任，后来人们靠法律和组织来建立信任，否则人类社会无法完成越来越多的各种各样的价值转移和交换。随着人类社会越来越数字化，随着互联网由传递信息、消除信息不对称的信息互联网向传递价值、降低价值交换成本的价值互联网进化，人们开始尝试通过数学算法来建立交易双方的信任关系，使得弱关系可以依靠算法建立强连接，从而去促成人类有史以来如不依靠互联网技术，几乎不可能完成的价值交换活动，包括甚至更主要的是金融交换活动。

区块链本质上就是交易各方信任机制建设的一个完美的数学解决方案，而比特币就是区块链技术的第一个伟大的应用。区块链技术原理来源于一个数学问题：拜占庭将军问题。该问题的背景是，在东罗马帝国时期，几个只能靠信使来传递信息的围攻城堡的联盟将军，如何防止不会被其中的叛徒欺骗、迷惑从而做出错误的决策。数学家设计了一套算法，让将军们在接到上一位将军的信息之后，加上自己的签名再转给除发给自己信息之外的其他将军，在这样的信息连环周转中，让将军们得以在不找出叛徒（找叛徒将是成本最高、效率最低的解决办法）的情况下达成共识，从而能保证得到的信息和做出的决策是正确的。

区块链的基本结构也是这样的。人们把一段时间内的信息，包括数据或代码打包成一个区块，盖上时间戳，与上一个区块衔接在一起，每下一个区块的页首都包含了上一个区块的索引（哈希值），然后再在页中写入新的信息，从而形成新的区块，首尾相连，最终形成了区块链。到2015年8月29日，比特币区块链上共有372016个区块，总数据容量40GB，算力400PFLOPS（也就是每秒400千万亿次浮点计算），目前我国的天河二号超级计算机的算力也只有33PFLOPS。区块链技术一是用纯数学方法来建立各方的信任关系，二是交易各方信任关系的建立完全不需要借助第三方，三是建立信任关系的成本几乎降到了零。这也正是我所预言的区块链将帮助达成互联网金融的终极模式的核心所在。

以区块链为基础，再加以一系列建立在区块链上的辅助方法，人们正在互联网上建立一整套互联网治理机制。包括：（1）工作量证明机制（要篡改区块链上的数据，需要拥有超过全网51%的算力，这使得作伪的成本会高于预期获得的利益）；（2）互联网共识机制（以共识来确保正确，而无须甄别好坏）；（3）智能合约机制（以程序代替合同，约定的条件一旦达成，网络自动执行合约。金融活动由交换数据变为交换代码）；（4）互联网透明机制（账号全网公开而户名匿藏，交易不可逆转且交易由第三方"矿工"记账）；（5）社交网络的互动评分机制（这使得专车司机的笑脸能换来利益而出租车司机的笑脸却不能）；（6）密码学特别是公钥密码等这些互联网治理机制正在给经典的经济学、金融学、管理学甚至社会学带来巨大的冲击。理论结构、公司结构、金融结构甚至社会结构都面临解构与重构的命题。

区块链是互联网金融的底层技术架构。只有区块链技术的成熟，才能带来互联网金融的成熟。这是因为：

它是数字世界里一切价值物的公共总账本。任何数字资产的认证、记录、登记、注册、存储、交易、支付、流通，一个账本统统解决。

它是去中心化的大数据系统。记录、传递、存储、分析、应用，一应俱有。

它是分布式的云计算网络，没有中心服务器。仅比特币区块链已经拥有400PFLOPS的计算能力，而这个计算能力是由全球接入比特币系统的无数台计算机免费提供的。

它是未来去中心化组织结构的基础架构。

它是互联网治理机制的底层协议。前述的互联网治理机制，大部分建立在区块链上。

站在区块链之上，遥想互联网金融的未来，我认为它会有如下几个特点。

它是智能化的。金融交换载体由数据变为了代码，传统金融成为可编程的智能金融。

它是去中心化的组织结构。点对点、端到端、P2P。

它是算法驱动的金融，摩擦系数接近于零。

它是一体化的系统，身份识别、资产登记、交易交换、支付结算都在区块链一个系统上一账打通。

它是实时化、场景化、7X24小时、现实世界与虚拟世界、物理世界与数字世界无缝衔接的金融体系。

韩锋博士和数字货币界（尤其是对数字货币2.0有研究）的几个同仁，计划翻译出版《区块链：新经济蓝图及导读》一书。为让更多的人能够了解区块链的意义，他们结合中国经验为每一章节都写了导读，拳拳之心可鉴！正值我在上海紧锣密鼓地筹备创立区块链实验室，以在中国推广区块链技术。目前中国的区块链圈子并不大，很快我们就见上面了。双方相谈甚欢，相见恨晚。当场达成以这本书为起点，以区块链实验室为支撑，未来几年出版一套区块链实验室丛书的计划。一方面借以推广这项在中国还比较陌生但未来也许会扮演终结者角色的区块链技术；另一方面也想在这可能改变历史的关键时刻，能够留下一系列的文字记录，以见证这伟大的变迁。

让我们翘首以待在区块链上浴火重生的更普惠、更智能、更实时、更跨界的未来金融！

肖风，博士，万向区块链实验室发起人，中国万向控股有限公司副董事长兼执行董事、民生人寿保险股份有限公司副董事长、万向信托有限公司董事长、民生通惠资产管理有限公司董事长、通联数据股份公司董事长、通联支付网络服务有限公司董事长。肖风博士拥有超过20年的证券从业经历和资产管理经验，其创建的博时基金公司，是目前中国资产管理规模最大的基金公司之一。

前言总导读

关于区块链认知的对话

高红冰　韩锋

以下对话中：

"高"代指阿里巴巴集团副总裁、研究院院长　高红冰

"韩"代指清华大学博士生、I-Center导师　韩锋

地点：阿里巴巴研究院

高：关于"区块链"的认知，我们在微信群里已经有很多交流，但是不系统。

关于"区块链"，我需要向你学习，需要同你讨论并进一步求证几个问题。第一，当我们谈论到"区块链"（blockchain）时，这个概念应当如何翻译？我也把这个话题发在了群里，有许多人进行了回应。第二，"区块"这个词的意思，你拆开来理解"区"和"块"，很简单。如果是对"区块链"已经有所认知的人，反过来看这个词语时，会觉得"区块"的确较好地保留了"blockchain"这个单词的意思。但是，对于不熟悉"区块链"的人，会认为这个词很生僻。第三，朋友圈中回应的人提到，刚刚把 "移动互联网"搞清楚，突然又冒出了"区块链"，认为技术与时代变革很快。但是，严格来讲，这说明人们对于"区块链"这个概念的认识

还很模糊,"区块链"的界定需要进一步探讨,"区块链"的应用场景还需要开发和梳理。

韩:其实互联网当时也是从好几个词组合过来的。

高:对,互联网(internet)这个词当年存在多种解读。比如,当时翻译成"因特网",在政府文件中广泛使用这个概念。即使到了今天,争论仍然在进行之中,主要是由于互联网技术在不断升级演进,人们对于互联网的本质,存在各种讨论和争论,甚至延伸到"互联网思维"的讨论。当年,甚至有人认为,internet=inter+net。台湾翻译成"网际网"。但是,今天来看,互联网真正革命性的起点,始于1973年发明的TCP/IP协议。

韩:我一直坚信互联网是全人类的基础协议。TCP/IP协议其实极其简单,妙就妙在这里。它用简单的代码协议解决全人类都不能解决的问题。我们俩传递信息怎么能保证是信道可靠?如果没有这些基础协议,我们会变得很困扰。在过去,传递信息首先会受到"中心控制"的制度限制,其次还有地域、物理上的限制以及成本的限制,而这些限制现在被打破了。

"区块链"正是这个基础协议的升级。我们依靠第一代互联网保证信息传输没有问题了,但是你给我的信息是否是真实的?这一点我没法证明。所以互联网一度让人认为上面的信息都是假的,作假太容易。即使现在也是这样。这样一来,想解决这个问题,计算机就需要克服"拜占庭将军"问题。假设一群将军互不信任,其中一定有坏人,但只要保证坏人不大于将军的三分之一,计算机就存在一个算法,能保证将军们达成的共识是真实的。

"比特币"和"区块链"尝试解决的是重复支付的问题。按理说如果每个电子货币都不依靠中心,让人感觉防止重复支付是无解的。谁都会想作假,去蒙骗别人来占便宜。而"比特币"就是依靠一种机制,即全网记账。我研究量子信息,从这个角度看比特币机制是压缩虚假信息,依靠挖矿的能量付出,来压缩和筛选出可能的重复支付交易信息。我在清华一次课上讲到这个问题(请参看本书译后注:"区块链的人工智能"),其实这就是一种类似量子计算的分布式人工智能。

中本聪写的"比特币"的基础协议很简单，协议就是盖时间戳，全体矿工一起记账，一起公证，而不是相信一个人，每十分钟确认一次，这就形成记录了全网这十分钟所有正确（没有重复支付）的一个账本数据库"block"，我们称之为"区块"。如果大家都一致，达成共识，叫作共识机制，那么大家就承认这个区块上的信息是真的，原则上不可篡改（修改按协议需要控制全球挖矿记账51%以上的算力），然后每个合法的区块连成一个个链条，就是区块链，形成一个分布式共识数据库，未来会成为全人类真实信息的共同来源。这个机制的熵压缩非常大，把你可能做的假账和欺诈的混乱都筛除掉了。

最近，我和德勤的一位亚太合伙人在写一篇文章。德勤正在准备大量使用"区块链"。"区块链"对于德勤这样做审计的事务所来说太有用了。原来最头疼的就是被审计的公司做假账怎么办？如果被查出来，负责审计的单位是要承担责任的。所以，为了严防假账，他们需要耗费大量的人力物力。一般来说，使用"区块链"，这个问题就可以很好地获得解决。全球数万用户、德勤和监管机构共识记账，可以追溯，不可更改，记账都是盖了时间戳的。这样审计成本一下子就下降了。现在才刚开始使用"区块链"，据说成本就下降了好几亿美元，所以未来德勤绝对会花很大力气做这件事，毕竟他们每年审计收益是三百多亿美金。德勤如果参与到区块链技术中来，情况就绝对不一样了。

高：这就叫作数据化会计？

韩：对，信用成本下降，而且是全球化的，解决了原来最头疼的问题。"区块链"远不止用于金融、财务、审计，还可以用于其他更多的领域。比如，最近在讨论智能化城市。泸州市科委来探讨的就是当地特产的可回溯性。任何品牌特产，都是因为造假的人而导致市场被破坏。怎么做到可回溯？如果区块链和物联网结合，从产地就开始全网公证，那作假成本就非常高了。就好像比特币系统，做假币需要几个亿的成本，让作假跟你盗取的利益相比不成比例！

高：明白。我在想，对于"区块链"的认知，在还没有大量应用场景的初级阶段，如果没有充分的好奇心，一般人是听不下去的。在"区块链"面前，当人们一旦把自己归类到从事某一个行业或者学科领域研究，对"区块链"的认知就会止步。

这些问题，似乎回到了"元问题"的讨论，就是所谓的不可测量，进而带来了不可测的定义。如果我们只是在概念上进行定义，本身是没有多大意义的。如果没有实际的测量作支撑，那么定义就会有争论。这就成了一个"是非问题"，而不是一个"真相问题"。是非的问题就是你认为你有自己的体系，他则坚持自己的体系，两个体系放在一起，是不可验证的，所以测量共识本身是很重要的。

那么为什么会有不可测量？我举个例子。人的神经系统是不可测量的。或者说，人死了，那口气没了，这里的"气"是不可测量的。它没有重量，甚至没有电波。这个不可测量的背后，却是人体的不同生物系统连接在一起时，共同产生了神经功能系统。不可测量，那么你只能说相信，或者靠着感知、经验去抓住某个东西，但这不是大众能够抓得到的。那些气功大师、做针灸的、号脉的人，我相信是有这种功夫的，但这不是大家抓得住的。

这就是我们今天说的区块链以及你说的智能这个概念，尤其是智能，其背后存在着一种"计算+数据+算法+存储"的逻辑。那么，不可测量也就是刚才我们讲的量子论的结果。

韩：我也思考了很多，不可测量含义是什么？我是这么看的。你如果站在牛顿的世界观，那是不可测量的。因为牛顿，包括爱因斯坦认为，世间万物都是定域决定性的，存在都是准确的时间和地点。这是牛顿建立他的整个世界体系的出发点。但是到了量子力学，不是这样了。万物不存在固定的时间和地点，它本质是非定域性的，事物它看得见的粒子部分和看不见波的部分是同时出现和互相转化的（量子力学中的Englert-Greenberg

关系）。所以我们突然发现世界至少有一部分是不可（定域）测量的。

但是这一点是否真的不可以接受呢？事实上从整个人类文明的历史看，我们的先哲很早就发现了万物非定域的本质。老子最早就谈"有"和"无"，而且老子的"无"是在"有"之前，他说："有生于无"[①]。这样高的智慧，人类后来反而丢了。整个现代科学体系是建立在希腊的原子论体系之上。原子论最早认为，一切物体是定域原子构成的，剩余的就只有"虚空"了，两者机械的结合构成我们整个宇宙[②]。但是老子在两千多年前就以他的智慧提出，他的世界观是"有生于无"。就是说我们的世界很大部分是你看不见的，但是不代表说什么都没有，现在量子力学称之为"波函数"或者叫"场"。

在知道无法精确"定域"测量后我们怎么办？其实现在互联网已经回答了，就是"大数据"。没有大数据的话绝对没法描述非定域整体关联。因为在那一部分你还看不见的世界中没有定域因果性，你只有几个数说明不了问题，就只能说它是随机的，找不到规律。但有了大数据以后就不一样了。关联、纠缠等现象全部都发现了。所以现在一切都在走向数据化，没有数据，那就只能说无测量了。

高：我觉得有几个认知，我们回过头来再确认一下。一个是我们对世界的认知和理解，放在牛顿力学或者普通化学层面去理解，先不要升级到量子层面，到了量子论这个层面就很哲学了。测量时，有测量者、被测量者、观察者等多个角色。其实，人一直是我们这个世界既有的观察者，但是，我们常常会忘记这个前提。你刚才说的老子说了很多，是以他当时既有的经验和知识进行的测量、感知或想象。人，是一个观察者。作为一个观察者的人，今天只能"看到"这么多东西，看不到更多未来能够"看到"的东西。比如，未来，"大数据+算法"产生的人类群体智能，可能

[①] 老子：《道德经》。
[②] 阎康年：《自然科学史研究》1983 年第 2 卷第 2 期，第 183—192 页。

会帮助人"看到"更多的东西。

现在有很多的工具，但借助这些工具去观察的时候，观察本身就发生变化了。你看到结果的发生。比如说我们测量ph值，我们把ph试液倒在被测试的杯子里，变成红色或紫色，我们借此来判断ph值的多少。这是肉眼可观察的。就是说你只要把酸加进去，你就能看到结果。这就验证了。这个验证一定是带有你作为人的肉眼的尺度这个量级去看。如果我们换成一个人类肉眼看不到的微观层级，那颜色这个维度就不存在了。

韩：你在进行这种观测的时候，其实已经划定了一种范围。

高：对，划定的范围就是人本身。认识，被人类自身的观察能力所决定。所以有些观察者，或者说佛道比较高的人，能够看到人的灵魂。当然他对灵魂的定义可能和普通人的定义不一样。他能看到的跟我们看到的也不一样。有些人就是有"特异功能"，这一点是没有办法的。他就是在某些方面比一般人强。有些人腿脚厉害，就是比别人跑得快，而有的人可能天生缺少某个器官，诸如此类。总之，存在观察者角度的问题，而这一点，往往被我们忽略。这个本身是有问题的，人类要认知到这一点。现在，我们再看"区块链"、人工智能，也是一样的。过去，以日常生活的观察尺度去看，我们都不会怀疑。但跨出这个尺度以后，我们就产生各种怀疑。

再回过头来看，我们对今天经济运行的计量、统计、观察或者宏观调控，实际上是基于现在人们对于经济的认识。

韩：我印象很深的，马云说过一句话："现在公开的数据有真实的么"？

高：如果继续这么问下去的话，就成了不可知论了。我们就必须划一条线。在我们讨论问题的时候，当你把视线朝着粒子更小的世界去看，或者朝向地球之外更大的尺度去看，已经远远超出了现在人类的观察能力。我们如果想观察粒子、量子，就必须用一个质子去轰击它，否则就"看不到"。这是测量工具的问题，肉眼看不到也是因为肉眼是靠光。

韩：这最后就会陷入一个悖论，因为质子本身也是不确定的。

高：就是说，你现在眼睛能看到，是因为眼睛接受光子。而光子本身也是量子。

韩：光子也是不确定的。

高：你今天看到这些也是因为在量子这个级别上，粒子不断回馈进入你的眼，使得你能看到。如果关掉灯，你就看不到了。光线照射进来，你加一个棱镜是七色，不加是白光。这已经是加了一个空间。我们往往用三维的空间加上时间来定义一个场景。但是，还存着颜色、温度等维度。比如，人是与温度有关的动物，而机器智能，在一定尺度内，基本上与温度无关。

韩：我们人测量总是先划了一个很明确的范围。

高：然后又有了电磁场，场的问题。还有其他维度的东西在里面。实际上在我们日常的观察中把这些内容都简化掉了。这个时候，经常在讨论到一些层面时，我们就已经把边界条件代入进去了。

韩：对，实际上我们的测量结果是把我们不同的边界代入进去了，而且自己往往不知道，人自己也不愿承认。所谓客观真理，也只是坚信自己是最客观的。

高：其实就是问你，你真的认为这是真的么？把这个问题想透，可能真的就不这么想了。就是什么叫"真"？

韩：我觉得你说的非常深刻，只有区块链这种共识机制才能达到我们大家共同认可的"真"！

高：所以，我认为可能这是我们需要讨论的，就是认知学和认知论的问题。认知论在过去的发展过程中，我觉得最大的飞跃取决于哲学意义上，老子和亚里士多德的逻辑学上的东西，而现在则更大取决于20世纪现代物理学发展所带来的变化。牛顿力学进一步上升，到了量子力学以后，带来的对整个世界的观察发生巨大的变化。因为手段得到了升级，带来了认知的升级。比如，牛顿力学怎么看也看不到原子。关于原子的加速度问题、电子云状态问题，他的公式代入进去都不对。还有一个场的问题，牛顿也没有接触。如果再把牛顿力学放到天体物理中去，那么有些又不对了。当时有关日心说和地心说这两个体系，你比较起来是最容易理解的。过去坚守地心说的体系，后来被日心说冲破。日心说又进一步扩展到银河系，最后发现宇宙是没有边界的，或者是无中心、多中心。你往微观去发展，也是多中心的。这两个尺度走完后，你会发现，认知发生了巨大的改变。改变的不只是你的观察技术和手段，还有世界观和哲学，你今天可以把天体望远镜达到10亿光年以外去看。但是，过去没有这个手段，所以你没法验证10亿光年以外的星球是什么状况。你只能猜测、逻辑推理，但是，这离实际的结果差得太远了，不是一两个数量级的差距。这个时候，你的认识就产生了错误，开始相信地心说，错到你的结论本身就是反的。

你再去看400年前中国版的世界地图，把中国作为世界的中心。这是中国人的认识。这就是认识，认识本身也是错的。我觉得这是工具和技术进步以后，给人类观察世界的方法带来的根本的改变。但这不是技术论，只是手段的改进。人还处于猿人的时候，没有这些工具怎么看？靠冥想，在树上看太阳和地球的关系。但这对于现在的一个小学生或者初中生来说，是一个一秒钟就能解决的问题。最后再回到你刚才说的老子怎么说，这就变成了一种不可测量，他们所认为的，实际上是不可测量的。我觉得我们回到这个角度上来，这是一个哲学问题，不是认识论和科学的问题。

第二个看法，"区块链"的发展，从技术上我们做点讨论。

互联网的发展是有前提的。第一，是"分组交换、分布计算技术"+"无中心思想"的结果。这个结果是因为当年美苏各自有1万颗核导弹瞄准对方的时候，这是一个个巨大的博弈场景，双方或者考虑在第一次核打击中，将对方的控制系统打掉，或者考虑该怎么去防止这个真正冲突的发生。第一轮核打击打的不是核武器，而是对方核武器的控制系统。这个控制系统就是你说的智能系统。这就是互联网设计之本。很多人不知道，以为本来就是为了设计网络。1万枚核导弹摧毁N次的全球的博弈系统，是把60亿人捆绑在一起的博弈，怎么玩而且不能走火。所以美国人提出两个博弈对策，一个就是拦截，提出星球大战计划，耗费了大量资金，却意外地发明了我们今天广泛使用的全球卫星定位系统——GPS。这是很有意义的。虽然没有解决核竞争问题，但是GPS却得以保留并被应用，包括对你所说的"区块链"产生了影响。人的位置信息、物联网信息全部被记录下来，都是因为这个博弈。

　　第二个就是双方发现了对方打自己的意图，然后美国人考虑，将控制系统放在四个节点上行不行。我有一张当时的原图，四个节点是采取了对接连接的方式（见图1）。后来推测，如果采用了右边的节点控制另外三个，那就把这个中心打掉就可以了。但现在是，你打掉任意两个节点都没用。这个思想是可行的。互联网真正的发展是这个思想的结果。这就是我们刚才讨论量子力学在20世纪产生的两个结果：第一，量子论的热核能力的发现，造出了原子核武器。第二，由于原子核武器在两个大国间的博弈，逼出了无中心、分散控制的互联网。

　　韩：历史选择了各点平等的互联网。

1969：ARPA Network
（分布计算、分组交换）

1973：TCP/IP协议

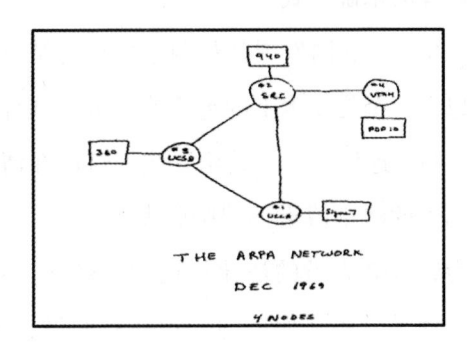

图1　第一张互联网结构的草图

　　高：这个事情很有意思。不是任何单位来完成，而是大学来完成。所以你看，原来发明的很多东西是军工发明的，而这个属于民用。虽说是民用，但是用了美国自然科学基金会的钱。虽然也是国防部牵头，但是国防部委托学校来研究，军事研究项目却成就了人类有史以来最大的民间应用。这项研究当时还受到了另一股思想的影响：西部的嬉皮士文化和技术的开源软件运动。我这么一说你就知道这个背景了。美国在开源软件这个层面上发展了十几年，为互联网TCP/IP协议的发明打下了基础。

韩：他们写了一本书，顾学雍教授介绍给我。

高：你知道现在安卓的前身是什么？UNIX。技术变革就是这样一步步走过来的。可以说，如果没有UNIX，今天就没有安卓，也就很难有今天移动互联网在几十亿人口中的重大普及。

韩：我还在20世纪90年代初组织过UNIX的培训。

高：你把UNIX的历史研究一下。开源最早应用于贝尔实验室，实验室后来开发了一个版本，给大学去使用。后来大学开源以后再分布、再开发，但是要求大家标注，用了谁的版本，做了什么开发。注释上都要写，但是版权不归你。这就是开源协议。UNIX就是一路下来这么走，走到头还是开源。

韩：我现在就在考虑，用"区块链"做一个开源思想库，就是大家技术众筹的基础范式。

高：互联网发展就是两个思想的结果，一个是文化上的软件代码开源思想，一个是技术上的包交换、分布式计算。

韩：这里有一个结论。我们这次在清华超越学科认知基础课程请了一个北大的法学博士，叫帅天龙，来讲一下。他基本是从Code2.0来讲。他认为，未来人类的法律，他称作架构，都来自于很类似于开源软件的方法，就是分布式形成的。现在我们做很多事情都靠国家法律，这个事让做，那个事不让做，将来是靠代码共识规范人们的网络行为。

高：他们现在说分享经济，都没想清楚分享的根源在哪里，应该是技术代码的分享。而这个思想又从哪来呢？从西部的嬉皮士文化上来的。技术社区的产生，其实与这个文化紧密相关。

韩：其实真正的创业应该是建立在这种（文化的）基础之上。

高：为什么讲这个，因为这个是文化。就像嬉皮士、西部牛仔。你知道这一步就会明白，它的发展绝对不是偶然的。

韩：所以中国就必须发展创客文化。

高：很多人研究技术说看不透。其实就那么几个节点，你看透了，它都有证据。我说完以后你就去看，你不会争论的。有争论的只是对事实本身的描述。你看到这两个变化，就会回过去看互联网的发明。就是因为采取了分布式计算和开源软件及包交换的方式。包交换的技术其实真正带来了全新的变化。在整个数据传输网络的层面上打包，这边有个人是包头，把软件压缩，然后通过透明的信道，传给对方，再解包。一个标准的包就是64k。包头标注了路由和对方的地址。

韩：这就是TCP/IP协议。

高：就是这个协议。

韩：然后往返三次，就证明这个信道肯定是可靠的。

高：这个就是IP协议。TCP协议是个媒体控制协议。IP协议是网络协议，其底层就是包交换的协议，就是把所有传输的数据通过ASKII码全部打包，就是你所说的压缩，每64k一包，组合完了以后拆成各种包。把地址写好，分布地去传输。各种路由，不一定是走一条路，哪条效率高它就走哪条。在每一个路由的节点上，路由交换机都会记录过去传递过的信息、速度和效率，以及拥塞情况等。然后，路由器会自动选出一条最佳路由。它是动态调整的。这个就是IP协议，以包交换为基础的IP协议。

那TCP协议是指服务器那一端，你要用邮箱、浏览Web。邮箱最早是在windows上做，后来是像腾讯、263那样，有了自己邮件的软件和服务器，以及DNS服务器和系统，搭建了一个新的系统。这个系统一定会去读你上网所使用的PC端口，进行计算机系统的通讯。这样，在不同的服务器之间，定义了不同的端口，例如40端口、80端口、4000端口等。不同的端口干吗呢？这个跑邮件、那个跑视频。所以那边的服务器和这边的服务器都是在通过这些个端口吞吐。你不能和视频走一个端口，视频是走上面的，邮件走下面的。

每个计算机系统都有一个IO总线。总线背后就是输入和输出，都有各自的口。读进来和输出去都是有IO的口，就是IO总线协议。这个总线协议就是TCP，而包交换的是IP协议，是走另一边的。这两个协议加起来，就叫作TCP/IP协议了。这就叫基础协议。TCP/IP协议可以直白地理解成"计算机通讯协议"，这就是互联网基础协议。

我跟你讨论过的，区块链协议是应用在TCP/IP协议层上的，是不能再叫作基础协议的，至少在技术上不能叫作基础的，如果一定要叫基础协议，就需要在前面加个定语。

韩：我是写过一篇文章，题目后来改为"区块链是未来信用的基础范式"。

高：我们再回过头看，"区块链"也是类似于邮箱的系统，有加密算法，但不是底层的系统。底层技术是包交换的，经历了巨大的产业变革。过去我们是用电话线、交换机、64k的一条线，搭成电话网，我们在这个网上跑话音。然后在这个话音的网上，加了一个调制解调器，变成了包交换。就是电话线的两边加上了路由器，就变成了IP交换了。互联网就是这样改造了电话网，并且把电话网升级成了IP网。后来，干脆在光纤的层面上把它IP化了。底层传输网也IP化了。所以电信网在过去十多年里发生了巨大的变化。跨界的重要就在这里，你如果这里不理解，你其他的也理解不了。很多学计算机的人理解这个，但不理解那个，一到这里他就蒙了。他们认为这个是通讯公司的事，那个是计算机公司的事。后来双方融到一起了。整个TCP/IP协议成了底层，把这两个行业全部通吃掉。过去走了这么一段。这一段是底层的。你即使现在去看，手机也是这样的。手机上网也一样对应着IP地址和域名。没有地址就找不到了，相当于你的门牌号。我刚才说了IP交换有包头和包尾，就是你传信息的时候，前面有包头，后面有包尾。包尾相当于我从哪里传出去的，我记好地址，IP地址、服务器、时间、经由哪里发出去。包头则是发到哪里去。这个包头和包尾由这些路由器进行广播和传输。

每一个这样传递的信息，理论上都会记录的，都是可以被追溯查找的。这个是TCP/IP协议本身带着的。但是我们为什么现在很多人在网上的行为不好查？因为我们是个人电脑上网。个人电脑上网的时候有很多的快速缓冲贮存区和日志文件，所谓的匿名。你用电脑登上去，就一定要查找电脑的归属人是谁。可以查到这台电脑的ID号，每一个终端设备都有一个ID号，都可以查到。你发出来的东西都带着你的ID号。手机也带着。这些都是可追溯的。但是这个成本很高，因为需要把你的ID号和你的个人身份相关联。这一点做不到。但是现在我们升级到移动互联网，这个问题解决了一大半。因为你的手机是唯一的，你用手机、微信、淘宝，都会让你验证身份，你用支付宝会让你验证你的银行卡。然后买东西送货到家会验证你的地址。几个验完以后，你的身份跟这个ID号就是唯一的。所有的这个人的行为都会记录。这个就是第二个层面了。从互联网升级到移动互联网，最大的变化就是要进行身份的验证和认证，然后记录所有交易数据。因为你有账号、密码，将你登录的时候跑出来的这些数据全部记下来。处理、分析这些数据，所谓非结构化的数据，才是大数据。你这样看才叫作大数据，不这样看就不是大数据了。我说得很绝对，但一定如此。所以从这个角度来讲，未来的大数据由于这样的账号和用户名，其记录的信息会海量增加。现在统计的数据没有这么海量，也没有这么多标签数。

韩：以前是小数据，只要证明一个就能算是不在场证据。

高：把你几年的数据全记下来，包括邮箱。数据多了，一共一百多万个APP。这不是简单的尺度。一万个就能把人吓死了，而这里有一百万个。当然，高频的、几亿人常用的可能就几百个。从这个角度来讲，你可能就会重新看待、理解互联网了。所谓的从计算开始，到网络，到数据，你全部的逻辑就打通了。没有计算，那些数据是没用的，一定要有分布计算,一定有大的系统来处理所有数据。所谓的数据是0101的ASKII码记录下来的比特化的数据,不然不叫数据。所以大数据和普通信息的区别就在这里。你可以用0101来记录,才可能有零边际效应。信息的传播、分享,才有这个效应。你用光盘来传播,你不可能进入这样一套体系里。这个是基本边界。没有这个边界的话,后面的事情就不会发生。我在这个意义上就觉得,这条路会一直顺着往下走。但区块链的价值,我是这么去理解的:更大的价值可能在于我们把涉及交易层面上的信息记录下来,可能更多的是记录交易。

韩:现在区块链交易的扩展,一个就是交易,还包括公证认证。以前的公证都靠国家来进行,比如结婚证和房产证。如果有了这套想法,就能降低成本,包括智能协议、以后大量跨国的小额协议。我相信现在小于1万元的小额协议你可能不敢签,因为签了没用。不执行的话你不可能去打官司,但是以后网上的智能协议自动执行。

高:我觉得以后就是有了数据记录而形成的信用体系。这个信用体系跟资产是连接的。如果你不按照约定来执行,你的信用就会降低。

韩:协议会自动执行。

高:其实信用降低本身就是按照协议执行了。

韩:共享金融我这么理解不知道对不对?最根本的就是实现共享信用。因为以前信用基本上是每个人的。但共享信用,信用是一种资源,尤其大数据建立以后,共享金融是可以共享信用的。这个事情就跟你共享一辆车没有本质区别。因为社会经常在这块的资源不够的话,它在市场流动就会有问题,那这个机制就可以解决跨国小额交易,这个畅想空间就很大。

高:它的前提就是,遵从同样的协议,这个协议背后其实就是软件系统,可以是应用软件系统,或者干脆直接装载在硬件手机里,直接装在服务器里。你用自己的账号、密码就可以做很多动作。有一天,淘宝的账户也可以直接用这套系统,相互认证。淘宝跑的数据也可以分享过去或者链接过去,增加我们的便利程度,或者那边的东西可以跑过来,我在这边增加信用，这是一种分布式的信用体系。

韩：到了那一天就真是天下没有难做的生意了！

高：美国人想法很超前，一个体现就是可信身份识别的问题。你有很多的网络身份信息，你有谷歌的、百度的、阿里的、淘宝的账户和密码。你不可能都记住这些用户名和密码，那么通过跟平台、互联网公司还有政府合作，有没有一个通用但是很安全的，又跟信用挂钩的一套账户体系。

韩：现在就有了么？

高：从2011年就开始了。

韩：叫什么？

高：就叫可信身份识别。

韩：中国就该这么走。

高：中国已经走偏了，走到实名制了。实名制主要指向信息传播的社会化管理。美国是要建立信用的社会，中国则是建立可监管的信息传播。出发点不一样。所以当年推出实名制这个办法的讨论，反对的人很多。其实今天根本不需要这样做。就像现在微信朋友圈里，其实大家都是实名的。

韩：其实在中国问题就是不知道权利的边界，不知道什么时候权利就被侵害了，所以一般人都没有恐惧感。

高：原来的恐惧感来源于信息没有变革的情况下。行政上依托"中心制"监管，商业上依靠"B2C模式"进行管理。现在，互联网带来了信息分布式计算的扩展以后，把信息分布给了边缘，发生了一场边缘革命。信息赋能给了一般人，给了C。B的权力还在，但由于C的权力增加，B的权力相对降低，带来了逆向的C到B的信息变革。信息也是这样变革的。变革的结果导致政府的权力在今天要重新调整。政府要放权，需要听取民意，否则就会遭到C的反对。分布式的计算带来了今天的变化已经在信息传播、分享领域发生变化。

韩：我曾经说过："什么是互联网时代？就是我们的基本权利第一次以代码基础协议的形式保证了下来！"

高：刚才讲的是信息传播层面上的。在"区块链"的层面，在于进一步把人的信用重新建立起来，就是重新用分布式计算的信用体系进行重构。

韩：就是说怎么用分布式计算证明它是"真"的！

高：我们在传统的金融体系下，靠银行去建立贷款双方的信用，需要把银行大楼建设的非常高大上。其实这件事跟银行怎么做生意一点关系都没有，它就是为了解决一个信用问题，但是它付出的代价很大。银行办公大楼一定要放在黄金地段，装修豪华，让别人进去以后感觉，这家公司千百年不倒！所以我敢把钱给你。其实它是在增加银行（也就是B端）的信用。它在用这种物理外观的方式去满足C对它的信任。其实今天的银行已经发生了很大的变化。那些楼大部分都已经不是银行的了。你知道，他们都是租用的，把楼卖掉了。把楼卖30亿甚至50亿元，然后楼再租回来。再把这50亿元投出去做理财投资，因为那个收益要高得多。人们仍然认为银行基于大楼的信用还在。

韩：银行变相降低自己的信用成本。

高：传统的金融体系靠这个增加信用。然后它又以信用为背书来对贷款的借贷人和出贷人进行一个评价。准入和牌照变得很重要。这个市场使得牌照持有者变成了一个稀缺资源。

韩：而接下来靠大数据建立的信用成本可能极大降低。

高：从工业经济时代，进入到计算经济时代，一个钢筋水泥为标志的银行信用大厦，正在被一个数据为土壤的区块链信用所取代。两个信用大厦，代表着两个完全不同的时代。

韩：是的。区块链可能是未来建立信用的主要方式，把大数据变成分布式记账，参与记账的人越多，你的信用就越可靠。

高：区块链如果能够广泛地推广，我觉得更多的金融机构、商业机构使用的时候，它可能让C端的用户加入进来，用这个方式来沉淀它的信息和信用。所以区块链最终的价值是信用积累的价值，是建造了一个商业和金融的信用大厦。区块链在商业和信用的层面上，最终的价值就在这里。商业信用和金融信用都是这两个体系的核心。过去没有手段，靠评比百强。

韩：这是一种真正的金融民主，权利又回到每一个消费者手中。

高：这个为什么会达到呢？技术赋能了。

韩：未来全球市场信用是靠每个人自己参与公证和交易累积起来的。

高：过去没有。你想有，但没有，因为没有手段。就像是民主一样，没有形式，民主是实现不了的，哪怕代议制也是一种形式。

韩：现在看代议制也是成本很高。

高：代议制成本太高了，巨大的电视传播效应+赢得人们支持的杰出演技。所以里根能当总统，正是靠表演。但在真正的互联网时代就不一定了。当然你表演的方式会不一样，你的真相会被沉淀出来，会被戳穿。

韩：现在就有一种畅想，未来的民主形式很可能是流动性的、社区化的。你当这个头，很可能只能当很短一段时间。

高：总统集中的权力会被分布掉，没有也没有必要拥有那么大的权力了。因为权力越大，风险也越大。分散给各个小的B和C，不要用一个大B作中间。

韩：其实从信息学的角度，越中心化，系统的熵就越容易增大。比如说，您刚才说的钢筋水泥的大厦，一建造好就开始走向越来越旧，向着熵增大的方向发展。真正要想让这个体系的熵越来越小，信息和价值不断增加，那就要走向智能分布式压缩，我们每个人都执行基础协议。就像蜜蜂，每个蜜蜂只能执行很简单的基础协议，可在一起制作出来的蜂巢要比熊窝好很多倍。但是单个的熊看起来又比单个蜜蜂有智能。所以市场的力量为什么最大？群集智能很了不得，每个消费者在挑选商品时都在为市场智能地减少熵，就像小蜜蜂发挥的作用一样。所以未来肯定是这个走向。传统的方法都是把资源和信用向一个中心堆，就像您说的盖钢筋水泥大楼，越堆就好像我的信用越大。其实从物理角度来讲，你堆在一起，只可能熵越来越大。可能开始的一下挺漂亮，但是从这以后就不断走向熵增大的方向。保证熵减小只能分散开，可能每个顾客的作用只有一点点力量，但是一群集分散就有群集智慧。所以马云的思想我很赞同。淘宝几百万商家和亚马逊以及一般金融机构有什么不同？亚马逊保证自己是最大商家，就是盖大楼那个思路，保证自己是最牛的。当然不否认亚马逊是很厉害，但再厉害，时间长了，永远也不会超过几百上千万商家的阿里巴巴。每个单独的小商家显得再弱，但是只要有基础协议，对你就能起到类似于小蜜蜂一样的作用。如果将来再有了区块链，保证每个商家在上面累积自己的信用，共同公证共享信用资源，那通过自己积累的大数据信用做到马云说的"天下没有难做的生意"。这个力量会强大到没有任何中心能够抵挡，而且保证阿里的整个系统的熵能够不断下降，这才是长治久安之策！我觉得这是区块链对于管理的启示。

高：你谈到了一个核心的思想——治理模式的问题。治理模式基于不同的金融模式发生很大的转变。我有张图你可以看下，是非常经典的。我上周末参加了中国管理科学学会主办的"全球互联网时代的中国管理"的峰会。叫我过去讲了40分钟。我有两张片子是很有价值的，可以看一眼。（图2）

亚洲互联网普及率领先全球，12.4亿网民，约占世界46%

图2　以网民数量取代土地面积，画一张互联网世界地图

这张图是牛津大学的研究者画的。按照互联网人口。中国的面积最大。俄罗斯的互联网人口还不如印度。美国的颜色深就是因为网络有80%的渗透率。中国是要把在线时间加上。这里没有考虑在线时间。中国是三个半小时，美国只有一个小时。这个图画出来就要命了，因为标注的是人的行为，人的比特化。一个是ISP，互联网接入服务，就是按照在线时间来画。如果再按照数据比特来画，那就相当于石油的分布了。

韩： 那将来谁是老大？

高： 大数据就可以画一张图出来，把计算能力再画一张图出来，甚至也可以画有多少个三极管或者二极管。目前一部智能手机有30多亿只晶体管。后面一张治理上的图我觉得很有启发。我去参加一个互联网治理的会，那个会上我确实得到了一些启发。过去的治理方式，民主的方式就是这样的，盯着网民进行单边管理。但经过几个阶段，美国的科研机构就研究技术管理，他们说不用管那么多，我们搞一个协议，自己管理自己。当时都是在科研院所内部，还没有涉及经济社会层面。后来，ICAAN（The Internet Corporation for Assigned Names and Numbers，互联网名称与数字地址分配机构）出来，因为域名地址要管理，就出了IETF（The Internet Engineering Task Force，国际互联网工程任务组）。IETF就是技术的标准协议组，成立了一个机构叫ICAAN地址域名注册机构。这个机构决定了你的门牌号。

韩： 但是很多人在骂它是中心化的。

高： 是中心化的，但也在变。他们想要网格化，就是你所说的区块链嘛。他们想要按照地域人口配比的面积来分配下去。分配完以后IPV4不够，于是就IPV6协议升级。后来影响越来越大，联合国、各国政府都说要管互联网，不管的话互联网会出现很多问题，中国政府更加要管。而很多问题是跨国的。那么管之前就要开峰会，而且没有政府的背书。但是后来就成立了一个IGF（Internet Govemance Forum，互联网治理论坛），在联合国。2005年开始，突尼斯会议是第一次。现在10年了，每次都有175个国家参与，每次都要开1周。有将近100个分论坛，讨论安全隐私、知识产权等问题。但是开了十年没有结果，因为政府一家不能搞定。所以现在就提出了去中心化的治理模式。我去参加的就是这个会。这个模型可以拍，是真正的有意思（见图3）。

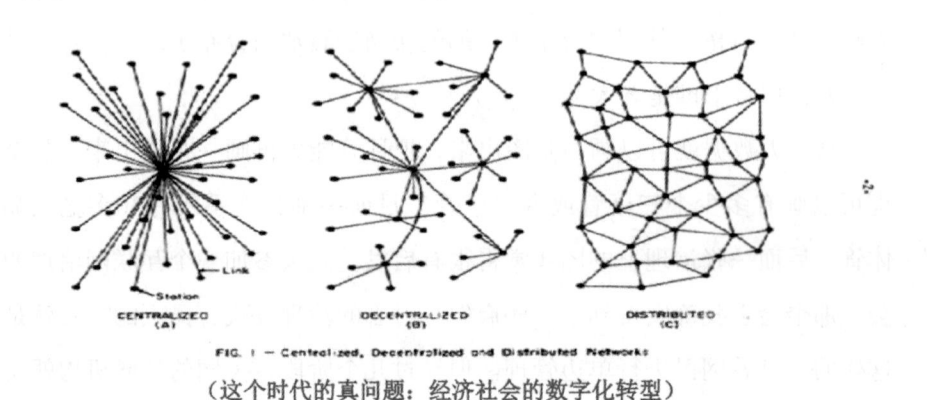

（这个时代的真问题：经济社会的数字化转型）

图3　不同视角下的互联网治理模式

这个是中心制的，所有信息汇集到这里（图3中最左边一幅）。这个是改制的，或者叫次中心制的（图3中间一幅）。你就想，这是国家，这是联合国，联合国把每一个中心连起来，变成一个分布计算，但还是有中心。其实互联网的治理模型在所有的应用中是一致的。这个图基本就是把宏观层面或者底层层面都讲清楚了，所有的去中心化都有这个过程。去中心化不是说没有中心，而是改成网状的节点制分布计算。那已经不叫中心了。节点还是个中心，但这个中心是分权的、分工的。整个商业、金融上的分工体系也改变了。所以，你说都叫中心，但这个中心和那个是不一样的。

韩：（指图3中最左边一幅）这个系统的熵多半是不断增大的，因为只靠一个中心智能去产生信息不足以抵消整个系统的熵增！（指图3中间去中心化系统）这个系统肯定会减慢熵增大的速度。而这个（指图3右边分布式系统）才能让熵真正减小，因为每个节点都是麦克斯韦妖，都在发挥智能去产生信息，就像小蜜蜂筑蜂巢一样。

高：实际上最后就是这条路，起关键作用的就是中国的6亿网民！

韩：很赞同，这亿万网民的自由选择，可以通过区块链形成未来全球市场信用的基础，这将核爆级释放全球万亿本来无法通过传统金融机构建立信用的资本，这符合五中全会提出的："提高我国在全球经济治理中的制度性话语权，构建广泛的利益共同体"。

前言

我们应该把区块链当成另一种类似互联网的事物——一种具备多种级层和多种类型应用的综合信息技术：资产登记、清单编写、价值交换，涉及金融、经济、货币的各个领域；硬资产（有形财产、住宅、汽车）；以及无形资产（选票、创意、信誉、意向、健康数据、信息等）。

但是，区块链的概念远不止如此：它是任何事物所有量子数据（指离散单位）呈现、评估和传递的一种新型组织范式，而且也有可能使人类活动的协同达到空前的规模。

我们可能正面对一场革命的晨曦，这场革命始于一种新的边缘的互联网经济，也即一种不依赖中央权威机构发行和支撑的，名为比特币的替代货币，而是基于网络用户间的自动共识协议。比特币的真正独创性在于，它并不需要用户之间彼此信任。通过算法的自动约束，任何恶意欺骗系统的行为都会遭到遏制。用一种精确的、技术上的语言来描述，比特币就是这样一种数字货币：它是一种去中心化的、通过名为区块链的全网记账来建立信用的代币系统，并开始在网上广泛交易。它融合了比特种子点对点文件共享的技术[1]以及公钥密码技术[2]，是一种全新形式的代币。自从2009年发布以来，比特币已经催生了一大群基于同样的模式但有着不同的优化和调整策略的模仿者。更重要的是，区块链技术能够通过提供这样一些技术支持：支付、去中心化的交易所、代币的获得和支出，数字资产的调用和转移，还有智能合约的发布和执行等等，从而无缝地嵌入到网络经济层，这是过去的网络从未实现过的。比特币和区块链技术，作为一种去中心化技术的典型，有可能成为下一轮重大的、全球性的计算范式的第五次颠覆式创新（前四次是：大型机、个人电脑、互联网，社交网络和移动手机），有潜力像WEB网站一样彻底重塑人类社会活动形态。

货币、合约以及超越金融市场的应用

区块链的潜在优势不仅局限在经济领域——它们还可以拓展到政治、公益、社交和科学的领域——区块链的技术已经被一些群体用于解决现实社会的问题。举个例子，针对政治垄断势力，区块链技术能够用于创设发挥一个去中心化云功能，这些功能过去是需要垄断机构授权的（译者注：类似UBER，但是更去中心化）。这显然对维基解密（该机构因为斯诺登之类的事件而被政府禁止接受信用卡捐赠）以及像提供ICANN和DNS类服务的政治上中立的跨国组织很有用。除了这些（全球）公益事业要超越区域政治架限的情况，其他不同的行业和阶层，在和既得利益群体冲突而导致的不公平监管的情况下，也能通过开创出一种去中心化的商业模式而被解放出来。尽管在某些传统机构的游说下，为消费者提供基因组的服务被有效地遏制了[3]，但是新的分享经济模式类似Airbnb和Uber已经在法律层面立住了脚跟[4]。

区块链除了在经济和政治的应用中具备优势，在协同合作，账单记录，以及交易不可撤销性等这些通过区块链实现的功能更有可能是全球社会进一步发展的基石，就像大宪章和罗塞塔石碑一样。在这里，区块链首先可以用于公证全球社会的信息，包括所有的文件、事件、身份认证和资产等。在这个系统里面，所有的资产都能变成智能资产。这是一个通过唯一的标识将所有资产编码到区块链的理念，基于此，所有的资产都能在区块链上被跟踪、控制以及交换（买卖）。这意味着所有的有形资产（房子、车子)和数字资产都能在区块链上公证登记和转移。

作为一个例子(我们将会在本书的内容中看到更多),我们可以看到区块链在知识产权登记和保护方面的应用具备的改变世界的潜力。新兴的数字艺术市场提供了为私人登记任何数字资产(任何文件、图片、健康记录、软件等)到区块链上的机会。区块链能够替代或者补充目前所有已知的知识产权的管理系统。它的工作原理是通过标准算法将一个文件(任何文件)压缩为一个64位的代码(称为哈希),这个代码和这个文件是一一对应的[5]。不管文件有多大(比如一个9GB的基因组文件),这个64位哈希的对应过程是无法通过计算反推的。这个哈希值然后会被写入一个区块链交易中,此时会加入一个时间戳——这是一个表明数字资产在此刻存在的证据。这个哈希值可以用该文件重新生成一次(这个文件被保存在拥有者的私人电脑上,而不是区块链),确认原始的内容并没有被修改。标准化的机制,例如法律文本的出现,曾经革命性地推动了社会进步,区块链知识产权(数字艺术)也完全可以成为这种技术拐点,它将推动更加流畅、更大范围的社会合作,因为越来越多经济活动是因为创意而驱动的。

区块链1.0、2.0、和3.0

比特币和区块链技术在经济、政治、人道主义和法律系统上带来的好处清楚地表明,它有潜力成为一个能重塑社会的各个方面以及运作方式的颠覆性创新技术。为了便于组织和讨论,这些由区块链技术带来的各种已有和将有的革新可以分为三类:区块链1.0、区块链2.0、区块链3.0。区块链1.0是货币,这方面的应用和现金有关,诸如货币转移、汇兑和支付系统。区块链2.0是合约,区块链技术在经济、市场、金融全方面的应用,其可延伸内涵远比比简单的现金转移要广得多:诸如股票、债券、期货、贷款、按揭、产权、智能资产和智能合约。区块链3.0就是超越货币、金融、市场之外的区块链应用,特别是在政府、健康、科学、文学、文化和艺术等领域。

什么是比特币

比特币是一种电子现金。它是一种利用加密技术来实现独立于中央银行之外，协议地发行和验证支付有效性的电子货币和在线支付系统。这个名称（指比特币，译者注）会引起困惑，因为比特币和区块链这两个词语可能指向三个层次的定义：区块链底层技术，也就是协议和客户端（通过客户端才能实现交易）以及事实存在的加密数字货币（钱），这有时也被当成所有加密数字货币的统称。这就好像PayPal说PayPal互联网，在那上面PayPal的协议运行着，用于转移PayPal的货币。区块链行业有时候互换地使用这些定义是因为它尚在定型当中，大量技术的层次尚未确定。

比特币于2009年被一个未知的人或组织以中本聪的名义创造出来（2009年1月9日被发布[6]）。比特币的概念和操作细节通过一种简洁可读的白皮书形式被描述出来："比特币：一种点对点的电子现金系统[7]。"用这种去中心化的数字算法货币进行的支付行为被记录在一个公开的分类账本上（也就是区块链。译者注），该账本被储存在许多——可能是全部——比特币用户的电脑上，同时可以持续地通过互联网查看到内容。比特币是最早也是最大的去中心化数字货币。现在已经有了数百种的"altcoin"（俗称：代币）数字货币，像莱特币和狗狗币，但是比特币占了所有数字算法货币市值的90%，同时也是事实上的标准。我们利用比特币的公钥地址（一串27-32位的包括字母和数字的字符串，功能类似于邮件地址）来发送和接收比特币以及记录交易过程，从这个角度来说比特币是假匿名的（不是真匿名），同时比特币也是和个人身份信息是脱钩的。

发行、获得比特币其实也是一种对于运算工作的奖励（客观上是全网记账，主观上是解SHA256难题。译者注），这就是众所周知的挖矿，通过这种方式用户提供计算机算力来核对公证比特币支付，同时将这个过程记录到公开的分类账本上去（就是区块链。译者注）。个人和公司均有涉足所谓挖矿行业，他们通过获得交易中介费和分得新增加的比特币获利。除了挖矿，比特币可以像任何一种货币一样通过与法币、产品、服务进行交换得到。用户可以通过选择性支付一定量的交易费用，在电脑上或者移动设备上使用比特币钱包软件或者在线发送或者接收比特币。

什么是区块链？

区块链就是一本全网记录所有已发生的比特币交易的公开账本。因为矿工不断地创造新的区块（每十分钟一个区块）来记录最新的交易，所以这个账本会一直增长延长。这些区块是按照时间顺序线性地加到区块链上去。每一个完整的节点（每台通过钱包客户端连接到比特币网络的电脑，它的作用是确认和中继比特币的交易信息）都有一份区块链信息的备份，这些都是通过矿工的网络自动完成的。区块链拥有完整的关于每个比特币地址和地址上留有比特币余额的信息，这些信息记录在创始区块（第一笔交易发生的区块）到最新的区块上。作为一本公开的账本，意味着区块链的信息可以很容易地利用一个特定的地址，通过区块浏览器（例如https://blockchain.info）进行查询：例如你可以通过查询自己的钱包地址来看看自己的第一个比特币是怎么接收到的。

区块链被认为是比特币最主要的技术创新，因为它是所有网络上交易的无信任证明机制。用户可以信任这个由各矿工节点记账维持，储存在全球范围内各个去中心化节点上的公开账本，用户并不需要自己建立和维持一套无信任机制或者第三方中介机构（比如银行）。作为新创的、去中心化、无须信任系统的基石，区块链是关键的创新。区块链允许全球范围内，各方以去中介化、去中心化的形式进行的各种形式的交易。

区块链就像在已有的互联网多个基础协议上运行一个全新的应用层，它使得互联网能够进行诸如即时支付（通过一种公认的数字算法货币）或者执行更加复杂的远期金融合约。任何货币、金融合约、数字化或者物理资产都能通过类区块链系统进行价值交换。更进一步，区块链不仅能用于交易，还能作为一种用于记录、追踪、监测、转移所有资产的数据库和库存清单。一个区块链很像一种登记了所有资产的巨型电子表格，一种记录了任何形式的资产归属以及在全球范围内交易信息的会计系统。因而，区块链可以用作任何形式资产登记、库存盘点和交易信息的记录，这涉及到了金融、经济和金钱，有形资产（车子、房子等）和无形资产（投票结果、主意、名声、意图、健康数据等）等各个领域。

网络化的世界和区块链：第五次颠覆性的新计算范式

一种理解现代社会进化过程的方式是观察计算范式，我们可以看到每隔十年就会有一次新范式的出现（图P-1）。首先是大型机和个人电脑的范式，然后互联网革新了世间万物，移动手机和社交网络则是最近的范式。目前看来，接下来这十年，这种基于区块链加密协议的网络很有可能就是新兴的范式。这个网络世界可以有效地利用区块链科技作为它的经济层，基于此正日益形成一个包括可穿戴设备、物联网传感器、智能手机、平板电脑、笔记本电脑，量化的自我跟踪设备（如Fitbit）、智能家居、智能汽车和智能城市等多种设备的无缝对接的世界，这种区块链能够实现的经济模式不仅仅是金钱的流动，它更是信息的转移和资源间有效的分配，正如传统的金钱使得人与人或者公司与公司之间的协作成为可能一样。

除了革命性的潜能和互联网不相上下外，借助于目前广泛传播的，全球化的互联网以及蜂窝链接系统（译者注：即智能手机类的移动连接设备），区块链科技还能比过去的互联网更迅速地被部署和采用。

任何事物都有相应的移动社交功能（诸如点赞，评论，加好友，发帖），正如范式4中移动社交的功能已经成一个技术的预期一样，范式5中的区块链也能引发对于价值交换功能的变革预期。利用了区块链技术作为底层的支付技术（这里不仅仅是基本的支付，而更是小额支付，去中心化的交易，代币的获得和结算，数字资产的调用和转移，以及智能合约的设置和执行——正如在经济层面，网络曾经做过的一样），范式5中价值交换功能就可以成为持续连接的，无缝的，物理层面上和多重移动设备相连接的全新计算架构。我们的世界已经为更加普遍的互联网支付做好了准备，对于一个使区块链成为网络世界无缝连接的经济层的数字货币世界，Apply Pay（苹果公司的协议基础上的电子移动钱包应用）和它的竞争对手可能就是迈向这个方向过程中的关键一步。

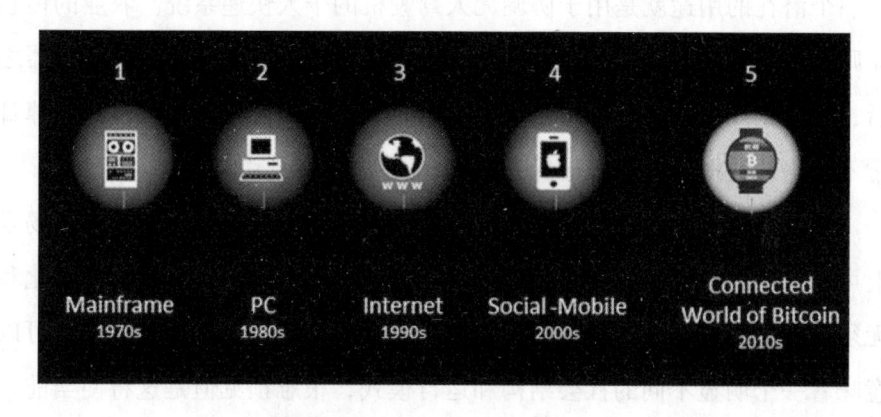

图P-1　颠覆式计算范式：大型机、个人电脑、
互联网、移动社交、区块链（8）

M2M/IoT用于机器经济的比特币支付系统

对于人类社会，也即"基于人类的互联网"来说，区块链是一个革命性的范式，同样的，它也能产生机器与机器之间的货币。高纳德预计到2020年，物联网将会带来260亿个设备和1.9万亿美元的市场[9]。为了满足这些设备间的信息交换，以及已连接设备间的微型支付的需求[10]，一个相应的"互联网的金钱"即数字货币是必要的，这也将发展成一个新的层面的经济[11]。思科公司预计M2M（机器到机器）[10]的连接会比其他任何类似应用增长得更快（84%），这不仅是基于从2012年到2018年，对于全球IP流量增长三倍的预测，更是由移动端、WiFi端，以及物联网流量组合在一起带来的信心[12]。正如基于金钱的经济能带来人类层面上对于

资源更好、更快和更有效的配置，一个基于机器的经济也能通过提供一个稳健的、去中心化的系统在机器层面上达到同样的效果。

一个设备内置的微支付的例子就是在高速公路上，如果该道路采用了快速、微型支付系统，那么通过网络连接的汽车就可以以更快的行驶速度，自动地协调高速路况，这对于驾驶员而言也更加轻松。因为使用了设备到设备的微型支付网络可以对个人的优先顺序进行平衡，微型支付的另一个潜在的用途就是用于协调无人驾驶机的个人快递系统。农业的传感器则是这套系统应用的另一种类型，在一个群落中部署足够多的传感器之后，当达到环境阈值条件（比如湿度）时，利用经济原理就可以过滤掉日常不合格的数据，而萃取出优先数据。

区块链技术去中心化、无须信任的点到点模型意味着在最基本的场景上可以进行无中间人的交易。然而，把全球大规模交易建立在去中心化和无须信任节点的这种转移趋势，（人和人，人和机器，机器和机器）可以意味着一个明显不同的社会结构和运行模式，很难预见但是这将使当前已经形成的强关联和阶层轻易失去它们的作用。

主流应用：信任、可用性、易用性

许多比特币和区块链技术背后的观点和概念是全新而且技术相对复杂的，因而对主流应用来说相对有点难度。然而，互联网的也是如此，更广泛地说，和任何新技术时代刚起步一样，"是什么"和"它是如何工作的"的技术细节是大众所感兴趣的，这不是一个真正的问题；我们没有必要为了发送一封电子邮件而去了解TCP/IP，就像一项新技术应用进入要公众领域时，只要有适当可用的、可信赖的前端程序能开发出来，就没必要去对技术细节做过多解释。例如，并不是所有的用户需要看到（更少的手动操作）一个32个字符的公共地址。像互联网金融圈和Xapo等"主流钱包，Xapo正在开发专门针对主流比特币应用（目标是为了完善"比特币的Gmail"产品的易用性和占领市场份额）的前端应用程序。因为比特币和电子钱包涉及到金钱，用户在终端的使用上会格外敏感，因而服务商更需要得到用户的信任。有许多数字货币安全问题就是要产生一个公开可用的客户钱包，包括如何备份你的钱，失去私钥时怎么做，当在交易中收到一个被禁用的币（比如，之前失窃的币）而现在无法摆脱它该怎么办？然而，这些问题通过区块链技术正在得到解决，而且正在进行的金融创新的项目（fintech），包括自动取款机、网上银行、苹果支付中，可以利用代货币形成另一个里程碑。

因为有可信可用的前端，对于主流社会来说，区块链在货币方面的应用可能会比较直接，然而，除了金融领域外，其他方面的应用就比较微妙了。例如，虽然虚拟的公证服务看起来像一件容易的事，对于知识产权注册、合约、遗嘱、文件方面的应用来说是简单的、低成本、可靠的，同时又是永久性的、可发现的，然而，毫无疑问，因为传统的原因，人们更愿意与一个律师来互动处理相关事务（可能是人性化的建议，心理分析，或者是律师提供的可验证功能）。对于这些原因来说，仅仅建立在效率参数上的技术应用是不牢靠的。总的来说，如果比特币和区块链技术趋于成熟，它被社会接受的过程也极有可能是分阶段的，类似于互联网的应用模式，先对于不同的潜在听众有着明确的价值定位，之后他们才会上网使用新技术。最初，互联网解决了小范围组织的合作研究的问题：学者和军人。之后游戏和热衷于游戏的用户加入互联网，最后是每个人的加入。至于比特币，到目前为止早期的使用者都是关注金融和意识形态的人群，下一步更广泛的应用应该是区块链技术为大部分人解决实际问题，比如，在全部区块链技术中的一些主要的子组织解决了一个主要问题，包括某些政治体制下的互联网信息制度，去中心化的区块链DNS（域名系统）服务可以使之变得大为不同。同样的，在知识产权市场中，区块链技术可以被用来注册发明专利，彻底改变在知识产权领域中的资产托管、使用和归属问题。

比特币文化：比特电影节

衡量任何一项新技术在主流社会的接受程度的方法是看它在流行文化中的位置。比特电影节，一个主要展示和比特币相关内容的活动，表明了早期全球范围内，公众对数字货币行业认知开始的一种迹象。在这里，被选的电影都展示了比特币给大众文化带来的改变和影响。电影节从2013年开始直到2014年末，2015年初，横跨了包括柏林（电影节的基地）、首尔、布宜诺斯艾利斯、阿姆斯特丹、里约热内卢和好望角在内的多个城市。相应的，比特电影节允许观众用比特币给他们最喜欢的电影投票。比特电影节不仅是一场电影盛会，从商业的角度讲，它更是为区块链行业制作了流行的视频节目（表P–2）。

本书的意义、方法论及架构

区块链行业是个全新的行业，并且目前（2014年末）处在一个极具活力和创新的阶段。目前某些项目相关的概念、术语标准、核心人员、规范和行业态度也在发生快速的转变。也许在接下去的一年里，我们会见到比特币和区块链技术消失，或被取代，抑或在某些方面变成过时的技术。例如，一个应有重大发展变化的方面应该是设计出适合用户的安全钱包，而不是一个时常为遭受黑客袭击而困扰的数字货币行业。目前，多重签名技术（通过多重签名来准许交易）被广泛地认为是钱包安全的标准，但是大部分用户（除了前期接受者，而非主流用户）仍未把钱包升级到这种级别的安全性上来。

本书宗旨是为了更广泛地探究比特币和区块链技术的概念、特性、功能，以及未来的一些发展的可能和应用。本书不支持、倡导或提供任何行业可能性建议或预测。此外，本文也介绍并讨论一些相关的高级概念，因为这里有一些其他的"区块链101"中可用的资源。区块链技术目前处于一个不稳定的阶段，而且在发展中伴随有许多的风险。鉴于这种情况，虽然我们尽了最大的努力，但也可能会在本书的具体细节中犯些错误，甚至可能过些时间看，有些信息会过时；本书的目的是为了描述区块链行业的一般适用范围和情形及发展可能性。现在是时候了解底层技术了，以及其潜在用途、危机和风险；或许更重要的是其概念和可扩展性。本书提供了一个全面的关于加密数字货币行业的性质、范围的观点及其活动类型，同时也预想其广泛的应用前景。区块链的账目必然是不完整的，容易出现技术错误（尽管专家已经审查过了其技术的准确性），而且就像文中所描述的那些不同的项目会成功也会失败一样，区块链账目也可能很快就会过时。或者，整个比特币和区块链技术行业就像目前所构想的一样可能会过时或被其他系统模型所取代。

本书的基本资料是一些与比特币及其发展相关的信息源。主要资料是从开发者论坛，Reddit辅助组，GitHub白皮书，播客，新闻媒体，YouTube，博客和Twitter中获取得来。具体的网络资源包括在YouTube，Slideshare，播客（Let's Talk Bitcoin，Consider This!，Epicenter Bitcoin），EtherCasts（以太坊），比特币相关的新闻机构（CoinDesk，Bitcoin Magazine，Cryptocoins News，Coin Telegraph），论坛（Bitcoin StackExchange，Quora）上发布的比特币行业会议事项。其他资料包括和行业内从业者的电子邮件来往和交流，还有我参加会议，比特币研讨会、中本聪广场交易日，开发者聚会时收获的信息。

本项工作从比特币的概念模型和区块链技术正开始结合的方面讨论了三个不同的结构层面：区块链1.0、2.0和3.0。首先，我介绍了比特币和区块链技术的基本定义和概念，还有作为区块链1.0应用核心的货币和支付系统。其次，我认为超越货币范畴，区块链2.0是一个货币市场和金融应用，类似于合同。然后，我想象中的区块链3.0则是超越货币，金融和市场以外的一些应用。在这个广泛的层面上将出现一些公正的应用，如区块链管理，可以通过提升一些系统（像WikiLeaks，ICANN，和DNS服务）至分布式的云上，从而远离一些不公正的管辖，同时有助于知识产权的保护，数字身份的验证和认证。第四，我认为还存在另一类超越的货币、金融、市场的区块链 3.0应用，这类区块链模型提供的规模、效率、组织和利益协调对科学、基因学、健康、学习、学术出版、发展援助和文化等领域都会有帮助。最后，我认为在区块链技术的大规模部署的更大的环境下，高级的概念像自带持有成本的（incitory）货币将得以应用（刺激持有人把代币支付流通，而不是囤积。译者注）。

Safari Books Online 是一个需求导向型的数字图书馆，它通过图书和视频的形式将在技术和商业领域全球领先的作者的专业内容展示给用户。

专业技术人员，软件开发者，网页设计人员以及商业和创意行业的专业人员使用Safari Books Online作为他们用于研究、解决问题、学习以及认证培训的首选。

Safari Books Online 为企业、政府部、教育行业以及个人提供了一定范围的计划和定价方案；

我们的成员可以通过一个完全可搜索的数据库，接触到数以千计的书目、训练视频和出版前手稿。这些内容是由诸如O'Reilly Media, Prentice Hall Professional, Addison-Wesley Professional, Microsoft Press, Sams, Que, Peachpit Press, Focal Press, Cisco Press, John Wiley & Sons, Syngress, Morgan Kauf- mann, IBM Redbooks, Packt, Adobe Press, FT Press, Apress, Manning, New Riders, McGraw-Hill, Jones & Bartlett, Course Technology以及其他数百家出版商提供。想要得到更多的关于Safari Books Online的信息，请上网联系我们。

如何联系我们

请将与本书有关的评论和问题,按照以下地址邮寄给出版商:

O'Reilly Media, Inc.

1005 Gravenstein Highway North

Sebastopol, CA 95472

800-998-9938 (in the United States or Canada)

707-829-0515 (international or local)

707-829-0104 (fax)

我们为本书做了一张网页,里面有勘误、实例以及更多的附加信息。请访问http://bit.ly/blockchain_1e

和本书有关的评论或者技术性的问题,请发送邮件至bookques-tions@oreilly.com

欲知更多关于我们的数目、课程、会议以及新闻,请看我们的网站http://www.oreilly.com

在Facebook上找到我们:http://facebook.com/oreilly

在Twitter上跟随我们:http://twitter.com/oreillymedia

在YouTube上观看我们的视频:http://www.youtube.com/oreillymedia

致谢

我要特别感谢以下各位:Andreas M. Antonopoulos, Trent McConaghy, Steve Omohundro, Piotr Piasecki, Justin Sher, Chris Tse, and Stephan Tual.

第一章 导读 不仅仅有比特币

罗佳 吴志峰

我建议大家看这本书之前，请先忘掉比特币！我知道这么说会得罪很多人，毕竟这本书号称是国内第一本系统介绍区块链的书籍，对这本书感兴趣，或者说愿意自掏腰包购买阅读的人，很多是"币圈"的同志们。很多人会认为区块链和比特币是相伴而生、本自一体的，甚至有人会说："离开比特币，区块链一文不值"。不可否认，区块链的确是伴随着比特币而生的，或者我们很多人确实是通过比特币才知道了区块链，但是如果这样就把区块链等同于比特币，或者等同于其他任何数字货币，那就大大低估了区块链的价值和意义。

在比特币成为主流网络货币的同时，支持比特币的区块链技术显然比比特币本身更为重要。此书的内容超越了货币本身（区块链1.0）和智能合同（区块链2.0），并旨在说明区块链将会成为继大型计算机、个人手提电脑、互联网和手机社交网络之后第五个突破性的计算功能范例。

本书作者很清楚这一点，在第一章就明确指出货币（比特币）只是区块链1.0版本的一个应用，并且开篇就介绍了比特币的三层结构，从而帮助读者厘清了一些基本概念。作者更进一步指出，对于所有的现代加密数字货币而言，区块链、协议和货币这三个层级是一种通用结构。

目前已经有数百种加密数字货币，其中比特币是最先出现并且是规模最大的，其他的还有莱特币（Litecoin）、狗币（Dogecoin）、瑞波币（Ripple）、未来币（NXT）和点点币（Peercoin）等等。那么问题来了，为什么这个结构就是数字货币的通用结构？

通过介绍"双花问题"和"拜占庭将军问题"，以及比特币的原理和运行机制，作者回答了这个问题。所谓"双花问题"，简单地说就是如何保证每一笔数字现金都只会被花掉一次，避免重复支出。同时也对"拜占庭将军"问题做了回答，阐明区块链结合了BitTorrent单方一端对另一端的文件共享技术和公钥密码学产生了新的虚拟货币即比特币，从而避免了去中心化货币可复制即被多次记录的问题。由于区块链每个账页都被网络上各节点查看和验证，并不需要托管到一个中心化的第三方机构，使用者也就不需要担心是否信任交易对手，他只需要信任区块链技术系统就可以了，这就解决了拜占庭将军问题。

看到这里，大家或许应该清楚区块链到底是什么了吧，区块链本质上就是一个安全、可信的分布式数据库，或者说它就是一个可以共享和不可更改（不易更改，理论上并不是完全不可更改）的分布式分类总账。因为前所未有的安全和可信，使得区块链成为具有里程碑意义的应用技术，也就当然地成为目前数字货币的通用结构。

再仔细想想，拜占庭将军问题哪里仅仅是数字货币所面临的问题，根本就是人类社会长久以来不断面对和持续解决的问题。过往我们的解决方式是"中心化的"，即利用强大的第三方（国家、政府、组织）信用背书，解决普遍的群体"无信用""不信任"问题。但是，我们发现在网络虚拟的世界里这些增信方式基本是无效的，即使在现实世界中，传统的增信方式也在渐渐失效，许多我们过去确信的人或事，变得不再那么确定和值得信任了。

透过比特币的运行机制和工作原理，我们可以看到，由于所有的交易都会被全网记录下来，彼此链接，因而行为是可被追溯的，而且过去的区块几乎不可能被修改。同时，只要下载相关软件，任何人都可以进入区块链进行搜索，提交记录或者完成交易。如此，区块链就从本质上改变了我们在互联网上连接以及交换价值的方式。

按照这个思路继续畅想下去，我们会发现区块链应用前景非常之广泛，不仅仅是数字货币，在彩票发行、数字版权保护与交易、智能合约、证券、资产过户等等领域都可以使用，甚至婚约、遗嘱、思想、创意都可以被记录、被转移、被交易，只要你愿意，只要有人觉得它有价值和必要，而这些记录或交易行为发生的时候，并不需要"第三方"。换句话说，基本上以往"需要通过一个值得信赖的组织和权威证明才能进行的事"、"存在经纪人的领域"，未来都可能用区块链绕过去，被"去"化了。

另一个需要思考的问题是，旧的机制被打碎，必须要建立起更好、更有公信力的新机制，"去"并不是目的，"去"化之后区块链将给人类社会带来哪些变化：交易的便捷？成本的降低？生活的自由？组织的变革？社会的自治？……作者在第一章做了些展望，并在后面的章节中进行了阐述，为读者一一打开谜团。当然读者自己也可以认真思考，因为一切都才刚刚开始。就在此书翻译的过程中，很多的变化也在同步发生着，但是这一次与以往不同，每个参与的主体都可以是主角，没有谁能够真正主导它的进程。

罗佳，中经网投资基金管理有限公司董事总经理。

吴志峰，金融学博士，中国银行业协会行业发展研究委员会副主任，国家开发银行战略研究处处长，近期致力于区块链技术与应用研究。

第一章 区块链1.0：货币

技术堆栈：区块链、协议、货币

比特币（Bitcoin）术语能让人感到困惑，因为"比特币（Bitcoin）"这个词本身就被同时赋予了三重不同的含义。首先，比特币代表了底层的区块链技术平台。其次，比特币被用于指一种基于底层区块链技术之上运行的协议，这种协议可以描述资产是怎么在区块链上转移的。最后，比特币本身就指代了一种加密数字货币，它就叫比特币，最早出现同时也是目前规模最大的加密数字货币。

表1-1 比特币区块链的技术堆栈层级

加密数字货币：比特币（Bitcoin, BTC）、
　　　　　　　莱特币（Litecoin）、狗币（Dogecoin）
比特币协议和用户：运行比特币交易的软件
比特币区块链：底层去中心化的总账

表1-1演示了一种可行的方法来区分不同的含义。第一层是底层技术，即区块链。区块链是去中心化的、公开透明的交易记录总账——其数据库由所有的网络节点共享，由矿工（miner）更新，由全民监管，但是

却没有人真正拥有和控制这个数据库。它就像一张巨大的可交互电子表格，所有人都可以访问和更新，并确认这些转移资金的数字交易是独一无二的。

堆栈的中间那一层是协议——在区块链总账上进行资金转账的软件系统。然后，顶层就是货币本身，即比特币（Bitcoin），它在交易中或交易所内发生交换时通常被表示为BTC或Btc。目前已经有数百种加密数字货币，其中比特币是最先出现并且是规模最大的，其他的包括莱特币（Litecoin）、狗币（Dogecoin）、瑞波币（Ripple）、未来币（NXT）和点点币（Peercoin）；主要的其他种类加密数字货币都可以在http://coinmarketcap.com/上查看。

关键一点在于，对于所有的现代加密数字货币而言，区块链、协议和货币这三个层级是一种通用结构。通常每种币都代表了一种货币及一种协议，另外它可能有自己独立的区块链或者基于比特币的区块链之上运行。比方说，莱特币的货币是基于莱特币的协议运行的，而莱特币的协议又是基于莱特币自有的区块链运行（莱特币相对于比特币只做了一些轻微的改动来改善一些特性）。一个独立的区块链意味着这种币将会有自己的去中心化总账（其结构和形式都将和比特币的区块链总账如出一辙）。另外一些协议，如"合约币"（Counterparty），它拥有自己的货币（XCP），但是基于比特币的区块链运行（这意味着它们的交易都会在比特币的区块链总账上登记）。http://bit.ly/crypto_2_0_comp保存着一张电子表格，描述了各个加密数字货币2.0项目的不同点。

"双花"问题和拜占庭将军问题

就算不考虑比特币和区块链其他很多可能的应用，单纯在基本层面上看比特币，这也是一个计算机科学领域的核心突破，它建立在二十年的加密数字货币研究、四十年的密码学研究的基础上，由全世界数千位研究者共同创造[13]。比特币解决了一个长期存在于加密数字货币行业的问题：

"双花"问题。在区块链加密技术出现之前，加密数字货币和其他数字资产一样，具有无限可复制性（就像我们始终有能力将一个邮件附件保存任意多次），然而如果没有一个中心化的媒介机构，则我们没有办法确认一笔数字现金是否已经被花掉。在交易中一个可以信赖的第三方就是必要的（不管是银行或者是像PayPal这样的准银行），这些第三方将会保留交易总账从而保证每一笔数字现金都只会被花掉一次。这就是"双花"问题。一个相关的计算性难题是"拜占庭将军问题"，喻示在战场上多个当事方（将军）并不信任彼此但是需要有某种协调沟通机制[14]。

区块链通过将种子（BitTorrent）点对点文件分享技术和公钥加密技术相结合，创造出了一种新式的数字金钱，从而解决了"双花"问题。货币的拥有权是由公共总账来记录，并由加密协议和挖矿社区来确认的。区块链是"无须信任"的，因为用户并不需要信任交易中的另一方或任何中心化的媒介机构，但是需要信任这个系统：即区块链协议下的软件系统。区块链中的各个"区块"就是一组一组的交易，它们被陆续发布到总账上——也就是说，这些区块被加到"链"上去。区块链的总账都可以通过区块链浏览器被公开查看（例如www.Blockchain.info可以查看比特币的区块链），在那里你可以输入一个区块链地址（即一个用户的公钥地址，形如1DpZHXi5bEjNn6SriUKjh6wE4HwPFBPvfx）查看一串交易流。

加密数字货币是怎么样运作的

比特币是钱，是数字现金，是一种在互联网上买卖物品的方式。比特币的价值链由许多不同的支持者构成：软件开发者、矿工、交易所、商户处理服务商、网络数字钱包公司和用户/消费者。从个人用户的角度来说，在币交易中（为不失通用性我在这里使用"币"这个概念）必须知道的一些东西是地址、私钥和钱包软件。地址是别人能够把比特币发送给你的地方，私钥是加密学密钥，你可以把比特币经过私钥加密发送给别人。钱包软件是一种你运行在你自己的电脑上用来管理你的比特币的软件（见

图1-1）。你并不需要在任何一家公司上注册一个中心化的账户；如果你有一个地址的私钥，你就可以利用这个私钥在任何一台链接了互联网的电脑上（当然，也包括了智能手机）使用该地址中的币。钱包软件还能保存一份区块链的拷贝——在对应币种发生的所有交易的记录——作为这个去中心化方案的一环，币的交易得以确认。附录A包含了维护一个竞争币钱包更加详细的一些实例。

图1-1 比特币数字钱包和比特币交易

（图片来源：比特币数字钱包的开发者和InterAksyon）

数字钱包和个人的密码学安全措施

作为负责任的消费者，我们对区块链技术和个人的密码学安全应用的许多方面并不习惯；比如说，必须备份自己的钱。利用私钥来确保去中心化权威，这样的代价是，尽管你可以将私钥保存在你的数字钱包中，但不会存在一个客服热线来帮你进行密码恢复或者私钥备份。如果你丢失了你的私钥，这意味着你的比特币也丢失了。这确实可以是比特币尚未成熟到被主流接纳的一个标志；这也是一些面向消费者的创业公司比如Circle Internet Financial和Xapo准备解决的问题。将会有一些机会出现在数字钱包备份领域（比如针对丢失、被盗、被锁死或者升级了的智能手机端或者电脑端的数字钱包），通过某种标准化的应用程序（app）或者服务的形式，用户可以确认他们的私钥备份具体的状态，不管是他们自己管理或者是依赖外部提供商。在消费者知识方面，个人加密安全是一个重要的新领域，因为目前若要确保个人金融资产和交易在这一全新的线上数字现金平台中受到保护，代价颇为高昂。另一个许多专家推荐的关键点是"货币混合"（coin mixing），把你的货币和其他交易混合在一起从而让它们更加隐匿，Dark Coin、Dark Wallet和BitMixer等公司可以提供这种服务[15]。随着竞争币市场规模的逐步增长，对于一个统一化的数字钱包的需求也会越发强烈，因为大部分区块链相关的服务都需要安装一个新的独立钱包，很容易就演变成二十个不同的数字钱包充斥着你的智能手机的状况了。

尽管目前运行状况不尽人意，但是加密数字货币提供了很多对于个人加密安全的巨大好处。其中一个显著的好处就是区块链是一种"推式"技术（push technology，用户仅对本次交易进行启动并把相关信息"推送"给网络），而非一种"拉式"技术（pull technology，就像信用卡或银行那样，用户的个人信息已被存档，在任何时候一旦被授权时就从中"抽出"）。确保信用卡技术在互联网上安全性而采用的开发方式并不是目前区块链模式正在发展的方式。"拉式"技术要求存储用户的个人信息，这本质上是一个中心化的蜜罐（honey pot），将越来越难以抵御来自黑客的盗窃袭击（Target、Chase和Dairy Queen只不过是最近的几个供应商数据库大规模身份盗窃袭击的案例而已）。截止至2014年10月已经有三万多家商户接受比特币作为一种支付手段了（如Overstock、新蛋和戴尔电脑；详见https://bitpay.com/directory#/），这意味着你不再需要将自己的个人信息再托付给某个中心化的企业数据库了。与此同时，这可能会要收取更低的交易费（比特币的交易费相比商业信用卡处理费来说是极低的）。

商户对比特币的接受

在本书写作之时，在美国主要的针对商户的比特币商业处理解决方案提供商是BitPay（http://www.bitpay.com）和Coinbase（https://www.coin

base.com/），另外在欧洲是Coinify（http://www.coinify.com）[16]。然而，对于一个商户（比如一家当地的咖啡馆），同时运行两套独立的支付系统（传统的支付系统和比特币支付系统）是相当困难的，所以未来更方便的办法是将比特币支付整合到现存的商户支付网络中。通过移动电话在销售网点以比特币快捷消费（例如一杯咖啡）也需要移动支付功能。CoinBeyond（http://www.coinbeyond.com/）和其他一些公司专注于比特币移动支付，BitPay和CoinBase也提供了移动结账解决方案（https://bitpay.com/bitcoin-for-retail）。一个值得一提的进展是，Intuit的QuickBooks小企业会计软件利用了其PayByCoin模块（http://bit.ly/paybycoin）[17]，让商户能够接受来自CoinBase和BitPay的比特币付款收入。

总结：比特币1.0的现实应用

区块链已经成为互联网上的现金，一种数字支付系统，同时它还可能成为"金钱的互联网"，这将用物联网（IoT）连接机器的方式连接金融。货币和支付构成了第一个也是最显著的应用。这些另类货币的意义基于了单单那么一个经济命题：将世界范围内的信用卡商户支付费用从高达3%降至低于1%这个事实对于经济具有明显好处，尤其是在金额高达5,140亿美元的国际汇款市场，其交易费甚至可以高达7%至30%[18]。另外，相较传统汇款需要等待数日，比特币用户可以在数字钱包中立即收到资金。比特币和它的效仿者们可能铺设出一条货币、贸易和商业的通路，因为我们知道这条路将被彻底重新定义。更广泛地说，比特币并不仅仅是一个更好的Visa——它可以允许我们做更多我们从未设想过的事。货币和支付只是第一个应用实例[19]。区块链货币的核心功能是通过互联网让任何一个交易可以直接被两个单独的个体之间发起和完成。而使用各种竞争币，你又可以用一种完全去中心化、分布式且全球化的方式，在个体之间分配和交易各种资源。由于具备了这种能力，加密数字货币能够成为一个可编程的开放式网络，用以实现所有资源的去中心化式的贸易，这远远超越了其货币属性和支付属性。因此，针对货币和支付的区块链1.0正在被拓展成区块链2.0，由此能够利用比特币作为可编程性货币的更鲁棒性的功能特性。

和法币的关系

若把比特币看作为范式以及最普遍采用的案例，截至2014年11月12日比特币的价格是$399.40。比特币的价格变化波动范围很大（正如你在图1-2中看到的），从2013年初的$12一直涨到了2013年11月29日的高点每个比特币$1,242（这个价格甚至比黄金更贵——当天的黄金价格是$1,240每盎司）[20]。这个顶点是由一些因素共同推向高潮所产生的，例如塞浦路斯的银行危机（2013年3月）就驱动了大量的需求。价格也受到了中国大量交易所推动——直到2013年12月5日中国政府禁止机构（但不包括个人）处理比特币为止，此后比特币价格受到重挫[21]。2014年，比特币从$800逐渐降到2014年12月的大约$350。一个经常被提及而又颇有争议的数据是70%的比特币交易是由人民币结算的[22]。很难估算出这个数字到底能表明多大程度的有意义的经济活动，因为中国的比特币交易业务并不收取手续费，因此人们可以免费地买进或者卖出比特币，造成了虚假的交易量。另外，大量人民币计价的交易一定是投机性质的（当然对于比特币整体交易量来说，这句话也是同样正确），因为既鲜有现实世界的商户接受比特币，也鲜有用户使用比特币普遍性地进行商品和服务的消费。

一些人认为波动性和价格的变化是加密数字货币被广泛采用的一个障碍，现在已经有一些平准波动的企业出现来解决这个问题：Bitreserve（https://bitreserve.org），试图锁定比特币存款在一个固定兑换率上[23]；Realcoin（http://realcoin.com）是一种加密数字货币，它与美元（USD）锚定[24]；同时Coinapult钱包的LOCKS服务（https://coinapult.com/locks/info）则允许购买者将比特币和黄金、白银、美元、英镑或者欧元价格相锚定[25]。第一批和美元锚定的那些比特币加密数字货币中之一是瑞波币

（Ripple）的XRP/USD BitStamp（https://www.ripplecharts.com/），还有一个实例是比特股（BitShares）的BitUSD。另一些人指出比特币的波动性小于某些法币的波动性和通胀（这让比特币成为一个更好的相对价值选择），同时比特币的许多操作都可以实现对其他货币的立即转入转出，这使得波动性在这些按现货价格（即时）进行的交易中并没有那么重要。

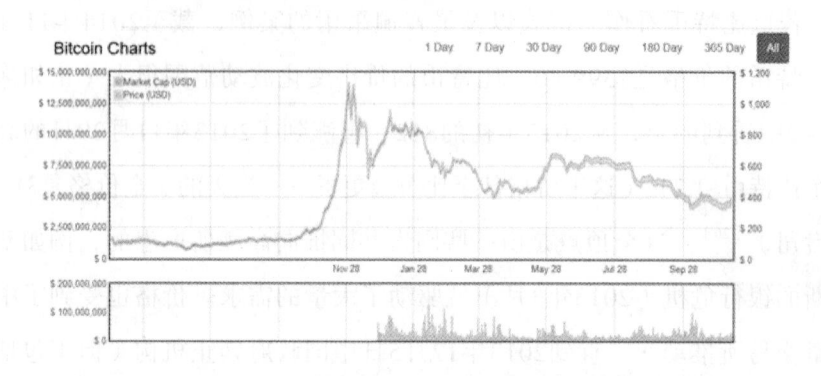

图1-2 比特币价格，2009年至2014年11月

（来源：http://coinmarketcap.com/currencies/bitcoin/#charts）

截至2014年11月比特币的市值已经达到了53亿美元（见http://coinmarketcap.com/），计算方式是按照当前价格（$399.40）乘以可用供应量（13,492,000比特币）。这已经达到了一个小国GDP的规模（比特币可以在世界前200名经济体中排第150位）。不像法币可以被政府增发，比特币的供应量是按预先确定（且有上限）的频率增长。新增的货币（在区块中）是以一个有规律且已知的速度被发行，当前保有量为1,350万个单位，将会在2040年增长达到2,100万的上限。在一个大约每个比特币400美元的价位上，在日常消费中直接使用比特币并不可行，在现实使用中的价格和兑换，其计价通常都会使用子单位毫比特币（milli-bitcoin，即一个比特币的千分之一，1mBTC约为0.40美元）和聪（Satoshi，即一个比特币的百万分之一，Satoshi约为0.000004美元）（译注：原作这里有误，Satoshi应该是一个比特币的亿分之一）。

监管现状

政府监管可能是一个决定比特币产业能否发展成一个全覆盖的金融服务产业的最重要因素之一。截至2013年10月，已有少许国家完全禁止了比特币（参考http://bit.ly/bitcoin_by_country）：孟加拉国、玻利维亚、厄瓜多尔、冰岛（可能转而使用极光币Auroracoin）、吉尔吉斯斯坦和越南。中国，正如前文所述，禁止了金融机构交易虚拟货币，尽管以人民币结算的交易量仍然高挺[26]。德国、法国、韩国、泰国都并不友好地观望着比特币[27]。欧洲银行业管理局（European Banking Authority）、瑞士、波兰、加拿大和美国都持续研讨比特币相关的热点问题[28]。各个国家都试图将比特币（以及加密数字货币的概念）套嵌匹配入他们现有的监管框架之中，但往往发现加密数字货币并不十分与之相符，最终得出结论对加密数字货币是如此不同以至于可能需要进行新的立法。目前，已有一些国家将比特币作为货币（因此将免于增值税VAT），例如英国；而其他一些国家，如澳大利亚，由于法律要求货币必须国家发行，因而并不能够将比特币归类为货币（因此不能免于增值税和商品及服务税）[29]。

在美国，美国国税局（the Internal Revenue Service）将比特币视为一种资产（如股票），而不是金钱，这意味着比特币用户必须承担交易的资本利得税[30]。对于税收而言，虚拟货币是资产，而不是货币。然而，几乎其他所有美国政府机构——包括美国财政部金融犯罪执法系统法网（FinCEN, financial crimes enforcement network）、银行业监管机构，以及美国消费者金融保护局（CFPB）、美国证券交易委员会（SEC）、美国商品期货交易委员会（CFTC）和美国司法部（DOJ）都将比特币作为货币来监管[31]。

第二章　导读　可编程货币

达鸿飞

读完第一章，你也许获得了一种全新的视角：把区块链看作一种底层技术，而比特币恰恰是基于区块链技术的第一个应用。

那么我们不妨来做一个游戏。假如你是中本聪，你找到了解决双重支付和拜占庭将军问题的方法，并且据此构想出了一种加密数字货币——比特币，现在要具体设计比特币的转账功能了，你会怎么做？我的设计方案会是这样：

发送方A向比特币网络发一份广播，其内容是这样的："从A地址转账1 BTC给B地址。同时附上A地址私钥的签名"。网络各节点收到广播，校验签名合法，于是从A地址扣掉1 BTC，给B地址加上1 BTC。

简洁明了对不对？我猜你的设计方案也许和我差不多。幸亏你我都不是中本聪。如果是这样的设计，那么比特币和区块链的潜力将大打折扣。让我们看看中本聪的方案：

发送方A向比特币网络发一份广播，其内容是这样的："我要转账1 BTC给接收方B，并且我能提供一段脚本，这段脚本作为钥匙可以打开这1 BTC上的锁；同时，我根据接收方B的要求为这1 BTC加一把新的锁。"

网络各节点收到广播，运行脚本，发现A提供的脚本确实能"开锁"。于是根据A的指令给这笔比特币换上了一把B才能打开的"新锁"。当接收方B想使用这1 BTC时，只要能提供一段脚本作为钥匙打开这把新锁就行。

所谓脚本，其实就是一种比较简单的计算机语言。浏览器常用的JavaScript就是一种脚本。

乍一看，中本聪的设计似乎非常烦琐和反直觉，然而这样的设计大有道理：脚本可以编写的内容非常灵活，远远超出了一对一转账的范畴。你可以约定B和C必须同时签名才能支配这一个比特币（担保交易），也可以约定B、C、D中任意两人签名就能支配（联名账户）；你可以约定必须在一年后才能支配这一个比特币（延时支付），也可以约定任何人都可以（撒钱）或不可以（烧钱）花费这一个比特币。通过比特币内置的这套脚本语言，你可以灵活地编写出各种各样的约定，这样的约定被称作"合约"。脚本编写的合约使得比特币成为人类历史上第一种可编程的货币。

聪明的读者可能已经想到：如果我们把这里的比特币替换成其他东西，加上这套脚本合约系统，那么可以实现的功能简直就是无穷无尽啊。

没错，这正是区块链2.0的核心概念——合约。这里的合约既指区块链技术的这套技术方案，同时也指区块链2.0的在商业合约方面的应用。

有了强大的合约系统，区块链2.0开始脱离货币领域的创新，转战涉及合约功能的其他商业领域。我认为诞生于2011年的域名币（Namecoin）应该算是第一个脱离货币概念的区块链应用，尽管当时还没有区块链2.0或者3.0这样的概念（本书作者归为其属于区块链3.0）。域名币用区块链技术和合约系统实现了".bit"域名的注册、续费、转让。

遗憾的是".bit"域名需要安装浏览器插件才能访问，一直未能真正流行。

区块链2.0应用中既有基于比特币区块链的彩色币（Colored Coins），也有拥有独立区块链的比特股（BitShares）；既有华尔街加硅谷精英组建的Ripple，也有数字货币社区匿名开发的NXT；既有成功众筹到近1亿人民币的以太坊（Ethereum），也有将募集到的价值千万市值的2125 BTC主动销毁的合约币（Counterparty）。

区块链领域的发展之快可谓一日千里。本书英文版出版后，又出现了一些新的区块链2.0项目和进展。

2015年3月，被称为"CDS之母"的摩根大通高层Blythe Masters加入区块链技术公司Digital Assets Holdings任CEO。DAH使用区块链技术提供金融机构间的大宗交易解决方案。

2015年5月，纳斯达克宣布与chain.com合作测试基于比特币区块链的证券交易市场。纳斯达克使用基于彩色币的Open Assets协议，在NASDAQ Private Market内进行测试。NASDAQ Private Market有75家企业，有点象个迷你的新三板。

2015年6月，美国上市公司Overstock宣布采用区块链技术发行了世界一个加密数字债券。Overstock的目标是用区块链发行加密数字股票，并获得SEC（美国证券交易委员会）认可。

2015年7月，德勤会计事务所表示正在探索使用区块链技术来对客户进行财务审计。

2015年8月，以太坊前沿版（Ethereum Frontier）发布。以太坊的图灵完备的智能合约系统，理论上可以实现任意的功能。比如用于预测总统大选、农业收成、证券指数的预测市场应用Augur就基于以太坊协议。

本章的最后一部分，作者提到了Dapp、DAC、DAO、DAS的概念。回到本原，我们如果把比特币看成一个支付应用，那么比特币就是一个Dapp（去中心化应用）；如果把比特币看成一个支付公司，那么比特币就是一个DAC（去中心化自治公司）；如果把比特币看成一个点对点的组织，那么比特币就是一个DAO（去中心化自治组织）。如果未来我们可以用比特币区块链的方式来管理社会，那么这样的社会组织形态就是DAS（去中心化自治社会）。

当区块链技术被用于社会治理，那么我们就进入了新的疆界——区块链3.0。

达鸿飞，昵称达叔，80年人，现居上海。比特币运动的早期参与者，中国区块链社区的代表人物。目前正在主持"小蚁"项目——一个合规对接实体世界，基于区块链技术的股权登记管理和转让交易系统。

上海浦东国际金融学会金融科技组委员。2013年起全职从事数字货币和区块链技术创新，联合创立了"比特创业营"。多次在北京、香港、上海等地的数字货币峰会担任演讲嘉宾。2014年创立了小蚁——用于发行、管理、交易股权等数字资产的区块链协议。

第二章 区块链2.0：合约

创建伊始，比特币设想的复杂度已经超越了目前现有的法币和支付系统；追溯回其协议，协议最初已经考虑过是否有可能建立一种可编程的货币以及合约。中本聪2010年的通信提过，"我很多年前就已经在思考，是否可以让（比特币）支持多种交易类型：包括托管交易、债权合同、第三方仲裁、多重签名等。如果比特币未来能够大规模发展，那么这些交易种类都将是我们未来想探索的，但是在一开始设计时就应该考虑到这些交易，这样将来才有可能实现。"[32]如果看了第三章，就会发现这些结构的应用将会超越金融交易，并且将适用于任何类型的交易方式——即便是"抽象"的对象，这些都是因为比特币设计理念和结构是非常灵活和可拓展的。

区块链2.0是区块链行业发展的下一个巨大的纽带，自2014年秋天开始，区块链2.0领域也带来不少令人意想不到的应用。[33]也因为区块链2.0正处于发展期间，所以对它的类型、领域以及了解有很多不同的见解，但是它的分类标准和定义还在不断地形成。对于泛指的区块链2.0技术会包括比特币2.0、比特币2.0协议，智能合约、智能资产、Dapp（去中心化应用）和DAC（去中心化自治企业）。

如果说区块链1.0是为了解决货币和支付手段的去中心化，那么区块链2.0就是更宏观地对整个市场的去中心化，将可以利用区块链技术来转换许多不同种类的资产而不仅仅是货币，通过每次转让或者分割来创建不同资产单元的价值。

对于比特币技术有一种粗略的比喻是，它有些像网络协议栈。当互联网底层技术和基础设施已经到位之后，许多的服务就可以在它之上运行——就像亚马逊、在线视频Netflix公司以及民宿预定软件Airbnb——因为随着时间的推移，它会变得日趋成熟，并且利用底层技术的优势来增加新的种类。区块链1.0更像是网络底层的TCP/IP传输层，我们有机会在这之上建立2.0协议（就像HTTP，SMTP和FTP在互联网模型中的位置）。区块链2.0协议要么从理论上使用比特币区块链协议，要么重新建立其独立的区块链，但是它们都使用相同的数字货币去中心化技术的三层架构模式：区块链，协议和货币单元。然而，需要注意的是，这些新的"互联网下水道层"还处于高速发展中，所以这些比喻也会很快过时。这些比喻就像当初我们称Chrome浏览器是"Napster 2.0"，以及把Facebook或者AdBlock称为"网络浏览器3.0"。

核心问题在于，区块链技术的去中心化交易账本功能可以被用来注册、确认和转移各种不同类型的资产及合约。表2-1中列出了一些能够通过区块链技术传输的不同种类资产及合约的例子。中本聪最先已经设计了第三方托管交易、债券合约、第三方仲裁以及多签名交易。事实上所有的金融交易都可以被改造成在区块链上使用，包括股票、私募股权、众筹工具、债券、对冲基金、年金、养老金和所有类型的金融衍生品（期货、期权、违约掉期等其他衍生品）。

表2-1　超越货币领域的区块链应用

分类	实例
一般	托管交易，保税合同，第三方仲裁，多方签名交易

分类	实例
金融交易	股票，私募股权，集资，债券，共同基金，衍生工具，年金，养老金
公共记录	土地和产权证，车辆登记，营业执照，结婚证，死亡证
证件	驾驶证，身份证，护照，选民登记
私人记录	借据，贷款合同，投注，签名，遗嘱，信托，中介
证明	保险证明，权属证明，公证文件
实物资产	家宅，酒店客房，汽车租赁，汽车使用
无形资产	专利，商标，版权，保留权益，域名

（来自 Ledra Capital Mega Master 的区块链清单：见附录 B）[34]

公共记录也同样能够迁移到区块链上：如土地和产权证、车辆登记、营业执照、结婚证、死亡证明。还能够在区块链上通过安全编码的形式来确认驾照、身份证、护照和选民登记等数字信息和身份。同时一些私人记录如借据、贷款、合同、投注、签名信息、遗嘱、信托以及第三方托管也能够在区块链上存储。而这些保险证明、权属证明以及公正文件也可以保存在区块链上，并以此来作为证明。物理资产密钥（会在第3章进一步探讨）能够在区块链上编码保存为数字资产，以此来访问家庭、酒店客房、汽车租赁和私人拥有或者共享的汽车等（如Getaround）。无形资产（如专利、商标、版权、客房预订和域名）也能够通过区块链对其进行保护或转移。例如，为了保护某一个想法，不通过申请专利或者商标注册这些传统方法，那么你可以将它编码放到区块链上，此时你就能够获得一个有着某特定日期时间戳的证明，作为未来可以使用的一个证据 ["数字艺术：区块链证明服务（公正、知识产权保护）"中有讨论过]。

金融服务

区块链行业中主要的一部分就是利用数字货币来与传统银行和金融市场进行对接。拿到风险投资的Ripple Labs正在使用区块链技术来重塑银行业生态系统，让传统金融机构更有效地开展自己的业务。Ripple的支付网络可以让多国的银行直接进行转账和外汇交易，而不需要第三方中介，现在要求"地区性银行可直接双向在两个或多个地方性银行传输资金而无须第三方来中介"。[35]Ripple也在开发一个智能合约和自己的程序语言——Codius。在传统银行业和比特币之间还有另一个合作范例，就是西班牙Bankinter银行的创新基金投资的Coinffeine，这个比特币初创公司的目标是能够让终端用户直接买卖比特币而不需要交易所。[36]

其他行业也正在提供将比特币和传统金融和支付市场对接的解决方案。PayPal是一个富有启发性的例子，因为它的平台发展和比特币有相似之处，就和比特币被接纳的曲线一样。PayPal最初对于传统金融服务市场，就像比特币一样，也是创新的支付解决方案，但是它现在已经成为在监管体制内的一个正规企业，能够收集并且确认客户的个人资料。PayPal曾经被认为是金融创新的领军人物，但是它已经变得越来越像一个大企业，在面对比特币这种新生事物，它已经逐渐失去了成为早期市场的领导地位。目前PayPal也正在逐渐接纳比特币，截至2014年9月，三个比特币支付的主要合作伙伴是：BitPay，Coinbase和GoCoin。[37]同样也是在2014年9月，PayPal旗下的一家移动支付供应商——Braintree（2013年收购），推出一项全新的功能，用户能够使用比特币来支付Airbnb和Uber。[38]

同样的还有一个符合监管的比特币和传统金融服务之间有交集的概念是"比特银行"。比特币交易所Kraken已和银行合作，提供合规的比特币金融服务。[39]很明显一些相似的传统金融产品和服务的创新对比特币较有需求——例如，比特币储蓄账户和贷款（可能通过用户选择规则来提供部分储备金）。BTCjam是一个典型的基于区块链的去中心化P2P借贷网站。TERA交易所推出第一个符合美国监管的比特币交易所，能够让机构和个人投资者直接通过在线交易平台购买比特币合约。其他还有些企业还提供包括商用比特币价格指数，如Tera比特币价格指数，其被用来作为交易USD/XBT的合约的指标。[40]

同样领域内还有初创公司Vaurumz，它正在建立一个API为金融机构提供那些从事传统经纪业务的投资者，以及银行客户来购买比特币的渠道。另一个初创公司是Buttercoin，一个比特币交易平台和交易所，提供大批量交易（大约20万-50万个比特币，价值7000-17500万美元），目标用户为那些需要完成巨量比特币交易业务的客户群体。[41] Buttercoin和资本市场中的Wedbush证券公司有业务合作，这个证券公司是第一批研究和接受比特币的证券分析机构。

其他企业极度反对那些当前股票交易市场基础设施中，不受人为监管的垄断企业，如一些参与证券的清算和结算的企业——储蓄信托公司（Depository Trust Company）和国家证券清算公司（National Securities Clearing Corporation），或美国存管信托和清算公司（DTCC）。Overstock的首席执行官Patrick Byrne和合作伙伴创立一个新的合资公司——Medici，他们在2014年10月宣布将会提供一个基于区块链技术的，去中心化证券交易市场。[42]

众筹

另外一个证明金融服务如何被基于区块链去中心化模型改造的主要范例就是众筹。这个想法来源于通过P2P筹款模式，如Kickstarter，它可以取代初创企业寻找传统风投资金的模式。中心化的服务模式很明显需要像Kickstarter或者Indiegogo这样的第三方来启动某个众筹项目，而基于区块链技术的众筹平台则不再需要作为中介的第三方。基于区块链技术的众筹平台支持初创企业通过创建自己的数字货币来筹集资金，售卖或者分发自己的"数字股权"给那些早期的支持者。投资者将会收到众筹项目所发行的数字货币，这些数字货币能够作为他们支持初创公司应获股份的凭证。[43]

一些领先的数字货币众筹平台，包括Swarm，作为一个采用数字货币的孵化器，已在2014年7月就在他们自己众筹平台上筹集了一百万美元。[44]他们公司有自己的数字货币，Swarmcoin授权投资者可从孵化器投资组合的收益中获得分红。[45] Swarm至今已经有五个一流的项目申请资金众筹，分别为：Manna，一个智能无人机网络的开发项目；Coinspace，一个去中心化数字货币工作平台；Swamops，一个去中心化组织管理软件平台；Judobaby，一个去中心化的游戏平台和DPP，一个去中心化派对娱乐概念。[46]

另外一个众筹平台是Kcoinify，至今为止它们只有一个去中心化的社交网络项目——Gems。Koinify与一家名为Melotic的钱包/资产交易所平台合作，希望实现去中心化应用市场。[47]有些讽刺的是，又或者说可能这是一个中心化和去中心化融资共存时代来临的信号，Koinify在传统风险资本金融市场融到一百万美元，来作为其众筹平台的启动资金。[48]还有一个叫做Lighthouse的项目，其目标是能够让用户在比特币钱包直接进行众筹或者完成保证合约。在日本，有个比特币众筹网站——bitFlyer，已经上线，作为综合众筹网站——fundFlyer的一部分。[49]

众筹在比特币行业大会上也是比较吸引眼球的话题，专家们经常争论其合规性。反对者抱怨说，目前没有任何法律来保障通过众筹来获得某个组织或企业股份的合法性，很多众筹的方式可能会违反证券相关法规。类似Swarm和Koinify此类众筹平台所提供的解决方案，或者像Ethereum直接销售其非股权的份额，比如提前使用其软件的权利。然而，这些行为多少都有些过于精明，原因是许多情况下市场依然似乎只是销售股票。然而其结果发现，实际投资者除了得到较早得到软件的权益外，并没有获得太多利益。所以看来，目前如果要合法地在去中心化平台众筹某个数字货币相关的项目，需要有更加有效的监管和制衡。

比特币预测市场

新老技术结合的一个例子就是比特币的预测市场，就如同Predictious和Fairlay。[50]比特币预测市场提供一个可以投注的场所，而你可以对现实生活中可能发生的事件进行结果预测。而这样的预测市场在我们身边比比皆是，如选举、政治立法、体育赛事和技术产品发布，这些都是能作为发展区块链预测市场的信息来源。比特币预测市场是一个观察业内人士如何思考比特币未来价格方向的方式，特别是对于区块链2.0的项目，在行业内对此问题争论得更加普遍（例如，比特币技术发展问题，可能将会让代码出现一个硬分叉，改变挖矿算法的难度级别等）。

智能资产

区块链可以用于任何资产注册、存储和交易，包括金融、经济和货币的各个领域；有形资产（物理资产）；无形资产（投票、概念、信誉、想法、健康数据和信息）。使用区块链技术这种方式开辟了不同类型各个层次的行业应用功能，包括涉及货币、市场和金融交易。使用区块链编码的资产通过智能合约成为智能资产。

智能资产一般是指所有以区块链模型为基础的可交易所有资产类型。这些资产可能会是物理世界中真实存在的资产，如房屋、汽车、自行车或计算机，也可能是类似于股票、储蓄或版权（如书籍、音乐、插画以及数字艺术）这样的无形资产。一个使用区块链来控制艺术品资产的典型范例就是Swancoin，有121幅在现实世界制作的30×30cm上漆胶合板的艺术品，可以通过比特币区块链进行传输交易（参见图片2-1）。[51]任何资产都可以在区块链上注册，其所有权是被任何控制私钥的人所控制。所有者能够通过转移私钥给另一方来完成出售资产行为。智能资产，也就是可以通过区块链控制所有权的资产，并且通过合约来符合现行法律。例如，预先建立的智能合约能够当某个人已经偿还全部贷款后，自动将车辆所有权从财务公司转让到个人名下（通过其他以区块链基础的智能合约自动确认）。同样，在未来的某一天，抵押贷款利率可以通过检查另一个以区块链基础的智能合约以及有合约数据的网站或数据接口自动重置和修正。

图片 2-1. Swancoin：发行数量有限的数字资产艺术品
(image credit：http://swancoin.tumblr.com/)

　　智能资产的核心思想是控制所有权，对于在区块链上已经注册的数字资产，能够通过使用它的私钥来随时使用。在某些情况下，现实世界的物理资产可以很容易地通过区块链来控制。比如智能电话可以在确认某个用户在区块链上的数字身份来自动解锁。还有那些现实生活中的门禁系统，就像车库和住宅的门禁就可以通过使用"智能物体（Smart matter）"的嵌入式技术（例如，软件代码，传感器，QR码，NFC标签，iBeacons，无线接入等）来控制，以便实时搜寻用户的软硬件身份识别设备来匹配资产。如果暂缺这些身份识别设备，用户还可以实时递交请求，区块链智能合约能够发送确认信息或者接入信号递送到物理资产或者用户的电子钱包，例如可以使用一次性的二维码来打开一辆租借的汽车或酒店房间。区块链技术提供一个重塑身份认证和安全进入的方式，而且更细的粒度、更灵活、更面向实时需求，远比目前现实有更多的可能性，是通过优雅的嵌入物理世界硬件技术中来方便使用。[52]

　　智能资产利用区块链技术交易是一种全新的概念。我们似乎还不习惯把那些通过代码来自动执行的加密程序，当作是某种产权。这种自动执行的代码是被绑定写入代码底层，并且是无法剥离的。无法阻止编码预先设定的产权交易的发生。基于区块链的智能资产，有可能让我们能够广泛构建无须信任的去中心化资产管理系统，以及通过加密的方式来激活系统。这也许能够在物权法律的范围内获得极大应用——能够通过在资产本身上进行记录来极大简化资产所有权的管理。

无须信任的借贷

区块链技术的去信任机制网络是智能资产和智能合约发展的重要推动因素。智能资产对信任机制的要求很低，通过这样的方式能够降低欺诈和中介费用，更重要的是这让原本也许根本不会发生的交易发生，因为参与的交易方完全不需要互相认识或者信任。例如，这让不认识的人可以在互联网上把钱借给你，而你可以将你的智能资产作为抵押，这必然将大幅度降低信贷成本而让借贷更具竞争力。[53] 此外，智能合约的自动执行可能将让原本会出现的争议大幅度降低。合约争议一直是美国和英国诉讼官司中最大的种类，分别占到44%和57%，而这些在能够精确自动执行智能合约面前都可以避免，并且可以获得更加精确的运作。[54] 与此相关的是，富有远见的数字货币专家和智能合约理论家尼克·萨博（Nick Szabo）指出，许多问题会出现就是因为人的坏决定（如非理性决定），而这都能通过像智能合约这样的自动执行来完善。

彩色币

在区块链上第一个智能资产实例就是彩色币。某些比特币被"染色"或称为"标记"的方式，能够通过比特币交易时备注字段来对应某一种特定资产来发行。这个有点像给某人一张1美元的纸币，但是通过在上面标注文字作为一张借据使用。通过这种方式，这些特定的比特币能够代表某些资产，然后安全地在区块链上交易。但是这种方式还是需要一些信任基础——需要双方都认同的情况下将资产信息放入备注字段。因此，彩色币只能在某一个特定的社群内使用，可以将其作为某种积分或点数来代表现实或者数字资产和服务。其基本思想就是，彩色币通过标注为某特殊属性来映射作为数字或者实物资产,这样就能在区块链上进行非常复杂的交易。既在交易所中完成交易,也能够实现社群内的各种活动,比如投票、给小费或者在论坛里评论等。[55]

智能合约

我们会发现从智能资产开始被讨论时,智能合约就已经开始了。在区块链的环境下,合约或者智能合约意味着区块链交易将会远不止简单的买卖货币这些交易,将会有更加广泛的指令可以嵌入到区块链当中。在更正式的定义中,一个合约就是通过区块链使用比特币和某人形成某种协议。传统意义上的合约,就是双方或者多方共同协议做或者不做某事来换取某些东西。合同中的每一方必须信任彼此会履行义务。智能合约的特点是,同样是彼此之间同意做或者不同意做某事,但是无须再信任彼此。这是因为智能合约不但是由代码进行定义的,也是由代码(强制)执行的,完全自动且无法干预。事实上,智能合约之所以能如此操作主要是有三个要素造成:自治、自足和去中心化。自治表示合约一旦在启动就自动运行,而不需要它的发起者进行任何的干预。其次,智能合约能够自足的来获取资源,也就是说,通过提供服务或者发行资产来获取资金,当需要的时候也会使用这些资金。再次,智能合约是去中心化的,这也就是说它们并不依赖单个中心化的服务器,它们是分布式的,并且通过网络节点来自动运行。[56]

一个典型的例子来比喻智能合约,可以把它看成由代码编写的并且能够自动运行的自动贩卖机。不同于人的行为,一台自动贩卖机的行为是可以计算的;相同的指令行为总是会得到相同的结果。当你塞入一些钱并做出选择后,你选择的物品就会掉出。机器绝不可能不按照预定程序来执行,也不会仅仅执行一部分(只要它没有被损坏)。一个智能合约同样也是如此,一定会按照预先设定的代码来制定。正如莱斯格提醒我们的"代码即法律",无论是怎么编写的它都会被执行。在某些情况下,这可能是好事也可能不是；无论是与不是，这都将会是一种全新的情况，我们的社会在智能合约普及之前还需要一段较为漫长的适应阶段。

基于加密算法的智能合约及其相关体系，如果要激活资产还有许多细节需要考虑。也许我们还需要全新的法律和相关规定，来区别那些通过代码来建立的合约与其他通过人来建立的具有司法约束力的合同之间的差别。[57]只有基于通过人约定来建立的合同才会有遵守或者违反合同的情况，而基于区块链以及任何基于代码的合同都不存在这样的问题。此外，智能合约将不仅仅会影响到合同法，而且这些影响可能会扩展到整个社会中的其他社会性契约。我们需要确定和界定何种社会契约会更需要"代码法律"，即根据代码来自动执行且无法阻止运行。因为基于目前所颁布施行的法律，几乎是不可能去让智能合约强制执行（例如，一个去中心化的代码样本在事后是难以控制、监管或者要求赔偿损失的），现有法律框架本质上要把这种行为下降到人为合同的水平。最终的目标将不是没有法律或者是无政府状态，而是让法律框架变得根据具体情况而更加精细和个性化。各方可以通过协商来选择某个法律框架来建立一个合同然后将它写入代码中。这样根据大家原先已知的、经审核过的且"罐装"的法律框架，类似于创作共用许可证（Creative Commons licenses），这样用户可以选择某个法律框架作为智能合约的框架。因此，可能会有许多类型的法律框架，就像可能会有许多货币一样。

智能合约并不是意味着能够实现一切以前我们不能做到的事情，事实上，它们能够最大限度以减少信任的方式来解决一些普通事情。最小化信任能够让事情变得更加便捷，因为通过全自动执行来替代人的自主判断。一个基于区块链的智能合约的简单范例会是这样，当某个孙辈到了十八岁或者祖父母死亡的某天执行继承财产。这个交易事件可以写入到区块链中，而到未来某个事件发生或者到未来某个时间点被触发。要设置第一个条件——孙辈在十八岁时收到一份继承资产，程序需要设置执行交易的具体日期，包括还要检查该项交易是否已经被执行。要设置的第二个条件是，程序需要扫描一个在线的死亡登记数据库，或预先指定的某个在线报纸的讣告区，也可能是某种"预言"信息来证明祖父辈已经过世。当智能合约确认了死亡信息，它就能够自动发送资金。[58]在丹尼尔·苏亚雷斯（Daniel Suarez）的科幻作品《Daemon》中勾画了这种智能合约来影响了一个角色的死亡。

关于智能合约的另外一种情况就是建立一种自动付款机制来投注（就像金融市场中的限价单）。一个程序或者智能合约能够被这样设定，当某个市场到达了某指定价格就能够触发付款行为，触发条件也可能是某个现实世界中的事件（如某种新闻事件，或者体育赛事的冠军等）。智能合约能够部署在类似于Kickstarter这样的众筹平台。个人可以将某些承诺写入到区块链中，或者某个企业的筹资目标被完成，才会将筹得的比特币资金从投资者的钱包中释放出来，而只有当所有资金都到位之后才会被确认交易。此外，创业者的预算、花费、资金销售规模都可以根据收到资金的区块链地址来进行跟踪。

区块链2.0协议项目

尽管这个标签也许并不是最合适的，有许多新一代的区块链技术开发项目能够被广义上认为是区块链2.0协议项目（表2-2）。表2-2中列出的是当前知名度比较高的项目，但没有详述项目在技术或者概念上的细节。

表2-2　比特币2.0项目简表

比特币2.0 项目名称和网址	项目描述	技术说明
瑞波币 Ripple https://ripple.com/	网关，支付，兑换，汇款网络；智能合约系统：Codius	单独的区块链
Counterparty https://www.counterparty.co/	货币发行和交易的叠加协议	比特币区块链叠加

比特币 2.0 项目名称和网址	项目描述	技术说明
以太坊 Ethereum http://ethereum.org/	通用的图灵完备数字货币平台	自己的区块链，以太坊虚拟机
大师币 Mastercoin http://www.mastercoin.org/	金融衍生工具	比特币区块链叠加
未来币 NXT http://www.nxtcommunity.org/	使用股权权益共识模型挖矿的竞争币	单独的区块链
Open Transactions http://opentransactions.org/	不可追踪、匿名、无延迟交易	没有区块链；交易库
比特股 BitShares http://bitshares.org/	去中心化数字股权交易所	单独的区块链
Open Assets https://github.com/OpenAssets	彩色币发行和钱包	比特币区块链叠加
彩色币 Colored Coins http://coloredcoins.org/	可交易数字/实物资产的比特币资产市场	比特币区块链叠加

（来源于 Piotr Piaseki, http://bit.ly/crypto_2_0_comp）

钱包开发项目

也许目前很大的一个项目开发类别就是建立区块链协议项目的钱包。钱包很显然是数字货币的核心基础建设，因为它们的主要功能就是安全地保存和交易比特币以及其他一些数字资产。表2-3列出了一些不同的钱包项目以及开发企业，包括他们所建立平台的名称和网址。

表2-3　数字货币钱包项目简表

项目名称	网址	基础架构
钱包项目		
ChromaWallet	http://chromawallet.com/	开放资产
CoinSpark	http://coinspark.org/	开放资产
Counterwallet	https://counterwallet.io/	Counterparty

项目名称	网址	基础架构
钱包公司		
Coinprism	https://www.coinprism.com/	开发式资产
Melotic	https://www.melotic.com/	能够用比特币交易其他数字资产（如Storjcoin，LTBCoin）
OneWallet	https://www.onewallet.io	比特币市场和钱包

区块链开发平台和API

除了区块链2.0协议项目之外，还有多个不同企业的开发平台和项目，来提供方便开发应用的工具。Blockchain.info是一个在线钱包网站（也是目前最大的在线钱包服务提供商之一）提供了一些API，可以用来发送和接受比特币以及其他一些操作。区块链有一些接口能够通过完整区块链节点来调用数据，通过标准信息查询来查看某个地址上的区块链余额，或者是在某个特定地址发生变动时进行通知。Stellar是一个半去中心化（由网关来维护而不是矿工）的公开账本平台，唯一开发平台（区块链API，多签名API）链接到Stripe支付网络。[59]和它相似的还有Block.io、Gem和BlockCypher，这些都能支持多签名的钱包API。

在未来将会更加需要统一的API开发平台环境，能够兼容多种不同且在快速发展的区块链系统（存储、文件服务、信息传输、钱包交互、移动支付、身份认证和信誉系统）。此外还有一个机会，就是链接区块链开发环境的其他重要部分，如通过机机互动（machine-to-machine，M2M）和物联网（Internet-of-Things，IoT）的基础设施进行快速应用开发。对于更远的未来而言，可以展开一些关于高级综合应用的设想，可以想象其中一个案例，通过智能手表能够与智慧城市的交通传感器数据进行交互，然后以比特币计价的智能合约来为道路空间自动保留和支付费用。

区块链生态系统：去中心化存储、通信和计算

对于围绕着区块链的去中心化生态系统，其本身操作需要一套完整解决方案，区块链是一个去中心化的交易账本，这是一个庞大计算设施的一部分，需要包含其他的许多功能，如存储、通信、文件服务和存档。有一些开发中的特定区块链解决方案，如Storj能够存储任何文件（文本、图像、音频、多媒体）；IPFS则用于文件服务，用于维持链路和存储；Maidsafe和Ethereum（以太坊）用于存储、通信和文件存储。首先，在存储方面，最需要的就是安全、去中心化、离线存储文件如电子病历（Electronic medical record，EMR）或基因组，抑或是简单的Word文件，这将不被打包到40个字节的事务注解OP_RETURN字段（即使在Florincoin中有528个字节的注释字段）。文件存储既可以中心化（就像Dropbox或Google Drive），也可以像区块链这样做到完全去中心化。区块链交易能够让注册资产包括一个指针，用来控制访问离线存储文件的方式和权限。

其次，像文件服务这样的例子，IPFS项目已经提出了一种很有趣的技术来实现去中心化的文件存储服务。IPFS提出了一种InterPlanetary文件系统（InterPlanetary File System），能够实现一个全球性的长期访问文件系统来解决网站文件链接失效问题，远远超越了区块链技术目前在互联网的整体性能。在这里，BitTorrent点对点文件共享技术已经合并到Git的版本控制（最初应用于软件，但"可证实版本"作为一个概念被越来越广泛地适用于任何数字资产）。因此，IPFS作为一个全球性的，点对点的文件系统，作为一个系统能够从网络上任何一个或多个点提出请求和提供一个文件（而不需要依赖中心化数据库），通过每一个散列（唯一标识）确认文件的完整性并且确认没有垃圾邮件或者病毒。[60] IPFS和比特币技术架构和习惯相一致，通过提供文件共享节点来获得Filecoin的奖励。

再次，在档案保管领域，一个完整生态系统也需要能够长期存在的终端产品周期。如果不能假设区块链将一直存在，那么其保存和利用价值是很微小的。区块链档案系统就像Internet Archive和Eayback Machine需要区

块链来存储。不仅区块链公开账本交易会被保存，还需要一种能够恢复和控制的操作，在某个日期之后的，早先被记录的区块链资产能够恢复（可能已经有这样专用的哈希算法），因为很可能这种区块链已经不再运行了。例如，某些人在2014年比特币区块链上建立她自己的存在证明，但是我们怎么知道当我们需要再次认证时，能够在60年内重新进行哈希计算和认证？如果区块链要成为整个社会通用的档案文件保存机制，那么需要在区块链当中建立长期的、可保存的和透明的访问机制。此外，这些存在的各类工具——那些不再使用的区块链文档和考虑到区块链全产品生命周期——也能够促进主流的应用。

以太坊：图灵完备的虚拟机

区块链技术已经将多个领域内的概念和操作结合在一起，当中包括计算、通信网络、加密学和人工智能。中本聪的原计划中有三个步骤，在比特币1.0中只完成了两步，是区块链（去中心化公开交易账本）和比特币协议（在双方之间完成价值转移而不需要第三方干涉）。区块链1.0中很好地实现了货币和支付交易，但是对于更加复杂的区块链2.0应用，比如通过智能资产和智能合约来记录和转移更多复杂的资产类型，我们就需要第三步——更强大的脚本系统——最终实现图灵完备（能够运行任何货币、协议和区块链）。中本聪设想不仅用户可以将货币从A方转移到B方，还能够对货币来进行编程来设置各种功能。有一个区块链为基础的项目，旨在提供一个图灵完备脚本语言和图灵完备平台，这就是"以太坊"。

以太坊是一个平台和编程语言用来构建和发布分布式应用。更重要的是，以太坊是一个基础性的，通用数字货币平台来实现图灵完备虚拟机（意味着它能够运行任何货币、脚本或数字货币项目）。不同于某种区块链，运行在某区块链上的协议或者类似于其他项目运行在协议之上的宏协议，以太坊是一个基础架构平台，可以运行所有区块链和协议，就像一个统一通用的开发平台。以太坊网络的每一个完全节点上都运行以太坊虚拟机来无缝分布式程序（智能合约）。以太坊是与底层区块链和协议无关的应用开发平台来写智能合约，能够调用其他多个区块链、协议和数字货币。以太坊有它自己的分布式系统，包含了文件服务、信息传输和信誉担保行为。第一个组件式Swarm（"以太坊-Swarm"不要把它和众筹网站Swarm混淆）作为一个去中心化的文件服务方式。第二个组件是"Whisper"（"以太坊-Whisper"，也不要把它和另一个类似名称的项目混淆），是一个点对点协议的秘密通信和数字加密项目。第三个组成部分是一个信誉系统，能够多方去信任网络中建立信誉和降低风险，有可能是TrustDavis提供，[61]也可能是来自一个黑客马拉松项目Crypto Schwartz。[62]

Counterparty重新建立以太坊智能合约平台

在2014年11月，Counterparty宣布它已经移植以太坊开源的编程语言到它自己的平台上。[63]这意味着Counterparty已经在现存标准区块链——比特币区块链上重建以太坊，这样各种智能合约已经能够实现，而无须等待以太坊2015年第一季度在自己的区块链上启动（开始挖矿操作）。

这一消息标志着在行业内巨大的活力和开源软件的快速创新（就像大多数区块链工业项目，包括以太坊和2015年第一季度Counterparty的软件都是开源的）。任何个人或任何其他项目都能够自由研究，并与其他项目的代码可以共同工作，并将它纳入自己的应用，这就是开源软件的主张。这意味着很多好的想法能够快速被采用，并且通过迭代来趋向于规范化，并且经过别人审查和再贡献变得更好。以太坊和Counterparty都抱有对于未来区块链技术架构和去中心化宏大的愿景，并在此过程中通过在早期建立基础设施来帮助其他人能够到下一个等级。[64]鉴于区块链行业内许多交叉和可互相替换的协议和平台，也许最大的问题是哪一种增值服务将会在这些基础建设中脱颖而出；也就是说谁会是未来的Netscape，Amazon和Uber？

Dapp，DAO，DAC和DAS：越来越多的自治智能合约

现在我们能看到一些明显的进步轨迹。区块链应用的第一类应用就是货币交易；然后是各种类型的金融交易；随后是智能资产，包括将所有的实物资产（房子、车子）和软资产（如知识产权）作为数字资产；政府档案登记、司法认证、公正，以及知识产权服务；最终，智能合约能够调动全部这些智能资产类型。随着时间的推移，智能合约能够变得极其复杂和自治。Dapp（Decentralized application，去中心化应用），DAO（decentralized autonomous organization，去中心化自治组织），DAC（decentralized autonomous corporation，去中心化自治公司），DAS（decentralized autonomous society，去中心化自治社会），全自动的市场，在未来区块链部署将会出现一些非常复杂的概念，比如自动交易网络（tradenet）。在随后的内容中会继续讲述一般的想法能通过智能合约（区块链2.0：从支付和简单货币转移到更复杂的交易）将会极大地提高自治能力。最简单的智能合约可能就是双方对明天的最高温度下一个赌注，当程序去检查官方发布的温度度数（从一个指定的外部数据源，在这个例子中也许就是Weather.com），然后合同能够自动执行，然后将暂时保存在中介的比特币金额，从输家的账户转移到赢家的账户。

Dapp（Decentralized application，去中心化应用），DAO（Decentralized Autonomous Organization，去中心化自治组织），DAC（Decentralized Autonomous Corporation，去中心化自治公司），DAS（Decentralized Autonomous Society，去中心化自治社会）本质上这组概念是由于日益复杂和自动化执行的智能合约而变得成为能够自我管理的实体，通过预编程，最终自我编程操作连接到区块链。在某种意义下，整个区块链2.0协议本身就是Dapp（去中心化应用），而区块链1.0（区块链是一个Dapp，用于维持一个公开交易账本）。对于不同人，对Dapp也有不同的定义。例如，以太坊定义智能合约/Dapp认为是一个交易协议，根据

区块链上设定的条件来执行的一个合约或者一组合约。[65]

我们对于Dapp的定义是，运行在分布式网络上，参与者的信息被安全保护（也可能是匿名的），通过网络节点进行去中心化操作的应用。目前某些案例在表2-4。其中有OpenBazaar（类似于去中心化的Craigslist），LaZooz（类似于去中心化的Uber），Twister（类似于去中心化的Twitter），Bitmessage（类似于去中心化的短信）和Storj（类似于去中心化的文件存储）。

表2-4 Dapp简表

项目名称和网址	运作方式	中心化对标项目
OpenBazaar https://openbazaar.org/	本地现实世界买/卖东西	Craigslist
LaZooz http://lazooz.org/	分享乘车，包括Zooz，运动证明方式的数字货币	Uber
Twister http://twister.net.co/	社交网络，点对点微博[66]	Twitter/Facebook
Gems http://getgems.org/	社交网络，基于数字货币的社交通信	Twitter/短信
Bitmessage https://bitmessage.org	安全通信服务（私人或广播）	短信服务
Storj http://storj.io/	文件存储	Dropbox
Swarm https://www.swarm.co/ Koinify https://koinify.com/ bitFlyer http://fundflyer.bitflyer.jp/	数字货币存储平台	Kickstarter, Indiegogo 风投基金

在协作白皮书中，另外一组提供了他们认为对Dapp更严格的定义。[67]在他们的观点中，Dapp必须具有三个特征。首先，应用程序必须是开源的，大部分由Dapp所发行的代币自主运行而不是由某个实体控制，所有的数据和记录都必须加密保存在公开且去中心化的区块链上。其次，应用

必须通过一个标准算法或者一组标准来生成代币,在操作开始就可能分配一部分或者全部代币。这些代币必须根据应用的需要来使用,任何提供贡献的用户都应该获得应用支付的代币奖励。再次,应用能够根据市场反馈来改进并且调整自己的协议,但所有的更改必须由它的用户多数一致同意。但总体而言,目前每个区块链项目对于去中心化应用组成条件的确切技术看法会有一些不同。

DAO和DAC

一个DAO(Decentralized Autonomous Organization,去中心化自治组织)是去中心化应用的更复杂的形式。为了从形式上更像一个组织,一个Dapp应该具有类似于宪法章程这样更加复杂的设置,能够更加公开概述其在区块链上的功能和金融运作机制,比如它可以通过众筹来发行股票。DAO/DAC(Decentralized Autonomous Organization/Corporation,去中心化自治组织/企业)也许能够衍生出人工智能的概念。在这里,去中心化自治网络,能够在完全没有人类干预的情况下,在预先设定的业务规则之下,在类似于公司的模式下自动运行。[68]在DAO/DAC中,会有一些智能合约在区块链上运行,根据预先设定的范围,也可能是根据事件和条件的变化来自动执行预先批准的任务。[69]区块链上,这些智能合约不仅能够像一个自治企业模式这样可以运作,还能够构建一些完全和现实世界中商业模式一样的功能。随着比特币交易变得越来越流行,这使得汇款市场变得更加有效率,而DAO和DAC也能够完成相同的事情。一个汇款公司可能在面对现实世界和在与当地行政管辖区域有不少需要协调的地方,也必然会耗费许多成本,我们知道开办企业就要与现实世界打交道,必然要考虑诸如营业许可、登记、保险、税务等许多行政事务和监管法律,也因此会产生许多成本。而这些功能如果能够移植到区块链中,这些功能也许将变得更加有效率,而有些事务工作则完全不需要了,并且所有的业务天然就是全球化的。基于云计算的,基于区块链的自治企业实体能够像政府在行政区内自助注册一样，根据智能合约和电子合同来完成任何它们所需要的操作。每个企业首先将能变成全球性的企业，而那些受到司法管辖区域限制的商业模式也由此可能获得更好的选择。这同样对于个人而言，首先是一个普通人，然后再希望成为公民。

理解DAO/DAC概念的另一个典型例子就是，通过自动智能合约来运行的Storj。正如前面提到的，Storj是一个去中心化云存储平台，在2014年8月筹集到了461,802美元。[70] Storj使用比特币区块链技术和点对点协议来提供更加安全、私有的、加密云存储。现在有两个app，DriveShare和MetaDisk，分别能够让用户租出它们不曾使用的硬盘空间，在Storj网络上存储它们的文件。在过去，有安全分享未使用硬盘空间被其他社区开发的计算机模式，就像Folding@Home和BOINC，这些软件被用于SETI@Home（搜索外星人计划）。当然，就和其他分布式项目一样，把你的计算机让他人使用，参与者需要自负责任，Storj的参与者以及其他类似项目的参与者应该明确知道相关的安全细节。Storj的内置代币为Storjcoin X（SJCX），这是运行在Counterparty协议中的数字货币。这个数字货币通过Metadisk用于购买Storj中的网络空间，用于奖励在DriveShares存储空间的提供者。Storj以后被视为Dropbox或者谷歌云盘的替代者，一般企业估计用户会为存储数据多支付10到100个百分点的费用，而使用区块链方式能够提供更加便宜、更加去中心化存储服务。[71]

DAS和自助组织

最终将会形成DAS（Decentralized Autonomous Society，去中心化自治社会）——事实上，所有的这些智能合约，或者说整个由Dapp、DAO和DAC构成的生态系统将会完全自治。这个关于知识产权的有趣概念和新思路是"自助型组织"。[72] 我们可以想象一下，假设来自于区块链或者通过人来产生了一个全新想法，这个项目想法将会把某些标准化的智能合约演化成一个独立实体，通过基于某些任务说明来众筹资金制作自助软件；

操作；支付分红或者其他报酬回馈给投资者；获得反馈（自动或协作）通过区块链来预测市场，并在区块链上去中心化投票；最终解散或定期根据案例投票结果来决定是否继续（和商务合作中的定期合同或者是定期重新评估类似）。自动结算或重新评估条款可以避免像丹尼尔·苏亚雷斯（Daniel Suarez）的科幻小说《Daemon》和《Freedom》中描写的那样，全球经济因为与智能合约类似的代理人完全无情地执行程序代码而彻底终结。

自动交易网络（tradenet）和交易网络

一个自动交易网络是某种能够单元化、分组化和可量化的资源概念。（最初就像电、油气、带宽，而到了可以预见的未来，就会像大脑中的突触单元），能够基于动态发展的条件和预先设定的用户配置文件、权限以及出价功能来自动交易。[73]股票市场上的算法交易，以及广告网络中的实时竞价体系（real-time bidding，RTB）可能是目前最接近自动市场的范例。在未来，自动市场可能支持对现实世界中得资源分配进行限价单交易和程序化交易。真正的智能网格计算（例如能源、公路和交通网格）能够根据操作的成本和收入来自动竞价——对于收入（资源）和支出（客户）和参与者，完成自动清算机制。和自动交易网络（Tradenet）相关的概念是：在未来能够自动运行，自己拥有自身产权的资产，可以把它想象一辆自己拥有产权并能自动驾驶的汽车。[74]自我导向的资产能够自动连接到互联网上获取信息来评估动态，然后雇佣自己为自己的需求进行交易，就像Uber现在所做的那样能够寻找潜在的客户，能够根据自己的规划来预测油价的变化进行对冲，最终在他们使用寿命到期时自动退休——简单地说，就是能够完成各方面的自治操作。交易网络能够被嵌入，基于人口增长、需求或者商业计划可行性等信号，自动执行智能合约触发建造新的运输工具。

区块链技术将通向人工智能

我们应该认为智能合约作为一个应用，能够在区块链上去中心化、自治和非实名制。由此，区块链也许是通往人工智能的一个潜在方式，因为智能合约平台现在正在被设计得更加自动化、自治化和复杂化。随着Dapp、DAO、DAC和DAS的发展，可能有许多有趣的全新种类将会出现，也会出现更加复杂的人工智能行为。有一个潜在的方法就是将现在非人工智能的、非区块链的、基于规则的系统移植到区块链上，并且使它们的操作变得更加自动化和变强。可以将一些简单逻辑行为链接起来，在像Huginn这样的开源平台建立程序来监视情况变化并且展开自己的行动。第二个可能的思路是在人工智能研究领域中实现编程思想呢，就像Wolfram知识编程语言，Conway的生命进化游戏（Game of Life），Dorigo的蚁群优化算法（Ant Colony Optimization），集群智能（Swarm Intelligence），Andy Clark的具身认知机器人（embodied cognitive robots），以及其他基于一般程序的系统。

第三章　导读 人类文明的最大公约数

龚鸣

在上一章中主要介绍了区块链2.0技术利用智能合约来彻底颠覆了传统货币和支付的概念，通过智能合约来约束的Dapp、DAO、DAC最终将会构成DAS。本章将会举出一些已经在设计中或是构想中的Dapp、DAO和DAC，这些基于区块链的实例不仅能够很好地展现出区块链在非金融货币领域中的价值，并且还将展示如何通过这一个个Dapp、DAO和DAC来构建出一个"区块链政府"。

然而我们在了解这些之前，还是需要认识到区块链之所以能够做到这一点，就是因为利用了区块链能够完成价值转移和信用转移的优势，而如果能够从更加宏观的角度来看，这都是基于区块链是一种"去信任"架构。多次强调的"去信任"架构就是在整个系统中的多个参与方无须互相信任就能够完成各种类型的交易和协作，这恰恰一直是传统互联网到目前为止最薄弱的一项。

互联网诞生最初，最早核心解决的问题是信息制造和传输，我们可以通过互联网将信息快速生成并且复制到全世界每一个有着网络的角落，但是它仍始终不能解决价值转移和信用转移。这里所谓的价值转移是指，在网络中每个人都能够认可和确认的方式，将某一部分价值精确地从某一个地址转移到另一个地址，而且必须确保当价值转移后，原来的地址减少了被转移的部分，而新的地址增加了所转移的价值。这里说的价值可以是货币资产，也可以是某种实体资产或者虚拟资产（包括有价证券、金融衍生品等）。而这操作的结果必须获得所有参与方的认可，且其结果不能受到任何某一方的操纵。

我们可以发现在强调互联网金融的今天，价值转移是金融融入互联网的必要前提，金融的核心就是资产的流通。资产的流通前提是资产能够自由转移，而不是复制。如果仅仅是将资产信息复制到另外一个地方，这对于金融类型的资产是没有意义且容易造成混乱，而信息复制是互联网的强项，但价值转移似乎不是。

当然，在目前的互联网中也有各种各样的金融体系，也有许多政府银行提供或者第三方提供的支付系统，但是它还是依靠中心化的方案来解决。所谓中心化的方案，就是通过某个公司或者政府信用作为背书，将所有的价值转移计算放在一个中心服务器（集群）中，尽管所有的计算也是由程序自动完成，但是我们却必须信任这个中心化的人或者机构。事实上通过中心化的信用背书来解决，也只能将信用局限在一定的机构、地区或者国家的范围之内。由此可以看出，必须要解决的这个根本问题，那就是信用。所以价值转移的核心问题是信用共识。

但根据历史经验来看，整个系统中往往最不可信任的就是人，或者由人组成的机构或政府，往往最终被证明违反原先所制定规则的就是规则制定者，而从工业革命到互联网革命，技术发展的潮流也是通过取代人这个最不可靠、最脆弱且效率最低的环节来实现生产力的大发展。所以，归根结底，要真正完成以信用共识为基础的价值转移，需要一个能够取代第三方中介的方式，一个能够自动运行的方式，一个去信任机制（不需要依靠相信环节中的任何人或机构）来完成价值的转移。

在如此纷繁复杂的全球体系中，要凭空建立一个全球性的信用共识体系是很难的，由于每个国家的政治、经济和文化情况不同，对于两个国家的企业和政府完全互信是几乎做不到的，这也就意味着无论是以个人亦或企业政府的信用进行背书，对于跨国之间的价值交换即使可以完成，也有着巨大的时间和经济成本。但是在漫长的人类历史中，无论每个国家的宗教、政治和文化是如何的不同，唯一能取得共识的是数学（基础科学）。因此，可以毫不夸张地说，数学（算法）是全球文明的最大公约数，也是全球人类获得最多共识的基础。如果我们以数学算法（程序）作为背书，所有的规则都建立一个公开透明的数学算法（程序）之上，能够让所有不同政治文化背景的人群获得共识。

通过信用共识，区块链不仅真正能够实现了全球货币、支付的全部功能，并且通过智能合约来实现了更加复杂的操作。而当区块链进入3.0时代，就已经远远超出了货币、支付和金融这些经济领域，将迅速利用其优势开始重塑人类社会的每个方面。而由于区块链本身是基于信用共识，所以最擅长的就是构建出以"强去中心化信用"作为背书的鉴证类服务。

本章中介绍了多个基于区块链3.0的鉴证商业模式，随着全球交流和互动越来越频繁，会有大量鉴证的需求出现，互联网上的知识产权证明在过去一直是很难解决的问题，尽管各国政府和企业花费了大量时间和金钱投入到该领域中，但始终没有取得良好的效果，而且在经常长时间的司法纠纷中，可以发现这些保护行为很可能是费时费力且效果不好，但是区块链鉴证方式提供了一个全新的思路，通过区块链的鉴证方式，能够把版权证明通过去中心化的方式让任何人或者企业来使用，并且本身是完全基于算法，可以做到跨越国家的客观证明。可以想象一下，在信息制造速度飞快的今天，如果你要对发表的每一篇微博，博客甚至是留言进行第三方公证是费时费力的，但是区块链技术却可以让这一切变得非常便捷，而且其公信力能够在全球范围内获得认可。很有可能在未来，区块链鉴证服务也许会变得非常简单，就像买机票时自动完成保险的购买一样，每当你在互联网上发布任何类型的信息，都能够自动完成区块链的证明。

而版权证明仅仅是一切的开始，因为当这些证明能够通过去中心化的方式完成后，也许会诞生一个庞大的版权交易市场，因为无论是视频、音频还是文字等各种类型的信息，都将可以通过基于版权证明的方式来对产权进行租借、使用、交易。而且由于本身是完全采用基于互联网的技术手段，无须任何第三方中介参与就能够完成这些。

区块链鉴证服务仅仅是区块链中所提供的强信任功能之一，政府服务在许多方面都是类似于这样的强信任服务，通过区块链能够完成许多这样的类似强信任服务。因此随着越来越多类似的区块链服务出现，将能够取代部分政府的职能，也就是作者所指出的"区块链政府"。"区块链支付"除了能够提供全球化的个人身份证明，还能提供争端解决、投票、国民收入分配、登记所有类型的法律文件，诸如地契、医嘱、育儿合约、婚姻合同以及企业成立等。

此外去中心化的争议解决方案和去中心化的投票选举机制也有着极大的启发性。去中心化的争议解决方案能够实现仲裁机构的功能，甚至能够实现一部分法院的功能。而每个人都有机会成为陪审团的成员，在本章所举的PrecedentCoin的例子中，更多地参照了英美法系的案例判决制度和陪审团制度，尽管这还是一个略显得有点极客，且比较粗略的范例，但是能够让我们领略到区块链在这方面的极大潜力。

而在随后介绍的Liquid Democracy和Futarchy这两个范例中，展现了区块链实现去中心化的流动民主机制和两步民主投票机制。如何更好地让民主投票方案在低成本的情况下，变得更加透明和公正一直就是人类社会的难题。特别在人与人交流越来越复杂的今天，各种机构和公司都需要有一种低成本的有效民主投票和选举方案，作者在本章中举了一个关于证明伦理委员会被委托进行医疗决策的例子，很多看似民主的机制中都会缺乏追诉和问责机制。而随着机构越来越复杂，参与的人越来越多，必然会导致原本低精度的投票选举机制变得不是那么可靠。而且，直到今天，也没有出现一个可以容纳全球人类的投票参与机制，区块链提供了一个良好的思路，通过区块链技术可能可以构建出第一个在对所有人类面临复杂且多立场决策情况时，能够让全球人类普遍参与的大规模投票机制。

通过投票机制将可以创造出一个巨大的预测市场。需要强调的是，这里的投票机制不仅仅是指政治行为中的投票，主要会更多的指经济类投票机制，从广义的来看，无论股票还是期货都可以看成一种对经济前景的投票机制，投资者通过自己的主观意识和判断对相应的经济标的物使用资金来进行投票。而期货市场也是一个典型的预测市场，而通过区块链能够对更加复杂的事物进行预测判断，并获得一个量化的结果。

不同于传统低效的行政服务，区块链提供了一个量子级别的无缝协作管理方法，这种超级庞大规模以及极高精度的管理协作服务是人类历史上从来没有出现过的，也许能够极大地促进人类社会出现更加深刻的变化。虽然我们过去还不熟悉和不习惯这种方式，但是就像我们刚开始也并不习惯和不熟悉互联网一样，作者认为去中心化的区块链将重构整个社会，就像已经被重构的信息行业和媒体行业。

龚鸣，在区块链圈内以网名"暴走恭亲王"而被人所熟知。数学专业毕业，擅长各类IT技术和金融证券分析，有着多年IT和金融的从业背景，在德隆期间长期进行金融服务行业研究。2012年投身于数字货币和区块链行业，致力于推广数字货币和区块链行业的发展，翻译和撰写过大量相关资料，参与著有《数字货币》《区块链——新经济蓝图》一书，每年在全球数字货币峰会上做过多次专题演讲。

参与过的项目包括BitShares（基于区块链的去中心化交易所），DACx（基于区块链的去中心化众筹平台），Zafed（数字资产管理平台），MAKER（基于以太坊的债券系统），Certchain（基于区块链的公证平台），BiCi（去中心化的保险平台）。

第三章　区块链 3.0：超越货币、经济和市场的公正应用

对于组织活动而言，区块链技术是一个全新和高效的模型

区块链技术不仅有可能会重塑各类货币市场、支付系统、金融服务以及经济形态的方方面面，而且对其他的行业也能提供相似改变的可能性，甚至更广泛地来看，几乎涉及人类的每一个领域。区块链技术能够从根本上成为让组织活动形态减少摩擦并且提高效率的新范式，并且能够将现有范式扩张到更大范围。不仅仅是因为区块链技术是去中心化的，而且目前来说，之所以去中心化已经成为一种通用且运行得很好的模型，是因为它底层网络与整个网络有足够的流动性将所有人类都相互连接在一起，包括去中介化的交易：区块链技术提供了一种通用技术和全球范围的解决方案，这样的规模在过去是完全不可能的。这将可以实现资源配置，特别是对于全球范围内，日趋自动化的物理资源和人力资产的分配。区块链技术能够极大地促进过去由人力来完成的各种协调和确认，促进了更高阶段的，甚至可以说是成就了全新的人机交互方式。从某种程度上说，也许今后所有人类的活动都能够使用区块链技术进行协调，或者最低程度上被区块链概念彻底改变。此外，从功能、实用性以及量化管理来说，区块链

技术不仅只是一种较好的组织模式；通过共识进行操作，这个模式能够从质量上获得更大的自由度、更加平等、和更多的授权。因此，区块链技术是一个完整的解决方案，它同时集成了内在外在、定性和定量多种优势。

区块链技术概念的扩展性

区块链技术能够通过一种广泛和通用的方式，给那些有创造力和创新理念的人发挥自己的能力。这就有必要去理解其中单独和组合在一起的各种概念。这些概念包括公钥和私钥加密、P2P文件分享、分布式计算、网络模型、匿名、区块链账本、加密数字货币协议和加密数字货币。这引发了如何去定义现代社会中一些传统的概念，包括货币、经济、信任、价值和交易所等，只有在理解了这些概念之后，才能真正在二十一世纪去使用区块链技术。当理解了那些所提及的概念之后，不仅仅将能够提出基于区块链技术的创新解决方案，还能进一步将概念一直运用到其他环境中。只要人类充分理解这些概念并且将这些概念运用到所有已知的领域中，那么区块链扩展概念将会推动区块链技术发展，并由此对人类生活产生更大的影响。互联网本身就是一个普遍应用和核心概念扩展的类似例子；这意味着每件事能够以一个更快、更大范围进行覆盖，实时、按需、全球范围散播，并且以低成本的全新方式完成。区块链技术因为这些全新的丰富含义将有可能成为未来知识术语以及标准衡量工具的一部分。

基本经济原理：发现，价值回归，交易

以一个广泛的思考方式来看待区块链技术概念的使用，那就是将它们的应用延伸到更多方面，而不是仅局限在经济、市场或者货币环境——同样重要的是，每件事都不像一个纯经济事物。这需要一种能够认知现实经济和市场基本属性的思维方式。区块链技术能够帮助阐述每一件我们所看到和经历过的事，生活中每一个系统，它从某种程度上来说是一门经济学科：一个资源分配的系统。此外，系统和交互就是经济学，它包含了意识和发现、价值属性和潜在的交互和交易，并且还包括交换像货币或代币的机制，甚至是简单的力、能量或者浓度的交换（如生物系统）。这种相同的经济结构无论是在一个协作团队还是农贸市场都是普遍存在的。在一个以交易账本形式、使用区块链技术的量化结构中，意味着能够进行更高精度的跟踪，相对于现状，详细和广泛程度将会提高好几个数量级。

区块链追踪意味着能够统计所有参与方对系统的贡献，无论是多么微小级别，无论是否需要上升到宏观层面，都可以以无缝、自动化方式进行评估和总结，因为在一些社会价值体系中是完全无法明确跟踪用户贡献的。追踪的精神和道德本身就是一个独立且有趣的社会科学主题，用区块链来做学科领域的探索课题将会变得更加普遍。然而，基于区块链的追踪工作可以是某种形式的"Github+比特币"的想法，例如，可以在所有时间内跟踪某软件代码，记录其中每一行是谁贡献的。这很重要，因为所有系统内的经济理性参与方（例如人类）都需要评估它们的贡献，然后根据追踪它们的贡献来回馈酬劳、名誉、地位或者其他奖励。

区块链技术能够实现量子级别管理

区块链可以促进一种全自动的计算方式，这是一种通用的无缝协作方式，让没有数量限制的参与方共同协作，这种通用协作系统是过去人类无法想象的。从某意义上来说，区块链技术就是现实中的超级计算机。任何可以被量化的东西（即能够被分割成单元）就能够使用这种系统，能够在区块链上被编码和自动操作。区块链风险投资者大卫·约翰斯顿（David Johnston）总结和预测，这种动态方式能够将一切东西去中心化，表明了他对于区块链模式的内在效率和优势的信任。去中心化趋势就好像"水往低处流"的自然现象，水是沿着阻力最小和最省力的方式进行流动。区块链也可以看作是奥卡姆剃刀（译者注：即"简单有效原理"），协调人类和机器的活动以最有效、最直接、最自然的方式进行运作；这就是自然效率的处理过程。

区块链层能够促进大数据预测任务的自动化

随着大数据能够处理越来越多的现实预测任务，区块链技术能够帮助把这些预测转变为行动。区块链技术可以与大数据相连接，大数据科学领域将会从"反应-预测"逐渐缓慢开始转变，能够通过智能合约和经济学来自动运行大量的任务。大数据的预测分析能够与可自动执行的智能合约完美进行对接。特别是，如果我们可以通过自动运行的智能合约、Dapp、DAO和DAC将区块链技术加入到经济支付层面，并作为量化管理工具，那么海量自动执行的任务将会解放大量的人类生产力，因为生产力可以被去中心化、全球分布式计算系统所代替。我们以为大数据很大，但是在潜在量化、追踪和管理所有相关活动和实际情况中，一旦通过区块链技术同时嵌入到低级或高级层面的解决方案里，将会促进数据量向下一个数量级发展，而对于这一切，它自己本身都还在发展中。

分布式反审查组织模式

在去中心化网络模型中，去信任机制交易所带来的经济效益和成本节约的问题是区块链1.0和2.0交易模式的主要争论点，但是对于区块链而言，自由和权力也非常重要。去中心化模型能够通过反抗权力限制和资本管制，来促进自由和金融系统的有效流通。自由是指能够避免审查和追踪来完成交易。这对于大多数人来说，将是一个重要的里程碑，尤其是对于一个受到资本管制的新兴市场以及在政府监管都过于严格的经济环境中，各种标准的经济活动都很难开展，即便仅仅是开办一个新的公司。由于国家对经济的严格控制，再加上对于法币缺乏信任，驱使越来越多人开始对加密数字货币有了兴趣。

由于区块链技术的自由属性让区块链3.0呼之欲出，这将让下一代的应用会超越法币和市场交易范畴。通过其全球范围的去中心化属性，区块链技术所具有的潜力，能够很容易地规避地域管辖的限制。于是存在着一种观点，认为区块链能够更公平地解决自由、管辖、审查和监管之类的问题，这是现在通过传统民族国家模式和国际外交努力，来解决类似问题所无法做到的。如果暂时不去考虑民族国家之间的法律区别，有一个对于规模和管辖范围的观点认为，如果能够从一个更高层面来进行管理、协调、监督，某些跨国操作会变得更有效率，世界贸易组织（World Trade Organization，WTO）就是一个很典型的例子。

这个想法是为了解决由于地理限制所带来的不便，以此提升跨国组织间的联系，以一个真正意义上的全球云，来跨越民族国家的区域限制。首先，跨国组织需要跨国治理结构，而可随时访问、完全透明的区块链技术就是一个真正有效率的跨国治理结构。相对于民族国家治理，区块链治理更加与其属性一致，符合跨国组织的需求。其次，不仅区块链提供的跨国治理更加有效率，而且更加公平。在一个去中心化的，且基于全球云的模型上，对于组织和参与方会更加公平、公正和自由。区块链将提供不可更改的公开记录，前所未有的透明度，并且易于访问和使用。全世界的任何人都可以查找和确认在区块链上的跨国组织活动记录。因此，区块链是一个能够让各方之间互信和制衡的全球体系。而正是有了这些基础设施的核心优势，能够让人类将全球组织和协调机制扩展到更大的数量级。

首先能让这样活动变得可实行的就是互联网管理。互联网管理组织具有跨国权限，但总部却必须坐落于某个国家领域。ICANN是一个典型的例子，它负责管理互联网IP地址和域名的分配，例如如果你访问www.example.com，它就通过网络协调机制将它映射为数字IP地址93.184.216.119。

区块链技术同时适用于跨国公共产品服务的管理问题并提供了解决方案。类似于维基百科就提供了跨国公众服务，但是现在受制于所在地区管辖，可能由于人工组织或者偏见导致争议。而区块链机制可能是用于管理所有跨国公共产品和服务的最公平有效的模式，特别是它本身具有容易参与、民主和去中心化的天然属性。

有一个值得注意的情形就是，由于管辖国家很容易出现集中化和有偏见的控制，维基解密就是这样一个典型案例。在2010年的爱德华·斯诺登（Edward Snowden）泄密事件中，许多人试图通过捐款来支持维基解密组织，但是由于强大的中心化政府干预，信用卡支付网络和Paypal都拒绝支持这种捐赠，维基解密（在经济上）被完全封锁了。[75]在那个时候，就可以使用比特币进行捐款，因此这就成为他们当时的主要收入来源。同样的，电子自由基金会（Electronic Freedom Foundation，EFF）是一个支持个人自由的非营利组织，其他的一些类似组织也同样位于某个国家管辖范围内，这意味着如果试图对某个组织和个人施加影响，将会极大地限制他们运作。

Namecoin：去中心化域名系统

作为第一批将区块链技术运用于非货币领域的应用之一，Namecoin能够用于阻止网络审查，它是一种可以用于检验DNS（Domain Name System，域名管理系统）注册的区块链应用。Namecoin可以用于替代DNS系统，无法被任何政府或者公司控制。去中心化DNS的好处是，它能够让全世界的任何人不受限制和审查，自由地在互联网上发布信息。

就如比特币是一种去中心化货币，不可能被任何人关闭，Namecoin也是这么一种去中心化DNS的基础（例如，互联网中的网址）。[76]其基本思想是将网址信息永久性地写入区块链当中，而不会被任何政府控制域名。审查主要是针对类似于google.com这样的域名，政府现在控制了部分.com作为后缀的顶级域名（美国政府控制了.COM网址），这样它们可以无声地控制和重定向网址。政府控制了所有的顶级域名，例如中国政府控制了所有的.cn域名。因此，去中心化的DNS意味着任何顶级域名将不会被任何人控制，它们通过点对点网络来共享一张DNS查询表。只要有任何志愿者运行了去中心化DNS服务器软件，那么在这个系统中注册的域名就可以被访问，而政府无法通过强制力来影响这个精心设计和运营的全球性点对点顶级域名系统。与比特币相似的结构用来设计为一个独立区块链和特定数字货币——Namecoin，用于去中心化DNS。

Namecoin目前还不打算用于所有域名的注册，但作为一个针对言论自由设计的机制，最有可能用于对审查较为严格的区域（如在一些政治自由很有限的国家）。Namecoin的顶级域名是.bit，有兴趣的人可以使用Namecoin注册以.bit作为后缀的域名。要注册一个新域名或者更新域名信息需要使用Namecoin内置协议，根据操作的不同类型——比如你要创建一个新域名需要花费0.01NMC（Namecoin的缩写，它很容易使用比特币进行买卖）。域名能够直接在Namecoin系统中注册，或者通过类似于https://dotbit.me/这样的域名注册服务提供商进行注册。

由于顶级域名.bit并不在传统互联网域名的操作范围内，为了能方便浏览.bit网站，需要在浏览器内使用.bit代理服务器来处理DNS请求，也可以使用chrome和火狐的扩展组件。截至2014年10月，在比特币信息网站上了解到，有178,397个.bit域名已经被注册，包括类似于wikileaks.bit这样的域名。最重要的是，.bit域名机制是完全不限制言论自由的，这意味着.bit网站如果试图压制那些合法消息，成功概率要小得多。正如那些去中心化交易的数字货币有许多优势，其他种类的去中心化应用也会有这样的优势。

挑战和其他去中心化域名服务

随着Namecoin的推广使用，一些技术性问题相继被发现，这让.bit域名可能会被替代（有一个错误是，如果输入名称和输出名称相吻合的话，则会让信息被更新，以及新注册名字可能会被覆盖）。[77]目前开发者已经修正了这些问题。其他的批评者（一般也会是比特币的批评者）指出去中心化DNS服务的一些特点（能够便宜和匿名的创建域名，系统内的域名不受到政府的监管）可能会吸引一些坏人和导致非法行为。[78]然而，行业内的一些白皮书宣称，使用区块链的公开可追溯特性能够抓捕罪犯，并指出这种技术同样也有大量合法的用途。[79]

与此同时，其他去中心化域名服务也在开发中，例如同样使用P2P去中心化顶级域名的BitShares系统。该项目指出，如何在一个去中心化的DNS模型中消除第三方中介的认证机构（这让网址容易受到攻击），而区块链模型可以让它更加安全，因为只有当你丢失了私钥你才会失去你的域名控制权。[80].P2P还有其他的优势来吸引DNS注册，例如通过类似于拍卖这样的价格发现机制来对抗域名抢注。和去中心化DNS服务相关的还有数字身份认证服务；在2014年10月，BitShares启动了KeyID服务来实现。KeyID，原名是Keyhotee，提供了一个基于去中心化区块链的身份认证系统和电子邮件系统，能提供安全的通信和安全的认证。[81]

言论自由/反审查应用：Alexandria和Ostel

Alexandria是使用区块链来增加言论自由的范例项目之一。它计划通过将Twitter订阅资讯编写入区块链，旨在创建一个不可篡改的记录系统。任何微博中提到的某些预先设定的关键词（如乌克兰或埃博拉），就可以使用Florincoin把信息密码写入Alexandria的区块链中，Florincoin类似于比特币和莱特币能够快速进行处理记录（40秒），以及有着更长的备忘录注释字段（类似于Memocoin的概念）。通过这个方式能够及时记录微博信息，因为有时候微博信息会因为遭受审查而被移除。[82]Floricoin的重点是能够记录文字，528字符的区域能够同时记录元数据和微博内容。[83]扩大区域的评论功能可以被许多类型的区块链应用所广泛使用。例如能够通过元数据和安全指针来指向基因序列或者X射线文件。另一个旨在增加自由的应用是Ostel，这是一个自由加密的网络语音（VoIP）电话服务，主要针对美国国家安全局（NSA）可以监听类似于Skype这样的网络电话。[84]Ostel是一个很典型的例子，通过大卫·布林（David Brin）这样自下而上的监督[85]，来抗衡国家安全自上而下的监管（包括传统电话和Skype）。[86]

言论自由以外的去中心化DNS功能：数字身份

去中心化DNS功能除了原先就有支持言论自由的动力，以及成为抵制控制互联网中心化的有效手段之外，它对于发展中的区块链3.0技术还有许多其他重要的用途。区块链是让人们可以对所有的互联网手段进行重新思考并且将其去中心化的一项选择——例如，DNS服务（Namecoin，DotP2P），数字身份（KeyID，和OneName和BitID，会在后面讨论），和网络流量通信（OpenLibernet.org，一个开放的网格网络的通信协议）。

比特币的一个更普遍的挑战是，网络交流需要面对的Zooko三角问题。这个问题是网络协议中所有系统给参与者命名所需要面对的：如何能够给一个网址或者某个用户一个身份识别符（如张三）的同时又确保其安全性、去中心化和容易使用（即不是以一种32位字符的字母数字字符串的形式）。[87]区块链需要能够解决Zooko三角问题的挑战，提供一个创新和成熟的解决方案。Namecoin或许可以解决这个问题。Namecoin不仅能够用来存储网址，还能保存任何其他信息。Namecoin的核心功能就是提供一个名称或有价值的存储系统。因此，就像比特币的使用已经超越了货币，Namecoin也超越了DNS，能提供更加广泛的信息存储功能。使用Namecoin的非域名空间，我们可以存储那些很难安全或者方便转换的信息。其中最主要的应用就是成为Zooko三角问题的解决方案，你可以将一个公钥（32位字符的字母数字字符串），即网络数字身份信息与人类方便使用的一个名称（张三）绑定，就像OneName和BitID提供的数字身份服务一样。

数字身份验证

OneName和BitID是两个以区块链技术为基础提供数字身份服务的例子，它们能够让网站确认用户的个人身份。去中心化数字身份验证服务利用了每个比特币用户都有一个比特币钱包的优势，即每个用户都拥有一个唯一的比特币地址。这个可以提高用户访问网站的速度，同时改善了用户体验，并且增强了匿名性和安全性。不仅如此，它也能够促进电子商务，因为用户使用比特币地址登录能够直接下单付费购买。

　　从表面上看，OneName是一个基于比特币的便利工具，但是在后台，它有着非常复杂的去中心化数字身份验证系统，这将超越它最初设计的用途。比特币地址过于冗长，存在因为27-32个字符（为了高强度加密所付出的代价）而难以适合人类记忆的问题，OneName帮助解决了这个问题。有些类似于coinbase这样的比特币钱包服务提供商和交易所，它们有时候允许客户使用电子邮件地址来发送比特币。OneName服务则提供了一个更加安全的方案。使用OneName，用户能够建立一个更加人性化的名字（就像在社交媒体中使用的名字）来进行比特币交易。当用户在OneName上注册后，如果需要进行支付操作，你只要在用户名前面简单地放一个"+"号就可以（如+张三）。OneName是一个内置于Namecoin协议中让用户能够验证他们数字身份的开源协议，而不是像Facebook，LinkedIn和Twitter这样的中心化的社交媒体网站来完成身份验证平台，目前许多网站已经选择使用那些社交媒体API来对用户进行身份验证。[88]

　　有一个类似的项目就是BitID，它能够允许用户使用他们的比特币地址来登录网站。（网站开发者）可以"使用比特币（地址）登录"按钮来代替"使用facebook账号登录"按钮。BitID是一个去中心化的认证协议，将比特币钱包作为认证形式和提供二维码服务来作为平台接入点。它能让用户通过使用自己的钱包地址或者使用移动设备作为私钥来验证身份来进入网站。[89]

　　另外一个可选择的数字身份验证企业是Bithandle，这是一个来自于黑客马拉松的项目。Bithandle提供了短用户名注册、验证和电子商务服务。使用Onename和BitID，用户可以选择简易的用户名——比如，"Coinmaster"——通过一个公开或非公开的现实身份验证与比特币钱包地址和比特币区块链交易连接。这些服务提供了持续的实时数字身份验证，并且伴随每次"使用比特币登录"的网站入口能做到一键完成电子购物过程。现在让大众接受比特币时，其中一个明显的问题就是必须发送比特币冗长的32位字符地址或者二维码，才能完成比特币的交易操作。相反的是，Bithandle就提供了一个短用户名且可链接到比特币地址，它可以确认用户现实生活中的身份，也能够在未来的任何时候根据需要来搜索区块链记录。实时数字身份验证服务将变得至关重要；目前全球范围内身份认证和验证市场每年已经达到110亿美元左右。[90]

需要特别注意的是，Bithandle在数字身份注册的整个过程中究竟是如何运作的呢？首先参与者需要注册一个比特币用户名，用户可以选择一个自己容易记忆的用户名，然后用户就可以在网站上选择"使用比特币登录"。如刚才所提到的，这种登录方式和"使用QQ账号登录"或者"使用微博账号登陆"类似，只不过它会自动链接到用户的比特币地址作为用户的身份证明。当用户设置好了一个Bithandle账户，他的现实世界身份已经和Facebook、Twitter、LinkedIn或其他服务绑定，你可以选择公开（就像OneName）或者不公开（当OneName不允许）。

随后，实时的数字身份验证，"使用比特币登录"意味着Bithandle账户早已与比特币地址绑定，此时用户能够安全地使用电子商务服务而不需要重新注册一个账号以及提供个人身份和财务信息。Bithandle从多方面来看，提高了用户使用网页的频率。首先，网站不必要再去维护用户账户注册信息（防止黑客的"蜜罐"攻击风险）。其次，每个人通过"使用比特币登录"来自动完成一键购物方式。最后，Bithandle能够提供实时区块链数据查询服务，让用户按照需求在未来任何时候查询数字身份——例如，重新授权用户随后的购买行为。

区块链中立性

密码学专家和区块链开发者以及架构师指出，区块链行业设计中有些思想非常重要，就和那些长久以来支撑着互联网架构的某些原则一样，其中之一就是中立性原则。在互联网中，中立性原则是指，互联网服务提供商应该允许所有内容和应用程序都可以被访问，而不能不支持或阻止某些特定来源或特定的产品或网站。这个思想和加密数字货币是十分相似的：比特币中立性原则意味着所有人应该在任何地方都能够方便地使用比特币。这意味着，任何人都可以使用比特币，而不受到文化、语言、宗教、地理政治制度和经济区域限制。[91]比特币仅仅是一种代币；它能够在任何现存的政治、经济或宗教体系中使用。例如，伊斯兰比特币银行（Islamic Bank of Bitcoin）正在研究如何让符合伊斯兰教规的银行使用比特币。[92]对于比特币中立性另一个值得注意的地方是，真正的目标市场是那些没有银行账号的人，也许对于他们而言，比特币是最有用的，有许多人因为各种原因不能拥有传统银行的服务，这些人预估约占全世界大约53%的人口。[93]即使在美国，7.7%的家庭没有银行账户或者未能得到充分的金融服务。[94]

比特币的中立性意味着解决那些没有银行账户或者不能充分获得金融服务的人群能够在一个低技术的环境下使用比特币，特点就如用短信付费、存折和区块链批量交易等。以中立性为导向，易于使用的解决方案（"把比特币打造为新兴市场的微博"）可能会延续肯尼亚有31%的GDP来自手机消费的趋势，引爆这个尚未充分得到金融服务的市场。[95]目前有不同的短信比特币钱包和发送机制（如37Coins[96]和Coinapult），还有些项目如Kipochi[97]，和M-Pesa一样，将比特币金融服务整合进入到移动金融平台。另一个相似的项目是移动加密钱包app，Saldo.mx，它使用Ripple的开源协议来完成清算，将生活在美国和拉丁美洲人们连接到一起，能够远程支付账单、保险、通话费、信贷和产品。

比特币的数字鸿沟

一般而言，数字鸿沟是指那些能够获得以及不能获得某种技术的人群之间的差距。在加密数字货币领域,如果依据中立性原则,那么全世界的每个人都可以访问和使用。因此,数字货币将会是弥合数字鸿沟的有用工具。然而,更加难以跨越的是另外一个数字鸿沟:技术。可能会出现新的数字鸿沟(从某种意义上来说已经出现),即存在于那些知道如何在互联网上安全使用(数字货币)的人群和不知道的人群之间。由此,中立性原则应该被扩展,利用合适的主流工具让所有人可以方便地以匿名(或者说非实名)形式操作,并且能够私下安全地进行所有基于网络的交互和交易。

数字艺术:区块链认证服务(公证和知识产权保护)

数字艺术是区块链加密技术能提供进颠覆性创新的另一个舞台(这是一个很好的机会来探讨哈希散列和时间戳,这两个皆为本书其他部分会介绍的重要概念)。所谓数字艺术一般普遍是指知识产权(IP),而不仅仅是网上的作品。艺术一般都与知识产权相关联,因此也就是指"知识产权所有权"。正如我们前面所讨论的,在数字资产证明和保护的环境中,身份可以被看作只是一个应用,尽管可能还需要大量特别的功能。然而数字身份依赖于用户的比特币钱包地址,数字资产证明的认证服务需要依靠区块链上的哈希散列和时间戳功能。认证功能(宣布某件事物的真实性,如资产所有权)也可以被视为数字艺术。数字艺术在区块链行业主要应用是指,使用区块链来注册任何形式的知识产权(完全数字形式的或者现实世界事物的代表),或将鉴证服务变得更加普遍,如合同公证。数字艺术还可以针对在线图片、照片或数字艺术作品这些数字资产,通过区块链来保护知识产权。

哈希加上时间戳

对于鉴证服务,区块链技术带来了两个重要的功能:哈希和安全时间戳。所谓哈希就是针对计算机上任何内容的文件所运行的算法(一份文件、一个基因组文件、一张图片或者一段视频等),运算结果将会根据内容压缩成一串由数字字母组成的字符串，而这字符串将不能重新反向推出原来的内容。例如，每个人基因组的文件能够被变成一个长度为64位字符的字符串，该字符串将能代表该文件的唯一独特的私有标识符。这串字符能够完全代表该文件的内容。[98]在任何时候如果需要重新确认内容，那么同样的哈希算法针对内容进行计算，只要文件没有任何的变化，那么哈希算法所获得的字符串（签名）将不会有任何变化。哈希散列非常短，足够放在区块链交易的文本内，因此当交易发生时可以把它作为一个安全时间戳作为交易证明。通过哈希，原始文件的内容基本可以编码进入区块链。则区块链能够成为一个文件登记表。

这个想法最关键的部分是，将加密的哈希作为一种资产的验证和认证的形式来使用，这对于是否能成为标志性的里程碑是非常重要的。区块链哈希有可能成为整个社会运作中一个非常重要的功能，使用区块链能够证明在特定时间内，任何文件或者其他数字资产的确定内容。此外，以哈希加时间戳为基础的区块链证明，这个概念能够使区块链成为一种全新的信息技术。

区块链鉴证通常包括文件归档、存储和注册等各类相关公证（验证）服务和知识产权保护服务。根据前面所阐述的，这些功能利用区块链技术来完成永久且公开的方式来记录信息，并且组成加密哈希，也能使用区块链浏览器和区块链地址作为全球中央注册数据库来检索信息。其核心功能就是通过一个公开的总账本来验证所有数字资产。

目前已经有好几个不同的基于区块链的验证服务正处开发或者验证概念等不同阶段，这其中有Proof of Existence、Virtual Notary、Bitnotar、Chronobit和Pavilion.io。它们现在正以相似或者不同的方式在进行中，可能还有很多可更换的功能，其中最简单功能就是能够计算任何类型文件的哈希。最早和最久的应用服务——Proof of Existence（存在证明），细节将会在下面介绍。

存在性证明

至今最早一批提供区块链鉴证服务的就是Proof of Existence（存在证明）。人们可以通过网络服务，用哈希来为任何艺术品和软件来完成著作权证明。[99]创始人·曼努埃尔·阿劳斯（Manuel Aráoz）很早就有个想法，使用加密哈希算法来证明某个文件的完整性，但问题是不知道该份文件是什么时候创建的，直到区块链提供了添加安全时间戳机制。[100] Proof of Existence可证明某份文件的所有权但不会泄露它所包含的信息，并且能够提供文件所创建特定时间的证明。如图3-1显示了使用Proof of Existence服务显示了最新注册的数字资产的截图。

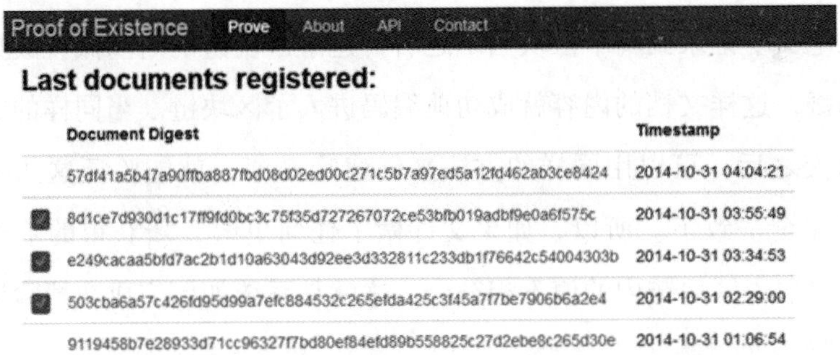

图3-1． "最新注册文件"来自Proof of Existence

随着这个工具的出现，区块链能够被用来证明某个文件或某样数字资产在某个特定时间的已存在及其内容（以革命性的方式）。以一种不可改变的方式提供了时间戳数据，并且同时确保了文件内容信息不被泄露，这对于所有的法律、公民和政府官员来说几乎是一个完美的方式。律师、客户和政府官员可以利用Proof of Existence的区块链功能来证明所有的文件，包括遗嘱、契约、授权书、医嘱、本票、本票满意度等等，但不透露该文件的内容。由于区块链时间戳功能，用户可以在现在某个时间点来证明一份文件（如遗嘱）的存在但不泄露内容，在未来的某个时刻可以呈现到法庭，并且可以证明这份文件肯定没有被改变过。这种鉴证服务几乎可以鉴证任何文件和数字资产。例如开发者可以用这个服务针对每一个从开始到最终版本的代码来创建一个唯一哈希值，发明家也可以证明他们在某个特定时间的创意，作家也可以用来保护他们的作品。

存在性证明的工作原理：首先，你可以把你的文件（任何类型）出示给提供该服务的网站；那你可以看到提示"点击或拖曳你的文件放在此处"。网站不会上传或者复制文件内容，而是（在客户本地）将该文件内容转变成加密摘要或哈希值。算法可以创建摘要，或者一个加密字符串来代表数据。摘要是根据网站内字符串使用哈希算法得到的。除非是同一份文档计算出来的摘要，否则没有两个摘要会是完全一样的。因此，哈希值就能够准确代表文档里的内容。把文档的加密哈希值插入到一笔交易中，再把这笔交易记录到一个区块当中之后，这个区块链的时间戳就成为文档的时间戳，这样文档的内容就成功地编码进入了区块链。当同样的文件再次被提交之后，可以用同样的方法来创建哈希值，就能验证这两个文件是否是完全一致了。所以，如果文件做了任何更改，新获得的哈希值就会和当时嵌入区块链内的值不相符合，这就是系统如何完成文档验证的过程。【101】

此项验证服务的一个好处就是它高效地使用了区块链。原始文件不用存储在区块链，而仅仅只需要存储文档的哈希值，而且只能够通过私钥访问。每当需要通过存在证明来确认文件时，如果重新计算的哈希值和预先嵌入的哈希值是一样的，就证明了文件从来没有修改过。这个哈希值不需要（也不能够）转换回原始文档（哈希计算方式是单向的；它们安全特性决定了反向计算不能被实现）。当需要取回存在证明时，这项功能可以被看作是一项"内容验证服务"。至于服务是否能延续比较长的时间，取决于持有对应数字资产（哈希值）的私钥（是否一致存在）。而这个的确意味着，无论选择了哪一条区块链，都需要是一条在未来仍然存在的区块链。所以，需要选择一个像比特币区块链这样标准区块链来做认证服务。

局限性

诚然，哈希加时间戳的验证服务也会有一定局限性。首先，有些第三方服务免费提供这样的验证服务，而使用区块链还需要支付一笔小的交易费（为了补偿矿工）来将数字资产写入到区块链当中做验证。此外，区块链交易确认并不是实时的；将文档添加进区块链的时间会被记录，但不是文档提交的时候；数字资产建立时间的精确与否对类似知识产权注册服务是至关重要的。其中最大的问题是，时间戳并不证明所有权。然后，目前设想的区块链验证服务现在还是第一步，并且很有可能和其他类似于将数字身份证明用于证明所有权或者或用非区块链时间戳方式来记录"文档创建时间"的想法一起整合纳入到区块链生态系统的3.0版本中。一个潜在的技术限制是，有些人认为用哈希算法来计算一个非常大的文件（如8GB的基因组文件）相对于一些小文件（如标准的欠款合同）可能并不是这么安全，但是这种担心是没必要的。能够对应任何文件大小的扩展性是哈希的优势，哈希值的长度（目前典型的是64位）才是是否安全需要关注的地方，并且它还可以在将来扩展到更多的位数。通常对于哈希值的威胁其实是——逆向哈希（通过逆向计算的方式试图算出当时哈希计算的内容）和碰撞（让两个不同的文件生成同样的哈希值）——而这些发生的可能性对于目前在区块链中所使用的哈希计算方式影响都非常有限。

Virtual Notary，Bitnotar和Chronobit

Virtual Notary是另外一个相似概念的项目，通过区块链来完成验证服务。就像存在证明一样，Virtual Notary并不存储文件，而是对用户当时提交文件内容进行公证。该服务针对不同的文件类型，如文档、网页、微博、股票价格、汇率、天气、DNS条目、电子邮箱验证、大学联盟、不动产价格、条约和合同，以及随机数图片，能够提供一个虚拟公证证书。提交的文件可以是任何格式，包括Microsoft Word，PDF，JPG，PNG，TXT

和PPT（微软的PowerPoint）。站点生成的证书可以在网站上下载，并且还提供了另外的服务——核实已经存在的证书。Virtual Notary的目标是成为数字化的、中立的、客观的在线证明事实的公证人，并且以第三方的角色用一种可信方式递交见证记录。这其中我们生活中的大部分已经是数字化了。[102]以区块链为基础的时间戳应用还有Bitnotar和Chronobit。另外一个相似的项目是Pavilion.io，它提供基于区块链项目的合同签署服务，这项服务要比Adobe EchoSign或是DocuSign要便宜得多；只要0.001个比特币的费用来做签署，并且发送都是免费的。[103]做类似的虚拟公证项目分别是Blocksign和btcluck。

Monegraph：在线图片保护

有一个数字艺术保护项目名为Monegraph，他们的口号是"因为有些艺术属于块链"。这个项目是一个区块链3.0应用项目，它试图使用区块链公开账本作为证明概念，并试图论证这种证明概念是一种可行的全新证明方式。使用这个（目前是免费的）应用，个人只要将他们之前创建并且发布在网上的图片进行资产注册，就可以对他们这些数字资产进行货币化。就像比特币能够验证货币的所有权，Monegraph能够验证资产所有权；这是一个区块链的智能资产应用案例。对于类似Shutterstock或Getty Images这样的图片存储和图片库网站，Monegraph会是一个互补的服务，在未来也许还能增加图片强制使用和追踪的功能。

Monegraph通过Twitter或Namecoin，然后使用Monegraph这两个步骤完成。Namescoin之所以被使用是因为它能够以一种自动化的、去中心化的方式来校验DNS；任何类似的DNS服务都可以使用Namecoin。[104]首先，为了证明其所有权，用户去访问http://www.monegraph.com/，并且允许用户使用它的Twitter账号进行登录（通过Twitter的标准登录接口），然后提供图片网址，基于此，Monegraph自动发一条Twitter以正确的格式来链接到这张图片。第二，在Monegraph发Twitter链接到图片后，记录标题，它会给用户提供一段代码复制粘贴到Namecoin客户端。用户在Namecoin钱包发起一笔新交易，把那一段代码作为键值添加到Namecoin交易中（你可以在这里查看细节：http://bit.ly/monegraph_verification）。只会有一份数字图片的副本会有Monegraph的有效签名。Monegraph图片仅仅是普通文件，所以它们也能够像其他图片一样被复制和发送，但是仅仅只有一张原始图片能够通过Monegraph系统的验证。

另一个和数字艺术以及版权保护相关的项目是Ascribe，其目标是提供一个针对知识产权信息库的底层基础架构。公司正在建设它称为"所有权层"的服务，为数字资产进行登记和版权转让。尽管现有的版权法为创作者提供保护以阻止侵权，以及商业化推广的权利，但是时至今日，仍然没有一个简单的方式能够在全球范围进行注册、许可和转让版权。而Ascribe的目标正是如此，使用哈希计算和时间戳服务将数字注册工作放入区块链。在登记过程的早期，使用机器学习的方式来检测和解决任何对现有技术的挑战。当所有权可以转移时，将会激活数字知识产权的二级市场。该项服务将能够处理数字纯艺术作品、照片、徽标、音乐、图书、博客、推特、3D设计模型等等。Ascribe的优势在于用户不需要学习错综复杂的区块链知识、版权法或者机器运行。Ascribe公司的大部分用户来自市场和那些在后台使用Ascrible服务的白标签网络服务公司，尽管个人用户也可以直接使用这个网站。

全自动的数字资产证明

今后，通过区块链信息库形式的数字资产保护，可能会成为数字资产保护自动支持的标准化功能。对于某些类别的资产和网站，数字资产保护功能可以在发布任何数字内容的瞬间被启动。这些场景可以包括在GitHub发布代码、博客、推特、Instagram/Twitpic的图片，以及论坛参与等。数字资产保护可能今后就像购买机票时自动获得的旅行保险一样。当用户注册Twitter、博客网站、维基百科、论坛以及GitHub账号设置时，可以支持使用数字资产的微支付（通过提供比特币钱包地址）。数字货币作为可以嵌入到网络的经济层，为互联网的微内容提供微支付和微保护。数字货币提供了这些架构，无论是微内容已经被标记并批量打包入区块链交易，或者数字资产在他们自己的区块链地址注册。区块链鉴证服务也可以被部署到更多的地方而不仅仅是版权保护信息库，能够极大地满足出版行业的其他相关需求，比如版权转让和内容授权等。

批量公证将成为区块链的基础设置

重要的是我们要记住，只有当区块链经济从初级发展到成熟阶段，区块链技术能够开始影响人类活动的方方面面，区块链就像互联网一样，而且区块链可能会成为互联网的第五次浪潮。从这个角度来看，有可能目前区块链相关的活动都可以被视为在未来某个时刻的早期舞台上的原型状态，这些零散的服务在今后也许都可能成为区块链服务的一个很大的门类。

从区块链基础设施的整体设计原则来看，我们希望能够看到这些领域特定功能都可以被实现。不仅仅是区块链公证服务，而是把公正链作为在不断发展的区块链基础设施的一部分。公正链本身就是DAO/DAC的一个例证，是把一组更为复杂的操作汇总在一起，组成区块链技术的操作集合。在这个例子中，公正链的想法就是将区块链协议作为提供鉴证服务。例如，它能够更加有效地处理大批量的交易而不是单独处理一个交易（要求挖矿成本大于零）。公正块能够由许多数字公正资产的哈希值构成；该区块本身就能够被哈希计算，这样公正块就成为嵌入区块链的单元，相对于把每个单个数字字数资产进行公证，这能让整个系统运作起来更加有效率。因为哈希计算是单向函数（不可从结果倒推内容），在比特币区块链的区块级哈希值的存在，组成了子哈希存在的证明。[105]将区块链设计转变为这种"工业级"的DAO/DAC阶段，就会产生一些有趣的问题，即被优化的分层和去中心的组合架构将如何在大规模的设计架构中实现。

Factom这个项目正在把将批量交易写入到区块链的区块中的这个想法延伸，使用区块链认证/鉴证哈希功能批量处理交易来避免区块链膨胀的问题。

个人对区块链的思考

进一步推测较为遥远的未来，区块链技术自动计算账本的概念，量子级追踪设备，能够扩展到另一个记录保存和管理的类别。可能会出现"个人思想链"作为生活日志记录和备份机制。"区块链技术+人体内连接器"的概念是，能够让一个人的全部思想通过标准化压缩数据格式进行编码，这将会变得非常有用。这些数据可以通过大脑皮层进行记录，脑电图，大脑/计算机接口，认知纳米机器人和其他方式来捕获。这样，思想可以被区块链所实例化——所有的个人主观经验，尤其是最终意识，都将能够被精确定义。它们在区块链上，不同的部分可以被管理和交换——例如，可以用于中风后的记忆恢复。

正如当区块链提供公开分享健康数据和量化自我跟踪数据时，无法建立一个良好的有适当的隐私和奖励系统的模型，同样也没有一个模型或手段来配合共享精神表现数据。也许人们会不情愿去分享这类精神表现数据，但是这类"生活流数据+区块链技术模式"可以促进多种方式来私下地、安全地、有报酬地来分享数据。正如前面提到的这些生活日志，可以被个人思想区块链所抓取，并且安全地编码成所有个人心理表现、情感和主观经验，写入到区块链当中，能够最小化备份，以及将它作为历史记录传递给继承者。个人思想数据区块链能够作为下一代Fitbit或者是苹果iPhone6手机上的健康应用，这些应用现在正在自动捕捉约二百多个健康指标，并且将这些数据发送到数据聚合和提供操作建议的云端。同样地，个人思想数据能够简单安全地被记录（假设所有关于区块链技术常见的隐私问题都已经被解决），能通过类似于Siri或者亚马逊的Alexa语音助手这样的服务来为个人提供心理表现建议，或者通过个人大脑与计算机之间的无缝管道接口，提交有意识和无意识的建议。

让我们再次接近科幻小说这样的推测，最终整个社会历史的记录可能不仅通过一个公共记录或者档案库，还有关于所有数字活动的网络存档，甚至还有个人的思想档案。思想档案可以包括捕获每一个实体的思想和情绪，人类和机器的，然后进行编码和归档，将活动记录进生活日志区块链。

区块链政府

另外一个重要的发展中应用，同时也是作为区块链3.0中的一部分，就是区块链政府；它的含义主要是，通过使用区块链技术来提供那些现在国家所提供的传统服务，以去中心化、更便宜、更有效和个性化的方式。许多新的、不同的政府管理模式和服务都可能使用区块链技术来实现。区块链治理能够利用区块链技术的优势，即公开持续保存记录：区块链是一种全球的、永久的、可持续的、共识驱动的、公开审计、有冗余的记录保存信息库。区块链既能够实现政府管理现状的机制，还能作为数据库保存所有社会档案、记录和历史供未来使用——全球社区记录保存系统。并不是所有的想法和政府服务都必须使用区块链技术来实现，但是使用区块链技术来实现可能会有其他的优势，例如它们变得更加值得信任，以及在任何情况下，是公共记录的一部分。

区块链治理的一个重要含义就是，政府可以从强制所有人必须服从一种标准的"大好"模式开始转变，将可以根据个人的需求进行订制。你可以想象一下，这个世界管理服务能够像星巴克咖啡订单一样进行订制。一个关于个性化定制的管理服务可能就是，某位居民可能要为更高级的垃圾处理服务支付更多费用，而他的邻居需要为更好的学校来付费。个性化的政府服务能够通过区块链实现，从而代替那种统一标准的方式。此外，一个更细层面的政府服务案例可能是这样一种情况，某智能城市发布了一种公路货币（Roadcoin），赔偿了在道路建设项目时，路过司机所失去的

"应享路权"。同样的，那些拥有事故货币（Accidentcoin）的车主在发生事故后，也可以支付给路过司机所失去的"应享路权"，支付可以是实时的，也可以保险公司评估责任之后支付。

在科幻小说的世界里，就像在尼尔·斯蒂芬森（NealStephenson）的《雪崩（SnowCrash）》中描述的，所设想的特许领事馆（franchulates）最终将会出现。[106]特许领事馆是一个混合了特许经营和领事馆的概念，成为提供定价的半政府性质的产品和服务的商业体。特许领事馆最有吸引力的地方在于态度的转变：这个概念将需要政府变得更像企业，而不是垄断性政府服务提供者；他们应该更多与公民（消费者）进行积极互动，根据不同的细分市场提供不同价值的服务。

区块链政府的另外一个含义，也是"区块链上的政府"和"把国家放在区块链"上背后的愿景是，有可能可以获得一个更加真实的代表民意制度。这是实现这种制度的方式之一，通过使用区块链智能合约和DAC，而不是依靠人来作为代表。如果有更少的人参与政府，意味着更小型的政府，更低的管理成本，更少的党派，以及更少的特殊利益游说者来引导政府。当区块链能够让金融系统变得更加有效，将可以把边际成本压缩到零，同样也可以用区块链技术能够重新配置行政管理和公共管理任务。更小型的政府通过节约成本能够积极引导确保基本收入，促进平等和增加社会的政治参与度，更容易过渡到自治经济形态。

区块链的出现和去中心化模型导致对现行的基于人口规模的汇集模型产生了质疑，类似于政府和保险这样的情况已经成为事实上的标准，因为其他的模型也尚不可能。然而，这类汇集模型可能不再具备经济和政治意义。共识驱动模型可能是一个在成本上更加出色的方案，它提供了一个更具代表性和公平的与现实互动的方式，通过转移到一个公开的框架来消除不公和偏见。[107]"区块链作为一种信息技术"的理念进一步强调区块链治理作为一种全新的、更有效率的系统能够完成整理、管理、协调和记录所有人类的交互，无论是对企业、政府，还是个人。区块链技术将会质疑所谓更有效率的执行政府服务，包括政府背书的权利，在某些情况下不是（也不应该是）为尊重个体所设计的。到目前为止，大多数项目也只是解决治理服务方面，所以有机会可以发展一个有趣的基于区块链的模型来维权执法。

去中心化的治理服务

选择你的政府和选择你的服务。这个把国家放在区块链的思想，提供了一种无国家、去中心化的、选择以区块链作为基础的治理服务。[108]这类服务包括一个基于信誉的身份（ID）系统，争端解决、投票、国民收入分配、登记所有类型的法律文件，诸如地契、医嘱、育儿合约、婚姻合同以及企业成立等。事实上，区块链的结构可以容纳安全身份标识、多类型合同和资产管理——这让它能够处理类似于婚姻这样的情况，因为婚姻一般就意味着双方通过婚姻合约绑定在一起来共同分享使用储蓄账户（例如，一个比特币钱包）和育儿合约、地契，和其他一些相关文档来确保未来安全地在一起。[109]

事实上，全球第一例在区块链上记录的婚姻发生在2015年10月5日，美国佛罗里达的迪士尼乐园。婚姻被提交到比特币区块链上，使用一个在线公开注册表上的区块链资产。誓言被写入在文本注释字段，嵌入了0.1比特币（当时大约相当于32.8美元）的交易当中，这将会永久地出现在区块链的账本当中。[110]Liberty.me的首席执行官杰弗里·塔克（Jeffrey Tucker）主持了仪式，并且讨论去中心化婚姻的好处，在区块链中记录和认可的婚姻将会如何更公平和自由，超过了现在婚姻在其他州和国家的情况。[111]一个迹象表明"区块链作为公开档案信息库"的时代已经真正开始到来，例如，在夫妻生活中如果有相应的比特币预测市场合约，针对诸如生儿育女，购买房地产，甚至是有可能申请离婚（这也将被记录在区块链），以及不可避免的，社会科学将会研究调查来表明区块链婚姻会（或不会）比他们宗教或者普通夫妻维持更长的时间。

图3-2，2015年10月5日，在美国佛罗里达的迪士尼乐园，全球第一例比特币婚姻，David Mondrus和Joyce Bayo
（图片来源：比特币杂志，RubenAlexander）

以区块链为基础的治理系统能够提供一系列原来由政府所提供的传统服务，而所有的这一切都完全是自主的，用户或市民都可以自由选择进出。正如比特币在某些情况下会成为比法币更好的选择（更便宜、更有效率、容易传输、马上收到和更高级的支付机制），基于区块链的治理服务同样也是如此。传统的"法定"政府所执行的服务，能够由区块链以更加便宜、分布更广、更自发的方式来执行。区块链很适合成为一个全球化的、永久的、可搜索的、不可撤销的公开记录信息库。所有政府的法律档案，如契约、合同和身份证件都可以保存在区块链上。就像比特币只有被广泛当作货币使用才能够被公众认可，而身份系统，例如在区块链上的护照，也需要被大规模使用才能够获得认可。有个名为World Citizen project（全球公民项目）的项目，提供了基于区块链护照系统的代码。[112]该项目旨在通过使用加密工具来创建一个去中心化的、能够惠及全球人类的护照服务（图3-3）。

图3-3 World Citizen project的区块链护照

（图片来源：克里斯·埃利斯）

有一个关键点是，全球的任何人都可以使用去中心化政府的服务；即使你生活在某个特定地理位置，你还是可以享有某些政府的服务和多个政府服务提供者。政府是一个垄断行业，但随着区块链政府服务在当下全球链接的互联网世界上出现，情况将会有所改变。随着像比特币这样的全球货币和全球政府服务的出现，带来了我们对国家本质将如何转变，以及它们在今后将会扮演何种角色的思考。国家可能会成为类似于故乡这样的角色，一个你出生的地方，而不再是一块精确的区域。你的日常生活，例如货币、金融、专业活动、协作、政府服务和记录都将使用区块链保存。此外，比特币提供了一个转变到新世界的方式，在这个世界人们可以轻易来往于国家之间，并从一个覆盖全球的治理体系中获益，从而避免在多个国家不同制度下产生的不方便。由于是标准的数字货币代码，去中心化治理软件将会成为一种开放资源，任何人都可以在这个协作平台上建立自主统治——例如专属的区块链国家和政府服务。

在所有权和契约方面，就像比特币可用于汇款，去中心化区块链政府服务能够实现财产所有权登记，也可以执行类似于赫尔南多·德·索托（Hernando de Soto，译者注：秘鲁著名经济学家）这样的发展经济学家所设定的详细计划。[113]去中心化的基于区块链政府服务对于公共档案登记和所有权是一个非常有用的工具，它可以缩减已经存在的组织所做的工作，类似于索托自由和民主研究，或ILD所做的包括文件证明、评估、分析等不受法律支配的领域，并将其纳入现有的法律体系之内。一个全球的基于区块链的资产登记信息库能够带来所有权记录、转让、翻译、价值获取、机会的极大需求，并且促进新兴市场上尚不存在或者全新的架构（与此同时，也会伴随区块链服务的一些其他可能潜在业务，如争议解决方案）。正如一些非洲国家能够跃过装铜缆线这样的基础建设阶段，直接开始使用蜂窝电话网络（或者像一些国家直接通过个性化基因学来研究预防医学[114]），新兴市场国家也能够跨越式进入区块链资产信息登记。其他区块链政府服务也可促进类似的跨越式发展，例如，直接使用Aadhr（全球最大的生物识别数据库[115]）来给印度25%还没有身份证的居民发行国民身份证，帮助解决由于假身份和重复证件造成的身份证系统效率低下的问题。

PrecedentCoin：区块链争议解决

另外一个区块链3.0项目更致力于使用区块链来有效调解纠纷。Precedent就像"区块链上的人民法庭或'朱迪法官（译者注：美国电视法庭秀）'"。到目前为止，中心化先例信息库在解决争议上并没有很好地发挥优势，所以Precedent正在开发一个概念、框架、某种竞争币和社区来实现一个去中心化自治法定程序组织（更多的细节在《Precedent协议白皮书》中有描述）。Precedent的"多中心化的去中心化法律系统"让个人也可以选择他们喜欢的法律系统和功能，强调了持续主题的区块链能个性化的管理和法律系统。Precedent的法律/争议调解社区促使开发了一种社区使用的数字货币称为PrecedentCoin或nomos。

与去中心化的矿工社区通过检查、确认和记录新的交易来维护比特币区块链相仿，Precedent使用"争议先例矿工"功能来创建新的争议、解决争议和先例放入争议解决区块链方面也是如此（区块链会把争议/先例的细节安全地存放在区块链之外的空间中）。Precedent作为一个区块链叠加宏协议来运行（结构类似于Counterparty）。先例证明方式是系统共识机制的一部分（类似于比特币挖矿的工作量证明方式或股权证明方式）。根本上来看，Precedent系统是点对点的；用户来决定什么争议适合被裁决（适当的或者适合裁决的），如果新的标准被认为更可取，他们也可以分叉协议。所发行的数字货币，也就是Precedentcoin或nomos，可以被用于用户社区的经济功能，比如用于递交争议到网络，并奖励那些解决社区争议任务"矿工"（这个概念有点类似于社会中的"陪审员"或者"公民争议调解员"）。

需要注意的是，正如该项目白皮书中所指出的"Precedent协议仅关注那些有可诉性争议的问题，而完全不知道最终结果是否正义或公平"。因此，会存在滥用的风险，通过购买或者收集数字货币的方式来实现一个奇怪或者不公平的结果。该项目旨在决定那些在法律上可诉性的争议，而不是在事实上。

Liquid Democracy（流动民主）和随机抽样选举

其他的区块链治理致力于开发能够让民主更加有效率的系统。在DAS（去中心化自治社会）的模型中，有可能需要为基于共识的去中心化治理系统以及类似于BitCongress（比特议会）这样的去中心化投票系统阐述标准化的原则。[116]其他项目集中在一些其他想法，如委托民主，这是一种民主控制方式，赋予投票权给代表而不是议员（如同现今许多国会和议会模型）。其中一个项目就是Liquid Democracy（流动民主），促进议题和决策的开源软件。

在Liquid Democracy系统中，一个政党成员可以指定一个委托投票给任何其他成员，从而指定某个人作为代表而不是投票给代表。一个成员可以将他关于任何事宜的投票给任何其他成员，对于一个特定政策领域，或者任意时间长度内做一个特定决定。这个投票随时可以撤销。在这个系统中，一个人可以成为政治体内多个成员的代表，行使某些通常为某些选举出来的代表保留的政治权利。但是，一个人也可以很快地丧失这种能力。这里"liquid（流动）"在Liquid Democracy的意思是，这个过程也能被称为"过渡代表"。如果一个人被认为可以看作是一个某领域内能被信任的专家，他就能获得成员的投票。其结果就是，每个人在Liquid Democracy的平台下都是一个潜在的政客。[117] 显然会有许多潜在议题会在Liquid Democracy平台上在被提出。其中一个担忧是，长期以来的稳定性和持续性，这可能要靠代理信誉机制来解决，如果是存储在区块链上大致是可以被确认和被传输的。

将决策权下放的想法，由区块链提供支持和执行的框架，可能会被更加广泛地应用，而不仅局限在政治投票和政治决策。例如，健康是另外一个宣传、建议和决策往往是委托的，且几乎没有追诉和问责的领域。区块链技术为更多的问责和更好的追踪代表提供了一个机会。例如，在艾伦·布坎南（Allen Buchanan）的著作《为他人决策（Deciding for Others）》详细描述的生命伦理委员会被委托做医疗决策，就可以在Liquid Democracy架构中实现。[118] 这可以改善健康护理相关的决策，让宣传系统去中心化，因为很多人让手上并没有掌握足够信息的顾问来代表他们决策。在更远的将来，类似于区块链文化技术能够成为应用伦理的机制。

Liquid Democracy也同样是一个观点发展平台。任何人都可以提出新想法。如果有足够的其他用户支持这个主意，它就能进入讨论阶段，在这个阶段可以被修改或者提交替代方案。在提交的观点中，那些获得足够支持可以拿出来表决。投票是采用舒尔茨优先投票的方法进行的，确保投票不会被几乎相同的克隆观点所分裂（就像投票中的双重支付问题），然后由在线平台进行所有的协调事务。投票系统可以在不同程度的透明度下进行：公开身份、匿名或可验证匿名的混合系统。有一个悬而未决的问题是，Liquid Democracy系统做出的决定怎么绑定，如何在软件内包含强制执行和跟进机制。或许最初Liquid Democracy能够作为一个中介工具来协调投票和定向结果。

关于民主在更细致层面的应用想法已经被提出很多年了，但是只有到了现在通过互联网和类似基于区块链的系统逐步出现，这种复杂和动态决策机制真的要在现实世界中出现了。例如，以过渡投票的形式来委托民主的思想最初是刘易斯·卡罗尔（Lewis Carroll，《爱丽丝梦游仙境》的作者）在他的著作《议会代表性的原则（The Principles of Parliamentary Representation）》中提出的。[119]

随机抽样选举

除了委托民主，另一个通过区块链治理实现的想法是随机抽样选举。在随机抽样选举中，随机选择出的选民会通过邮件收到选票以及会被直接转向到选举网站，上面会有候选人辩论和活动陈述。正如密码学专家David Chaum所阐述的[120]，这想法是（就像理想中的投票）随机抽样的投票者可能更具代表性（或者至少包括未被充分代表的投票者），并且能够给投票更多在家里私下审视议题的时间，寻求他们的决策依据，而不是在广告拉票中摇摆。[121]区块链能够在很大的范围内，以可信任的、匿名的方式来实行随机样本选举。

Futarchy：两步民主与投票+预测市场

另一个概念是Futarchy，有两个处理步骤；首先个体对特定结果进行投票（如"增加GDP"），第二步对实现这些结果的提案进行投票。第一步会采取常规投票步骤，第二步则是通过预测市场。预测市场投票可以使用不同的数字货币[Economic Voting Coin（经济投票币）或者Environmental Policy Voting Coin（环境政策投票币）]，也可以其他的有经济意义的数字货币。预测市场是一种投资/投机，可以押注某一方的提议，赌你觉得会赢的提议。例如，你可能会买"投资在一个新的生物技术合同"，来实现"增加GDP"这个目标，而不是押注其他类似于"投资在自动农业合同"的提议。当进行随机取样选举，区块链技术也许能够更加有效的，并以极其庞大规模的方式（去中心化、可信的、可记录的、匿名的）来实现Futarchy想法。Futarchy的概念可以被描述为"为价值投票，为信念下注"，最初提出这个想法的是经学家罗宾·汉森（Robin Hanson）[122]，后被以太坊项目的创始人Vitalik Buterin在区块链环境下进行阐述。[123]这是一个使用区块链技术潜在巨大变革力量的典型案例。有一种可能性，就是使用投票和偏好说明模型（就像Futarchy使用区块链技术来进行的双重投票结构）会成为一种普遍、大范围内使用的规范和机制，来针对所有人类会面临的、复杂且多立场决策情况。而将会造成的影响可能会让人类的协作活动进入一个全新的水平，远比目前的复杂度要上升好几个数量级。当然，任何包括Futarchy在内的新治理结构都存在被滥用的空间，限制核心数字货币的机制，在某种程度上直接整合被攻击的结果，还需要提升建立一个更加强壮的模型。

对于商定共识并在区块链交易至少有两种模型，并且在未来可能会有更多。第一种共识机制模型是挖矿操作：在软件的辅助下，矿工审查、确认和注册交易。第二种共识机制模型是预测市场。如果有足够的独立无关联人群投票认为该事件会在预测市场里为真，此事件就可以被认为是真的。Truthcoin就是这样一个，基于区块链的、无须信任的、点对点预测市场，希望能够解决传统预测市场所存在的一些问题，如对投票者的偏见，并把某种作为报酬的数字货币和比特币公开记录的架构，与预测市场的概念结合在一起。[124]甚至更远的，Truecoin目标提供一个无须信任的预言服务，把那些可能相关事件记录进入区块链。例如某些让人感兴趣的"信息事务"，如当前的利率、每天的最高温度、数字货币每天的最高最低价格和交易量等。在基于区块链的智能合约操作中，独立预言提供信息将成为价值链的重要组成部分。例如，基于区块链抵押贷款可能需要在未来某些时间的利率，将会自动导入未来可信任的信息来源，就像通过如Truecoin这样有信誉的独立预言系统将信息打包入区块链。

区块链治理对于社会成熟度的影响

区块链治理的另外一个好处是，它会迫使个人和社会的治理能力、权威性、独立性和参与度进入一个更成熟的阶段，参与将概念化并且能够被执行。我们并不习惯把治理视为一个人的责任和一个点对点的系统，反而更习惯于被一个遥远的中心化机构所治理。我们还不习惯区块链技术的方方面面，如必须备份我们的钱，但是当我们学习吸收新技术后，会逐渐适应全新的知识、新的行为和全新概念。我们还不习惯去中心化的政治权利和自治方式。

但是，我们已经成熟到能够在某些情况下接受去中心化的权利。权利的自由分解已经发生在其他一些行业，如信息行业，其中心新闻和出版行业已经被博客变得去中心化，让媒体行业被重构。娱乐业也是如此，企业媒体和与个人上传内容的You Tube频道并存。整个价值链已经表现出长尾的特征，每个人成为符合自己口味的制造者和质量仲裁者。在21世纪的重要技能就是，个人必须审查内容以及为自己考虑质量和有效性。比特币革命同样发生在货币、经济、金融和货币政策上。这一切也许很难想象会发生在政府和经济这种中心化权力机构，更容易发生在文化和信息领域，但是我们有理由相信社会成熟度同样会在这些场景中成长。

第四章　导读 高精度的大规模协作

龚鸣

在第三章中，我们主要介绍了在区块链3.0技术当中，通过区块链的公开公正特性能够完成的各种相关商业模式。而在本章中将会更加强调区块链所促进的大规模协作，对于科学、健康、教育、出版等领域将会出现哪些创新，并且区块链的局限性以及中心化和去中心化始终出现的矛盾。

对区块链未来前景的兴奋点在于，极高的生产力会将这个星球上所有的人和机器连接到一个全球性的网络中，人类向商品和服务近乎免费的时代加速迈进，也许到了21世纪下半叶，资本主义走向没落，区块链的去中心化协同共享模式将取而代之，成为主导经济生活的新模式。

区块链是这种新兴协同共享模式的最佳技术手段。区块链的基础设施以去中心化的形式配置全球资源，使区块链成为促进社会经济发展的理想技术框架。区块链的运营逻辑在于能够优化点对点资源、全球协作和在社会中培养并鼓励创造社会资本的敏感程度。建立区块链的各类平台能够最大限度地鼓励协作型文化，这与原始共有模式相得益彰。区块链的这些设计特点带领社会共同走出阴影，赋予它一个高科技平台，将使其成为21世纪决定性的经济模式。

在过去也出现过基于互联网的全球大规模协作科技平台，本章中就介绍了SETI@home（搜寻外星文明计划，通过使用志愿者贡献自己计算机资源来帮助分析来自太空的无线电信号，用于寻找外星文明的迹象）和Folding@home（这是一个用志愿者贡献的计算机资源来模拟蛋白质折叠的斯坦福大学项目，用于药物计算设计和其他分子动力学问题）这两个已经实施多年的科学项目，但是在过去，这些项目最大的问题是没有一个恰当的奖励回馈机制来鼓舞更多的人参与到这些公益项目中。而区块链机制恰恰是解决这个问题的完美解决方案。区块链不仅仅能够提供上一章所描述的，提供客观公正的强信用背书服务，而且还能够实现极大规模的高精度奖励回馈机制。

通过奖励回馈机制和智能合约等功能，区块链能够为科学研究提供一个前所未有的全球化协作社区，它将不仅仅能够把庞大的计算力集合在一起（目前比特币网络所集合的算力已经超过了全球前五百位超级计算机算力总和的一千倍以上），而且能将各种其他所需要的资源进行合理调配进行协作，并且通过事先设定好的规则，对参与到整个协作系统中的人、机构甚至是设备进行奖励，来促进资源更加合理的分配，并且吸引更多的资源参与到这个系统中去。

本章将会着重展望区块链技术在今后基因领域的应用，由于不同政治文化法律背景，特别是扩展到伦理等方面，基因科学在全球发展中始终有着不少的障碍。作者认为通过区块链技术能够让全球基因科学的协作研究和成果共享达到一个全新的阶段。而区块链不仅让全球科研人员能够参与，并且让每个普通人都能够参与到这种协作中，利用区块链的安全保护机制能够让每个人合理恰当地保护自己的基因数据。而由于去中心化的机制，不存在一旦中心化数据库发生问题而导致全部数据遭到泄露的问题。

作者还继续将思路扩展到学习领域以及学术出版领域，通过智能合约来鼓励每个学生来学习，并且每次进步都能够获得某种奖励。更有趣的是，作者认为以后能够建立一种称为学习合约交易所的方案，通过使用预先设定的一系列智能合约方式，能够让资金在学习上的资助变得愈加有效。而基于区块链技术的学术出版，能够通过发行某种出版行业的数字货币，审阅者可以获得荣誉性和报酬性的奖励，在作者、审阅者、科学界和公众之间将会有更大的透明度和更多交流。

区块链让数十亿的人通过点对点的方式接入社交网络，共同创造组成协同共享的诸多经济机会。区块链平台使每个人都成为产消者，使每项活动都变成一种合作。区块链把所有人连接到一个全球性的社区中，将产生前所未有的社会资本繁荣规模，使得全球一体的协作型经济成为可能。没有区块链技术，真正意义上的协作共享既不可行，也无法实现。

可以发现，基于互联网的协同合作已经对经济生活产生了深远的影响。市场正让步于网络，接入正变得比所有权更加重要，追求个人利益由追求协同利益取代，传统意义上由穷变富的梦想转变成对可持续高质量生活的渴望。也许在不久的将来，现有的社会体系将会失去主导地位，因为全球大规模协作的时代即将到来。年轻的协同主义者吸取了资本主义和社会主义的精华，同时去除了自由市场和官僚体系的核心本质。

区块链的去中心化特性和高精度奖励模型完全可以深化个人参与协作的程度，该程度和个人在社会经济中协同关系的多样性和强度成正比。这是因为基于通信、能源和物流的各类民主手段使每个个体变得强大，但这要求个体有机会参与到这个以区块链技术支撑的去中心化系统中，因此一个通过提高精准回报来增强自主协作精神的时代即将到来。

今天，全球经济生活正在发生改变，金融资本和市场中商品和服务的交换逐渐过渡为社会资本和协作共享中商品和服务的共享，这种过渡正在重塑社会对经济绩效评价标准的思考。欧盟、联合国、经济合作与发展组织和很多工业化及发展中国家已经发布评定经济发展的新标准，强调生活质量，而不仅仅是经济产出的数量。社会效益已经优先成为政府评定社会中大体经济水平的众多方法之一。随着未来几十年市场经济的衰退，GDP作为评定经济绩效重要指标这一地位将不可避免地下降。21世纪中叶，协作共享下的生活水平很可能成为衡量各国经济水平的指标。

尽管区块链技术能够做到很多事情，但还是有不少的局限性。并且在行业中，区块链内部还是存在中心化和去中心化两种力量，我们必须明白中心化和去中心化都不是绝对的，而是一种相对的状态，我们需要在这两种力量中寻求一个恰当的平衡点。

龚鸣，在区块链圈内以网名"暴走恭亲王"而被人所熟知。数学专业毕业，擅长各类IT技术和金融证券分析，有着多年IT和金融的从业背景，在德隆期间长期进行金融服务行业研究。2012年投身于数字货币和区块链行业，致力于推广数字货币和区块链行业的发展，翻译和撰写过大量相关资料，参与著有《数字货币》《区块链——新经济蓝图》一书，每年在全球数字货币峰会上做过多次专题演讲。

参与过的项目包括BitShares（基于区块链的去中心化交易所），DACx（基于区块链的去中心化众筹平台），Zafed（数字资产管理平台），MAKER（基于以太坊的债券系统），Certchain（基于区块链的公证平台），BiCi（去中心化的保险平台）。

第四章 区块链3.0：超越货币、经济和市场的效率和协作应用

区块链科学：Gridcoin，Foldingcoin

当意识到区块链技术有可能彻底改变其他领域的运作时，创新者们已经开始设想如何将这些思想应用于科学领域。到现在为止，主要的思路与点对点的分布式计算项目有关，这种项目是由志愿者提供自己闲置的计算机资源来参与基于互联网的分布式计算项目。其中，有两个著名的项目分别是SETI@home（搜寻外星文明计划，通过使用志愿者贡献自己计算机资源来帮助分析来自太空的无线电信号，用于寻找外星文明的迹象），另一个是Folding@home（这是一个用志愿者贡献的计算机资源来模拟蛋白质折叠的斯坦福大学项目，用于药物计算设计和其他分子动力学问题）。基于区块链技术，一些有酬劳性质的数字货币被设计用于奖励在SETI@home和Folding@home这两个项目中的参与者。如SETI@home，有一种名为Gridcoin的酬劳性质的数字货币，作为参与所有BOINC（Berkeley Open Infrastructure for Network Computing，伯克利网络计算的开放基础设施）项目的奖励货币，而BOINC是SETI@home赖以运行的基础设施。对于Floding@home项目，也有一种名为FoldingCoin的酬劳性质的数字货币，是

作为Counterparty（合约币）上的一种代币运行，能够通过Counterpary钱包（Counterwallet）与流动性更好的加密数字货币XCP（合约币的单位）进行交换（因此也可以兑换成比特币或者法币）。

区块链上的科学应用有一个更基本的用途，就是解决挖矿网络中大量的电能被浪费的问题。与现在随便找出一个无意义数字的用途不一样，或许强大的处理能力可以应用到一个更实际的任务上，那就是解决现有的科学问题。然而，挖矿算法必须满足某些非常特定条件，就像产生一些字符串或哈希散列值，在一个方向验证很容易，而反过来却很难，而这不是传统的科学计算问题结构。[125]有一些加密数字货币项目试图让区块链挖矿能有一些科学上的用处——例如，Primecoin（质数币），矿工需要找到素数的最长链条（坎宁安链和双向双链），而不是一串SHA256哈希散列值（挖矿软件程序基于给定的一般参数所随机猜想生成的特定数字）。[126]在这个领域可以有更大的进展，就是将已经组成了大规模并行计算网络的超级计算机和桌面计算机网格计算的问题转化成与挖矿兼容的方式，来利用大量正在被浪费的算力。[127]

Gridcoin，即使没有解决本来就要被浪费的挖矿算力问题，至少试图鼓励矿工贡献算力：以更高的速率（原本是5 GRC的报酬，最高可以达到150 GRC）去补偿那些在挖出数字货币区块同时又在贡献算力的矿工。人们对区块链技术的一种典型抱怨就是在挖矿过程带来的浪费，包括无意义的算力和电力消耗。媒体展示出对功耗大小的评估就如，"自2009年起比特币挖矿所消耗的能量相当于埃菲尔铁塔260年的灯光照明"，[128]在2013年比特币挖矿每天能够消耗约982兆瓦时（可以供31000个美国家庭使用，或者是半个大型强子对撞机），[129]大约每天耗费1500万美元。[130]但是这样的比较尺度是不清晰的；这些数字应该被视为很少还是很多（还有，埃菲尔铁塔或者强子对撞机又有什么直接经济效益呢）？比特币的支持者反驳说，当你考虑目前的整个金融体系，相对于现实中银行的分支机构和人员开支等全部基础设施，区块链模式其实是非常便宜的。他们指出，通过区块链，每传输一百美元相对于传统手段要便宜得多。不过，人们还是关心，比特币如何才能消减挖矿导致的电力消耗浪费，同时还能够维护区块链，3.0的创新是可以预期的。还有人提出一种回应，就是某些显然更加节能的加密数字货币，就像Mintcoin。

社区性超级计算

SETI@home和Folding@home都是某种意义上的社区性超级计算机项目，由个人志愿者贡献出计算机算力的原始资源组成的社区；他们本身并没有参与制定研究的目标。一个更加强大的超级计算社区模型将会使用区块链的资源收集机制，这样就能够允许那些非机构研究者可以使用超级计算的运算时间去为他们感兴趣的项目服务。在类似于Kickstarter这样的模式中，个人可以列出需要超级计算时间的项目，找到一些项目合作者和资助者，使用应用币或者网站代币来促进增加用户和奖励。作为一个在这领域早期的项目，Zennet宣布允许社区用户指定他们自己的超级计算项目和通过区块链结构，去访问共享的桌面计算机组成的网格资源。公民科学数据分析项目正在进行，在著作《维基经济学》（2008年）[131]中，演示了在开放数据集的大规模协作的例子。区别在于自由的范围扩大了：现在使用区块链技术意味着这些民间科学项目能够在非常大的范围内进行部署——事实上，是最大的范围——那些公民科学家现在（由于受到资源约束）远无法到达的范围。维基经济学和其他的例子已经验证了，这将成为让公民科学家提供科学贡献的一个渠道。[132]例如，类似于DIYweathermodeling这样的项目，能够带来这样的好处：公民科学家们可以为气候变化辩论这样的大规模事件贡献证据。

全球公共卫生：比特币为传染性疾病提供救助

另外一个区块链健康的项目是全球公共卫生领域，用于应对类似于埃博拉和其他传染疾病暴发这样的危机时提供更高效、直接的、有针对性的资金援助。[133]与比特币能够迅速把资金传递到一个公开的且可以审计和跟踪的地址的特性不一样，传统银行业资金的流动过程经常会妨碍在危机处理过程中对送达援助的紧迫需求。针对个体的点对点的援助以及机构形式的援助都可以通过比特币进行支付。在新兴市场（移动电话的渗透率达70%或者更高），现在有一些基于短信的比特币钱包和传输机制，例如37Coin[134]和Coinapult，以及类似于Kipochi[135]这样的被整合到经常使用的移动金融平台，如M-Pesa（在肯尼亚，有37%的GDP通过手机进行消费[136]）。应有程序能够被嵌入到类似于Healthmap和FluTrackers这样的传染病跟踪网站，以引入接受比特币支付的功能，或者更普遍地使用带有报酬形式的应用代币。

慈善捐赠和区块链——Sean's Outpost

也许全球最知名的接受比特币的慈善网站是Sean's Outpost，这是个总部设在佛罗里达彭萨科拉，帮助无家可归者的非营利组织。得益于个人开始接受比特币、但是本地没有可以使用比特币的场景或者根本不知道该怎么用的状况，以及比特币初创公司需要演示比特币在网络上是如何发送的，Sean's Outpost已经能够筹集到很大量的捐款，并且在开展不少项目，其中有一个九英亩的"中本聪森林"为无家可归者在提供避难所。[137]

区块链基因组

区块链的民主与增强自由的特性能够在许多项目上体现，同样也能够体现在"消费者基因组学"（译者注：让消费者购买和使用基因组相关服务）上，它是一个将各种机构放到区块链上的方式（以去中心化和安全的方式放到云端）来规避当地法律管辖和监管的限制。对这个事情有需求，并不一定是希望违法的恶意参与者，这只不过是体现出一些人对当地辖区政府缺乏信任、支持、联系以及对共同价值观的拥护。作为一种管治模式，在区块链时代，传统的政府1.0模式正在变得过时，特别当我们开始看到有可能从家长式的、单一化的结构开始转变为更加精细的人性化政府模式时。消费者基因组学可以被加入那些令人振奋的跨国组织的例子之一，就像ICANN，维基解密，推特、维基百科、GitHub以及类似于DAC这样的全新商业。跨国区块链基因组学将真的变得很有意义，因为它开始让个人信息权（某人自己的遗传信息权）成为一种基本权利，特别是考虑到每个基因测序成本的持续降低带来的可行性。

有一种观点认为，消费者基因组学可以被认为是一个人身自由权遭到侵害的典型案例。在美国和许多欧洲国家，家长式的政府政策（受到医疗行业集中游说力量的影响）阻止了个人获得自己的基因数据。即使是在将个人基因信息用于医疗保健的国家，也始终没有让个人获得自己基础数据的机制。在美国，一些著名的基因组研究者试图建立一个公开的案例，针对"FDA（Food and Drug Administration，食品药品监督管理局）在消费者基因组学上过度谨慎"[138]建立了一项研究，并在研究中得出结论——让个人获得自己基因组数据并没有不利影响。[139]事实可能是相反的：在理性人的模型中，百分之八十的个人获悉他们的基因有潜在的阿尔茨海默氏病（译者注：老年痴呆症）的倾向后，他们随之改变了自己的生活习惯（例如运动和维生素摄取）。[140]有一些新闻报道持续在记录个人是如何在寻求获得他们自己的基因数据，并且发现这些数据非常有用——例如，可以了解阿尔茨海默氏病和心脏病的风险。[141]

由于家长式管理的限制，并且对于预防式医学时代没有明确的政府政策，导致美国的消费者基因学组服务（deCODEme[142]）已经关闭，并引导他们专门向着医师许可模型（Pathway Genomics, Navigenics等机构）提供服务的方式发展，或者被迫极大地削弱他们面向消费者的服务（类似23andme服务[143]）。作为回应，基于区块链的基因服务也许是一个全新的想法，能够为个人提供低成本的基因测序服务，并且让数据通过私钥来掌握。

一个目前在公共健康和医学上最大变革挑战是，由目前"只能治疗被诊断出来的病症"的窄带模式转向全新的预防医学的数据丰富时代，目标是维持、延长和提高基线健康。[144]通过使用个性化大数据，作为对潜在未来状况的预测信息，这样的一个健康时代正在变得有可能了。个性化基因组学对于预防医学以及个人的知识库、对自己的兴趣以及采取行动的依据都是重要的核心健康数据流。[145]

事实上，截止到2014年11月，一个叫Genecoind的区块链基因组学项目已经发起了一个探索性的网站来评估顾客潜在的兴趣，并将该服务定位成一个"备份你的DNA"的方法。[146]

区块链基因组2.0：全人类规模的工业化测序解决方案

在一个层次上，可能会有某种由区块链驱动的服务，基因数据可以被测序，并通过私钥能够在当地政府的管辖范围外让个人使用。然而，在另外一个更高的层次上，作为一个实际问题，要达到能够满足全球七十亿人口的高通量测序工作，需要有更大规模的模型，而区块链技术对实现这个项目可能是一个有帮助的机制。个人通过消费者基因组服务来订购他们的基因细节，在某种意义上说是一个最初的概念验证（而且是一个为个人结果和推荐方案而设的健康知识工具以及可行送达机制），而不是面对"全人类规模"进行测序的解决方案。区块链技术在作为一种持续保存记录和数据以及访问（以安全的、去中心化的、匿名文件结构方式在云端进行数据存储和访问）的通用模型时，可以是进入下一个阶段的工业化基因测序所需的技术。这用于基因测序时通常是作为一种尝试，并不会考虑到访问个人数据的权利问题。对所有人类进行测序仅仅是测序需求的一方面；还有为所有植物、动物、农作物、病毒、细菌、病菌株、微生物组、癌症基因组和蛋白质组等对象进行测序的用途，这里仅举几个使用案例。

对于基于区块链的跨国基因服务有一个关于规模化和效率的争论。作为一个"统一的人类社会"，要实现大规模的测序，测序的范围、规模以及相应的信息处理工作量表明这不仅仅是跨国性的，更重要的是与云数据的紧密结合（基因数据对目前的本地存储和操作方式而言显得太臃肿了），而区块链可以同时做到跨国性和云端存储。考虑到成本、技术、设备和规模要求，让跨国区域中心去进行基因测序和处理以及对测序文件的信息管理可能是构建这个产业的最佳方式。相比于每个国家发展自己在这方面的力量而言，这可能是一个更有效率的解决方案。区块链技术能够被用来实现高通量的工业级基因测序——实现上百万甚至数十亿的基因组测序任务，远远超过目前每天几百个的能力。在现实中，区块链技术可能只会满足一个方面的需求：在实现工业级基因测序的运作过程中还有其他更关键的问题（信息处理和数据存储被视为真正的瓶颈）。然而，区块链生态系统正在为其他作业领域发明很多新的方法，在一个互补的意义上，为工业级的基因测序的全面解决方案进行创新，这包括用去中心化的概念在不同的方式上重新解决问题。

区块链作为一个全球数量级进展模型

区块链技术可以作为在类似大数据这样的领域里面，实现下一个数量级的进展所需的机制和模型，并进入到当前被视为"真正的大数据"甚至更高的层次。基因测序可以是这些更高数量级进展模型的首批演示环境中的一个。

即使不考虑重新发明一个基于区块链的工业级全人类基因测序项目的长期可行性，仅仅是将区块链技术作为一种现有的测序活动中的特定技术也是有可能的。从概念上讲，这就像在类似DNAnexus这样的项目上增加数字货币或者区块链的功能，DNAnexus是一个基于云端的全人类基因存储服务。与大学合作者（Baylor医学院的人类基因测序中心）以及亚马逊的网络服务一起协作的DNAnexus解决方案也许是目前最大的基因数据存储库，截至2013年已经有了3,751份完整人类基因和10,711外显子组（Exome，440兆字节）。[147]迄今为止取得的进展是生成了约4,000组人类基因信息库，而还有70亿人类的数据未被录入，这突出表明了对这一类大数据项目中对大规模的模型的需求（人类完整基因测序）。DNAnexus数据库并不是一个可以让公众查询的公益事业；全世界范围内只有被特许的300个基因研究员才有权限去使用它。基因数据共享（Genomic Data Commons）[148]是美国政府资助的、正在组建的一个专注于基因研究以及个性化医疗的大型数据仓库和科学计算项目。在这个案例中，该资源据说可以提供给任何在美国的研究员。

这是迈向把数据组织成为标准统一信息库良好的一步，以及可以允许一部分特定人群拥有相关权限。更远的一步可以是，使用一个像Genomecoin这样的应用代币去在更大的范围内扩展为一个可以由世界上任何一个人全权访问的公益事业。此外，这种应用代币能够作为用于在资助基因数据共享社区的协作活动中的追踪、协调、信贷、奖励机制。就像前面提到的维基经济学例子，探索过程中最大的潜在可能性是，可以让数据库真正地开放给不同领域和背景的个人与团队，并在上面应用他们开发出来的任何类型的模型。

"比特币/区块链经济学"的一个好处就是，该技术能够自动嵌入到任何系统并让它具备经济特性。在基因组测序和存储方面，经济学功能可以以多种方式来被使用，例如让获得研究的成本更加精确（使用区块链经济学的追踪和记账功能），使用Genomecoin或GenomicResearchcoin（区块链经济作为微支付来奖励）奖励数据贡献者（无论是机构还是个人）。区块链的经济/记账追踪功能现在进一步地让它的其他那些可以被预见的功能成为可能（就像在Github行项目提交代码的署名或者数字资产知识产权保护的想法）。在鼓励个人参与大规模项目的过程中，记账追踪是一个很重要的功能。

区块链健康

在将来，有可能会有不同种类的区块链（账本）来记录和追踪不同类型的过程，交换和提供对不同种类的资产的访问权，包括数字健康资产。

区块链健康是指在健康相关的应用程序上使用区块链技术。[149]在区块链健康背后最主要的优点是，区块链提供了一种可以在区块链上存储健康数据的架构，而这些数据可以被分析但同时保持私密性，并且嵌入的经济层能够用于补偿数据的贡献和使用。[150]

Healthcoin

Healthcoin能够广泛地成为在健康相关支出时使用的一种数字货币或者代币，促使整个健康服务体系的价格透明和合理化。国家健康计划的服务可以使用Healthcoin来计价和支付。这将有助于改善医疗服务行业普遍存在的效率低下问题。价格透明和通用的价格表将有可能带来一种结果，举例来说，每次某种医疗服务实施时，支出是五个Healthcoin，而不是像目前的系统（在美国）那样，每个消费者可能需要支付不同的数目，这是连接到不同的保险公司和保险计划的多重支付系统带来的复合计算的结果。

区块链上的电子病历：个人健康记录存储

个人健康记录能够通过区块链来存储和管理，就像大型的电子医疗记录（Electronic Medical Record，EMR）系统。得益于非实名的优势（例如，编码到数字地址，而不是一个名字），区块链技术的天然属性就是它的隐私（只能通过私钥访问），个人健康记录可以被编码成为数字资产，并像数字货币那样放在区块链上。如果需要的话，个人可以通过他们的私钥让给医生、药店、保险公司和其他相关团体去访问他们的健康数据。此外，将电子医疗记录放在区块链上可以促进一个统一的格式，去帮助解决一个问题，这就是即使大型的健康服务提供者已经采用了一个电子医疗记录系统，但彼此之间都是有较大差异的、并不能共享或者协作的原因。区块链能够在一个全人口范围内为电子医疗记录系统提供一个统一的、可以交互的格式以及存储库。

区块链健康研究共享组织

创建标准化电子医疗记录信息库的好处之一就是它们本来就是信息库：存储健康信息的大规模标准化数据库，并拥有能够让研究人员们访问的标准格式。到目前为止，几乎所有健康数据都放在难以访问的私人数据仓库——例如，全球最大的纵向健康研究机构之一的弗雷明汉心脏研究（Framingham Heart Study）的数据就是如此。区块链技术可以提供一个标准化的安全机制，去将健康数据进行数字化并提供给健康数据组织，这就可以私下提供给研究员们。DNA.bits就是一个典型的例子，它是一个将病人DNA的记录编码到区块链的初创公司，研究员们通过私钥就可以访问这些数据。[151]

但是，不仅仅是私人健康数据研究组织可以通过区块链来建立，而且公共健康数据共享组织也可以如此。区块链技术能够提供一个极具成本效益的公共健康数据共享组织的模型。很多人都希望贡献个人健康数据——就像来自于23andme的个人基因数据，自我量化跟踪设备（FitBit），以及健康和健身应用数据（MapMyRun）——到数据研究共享组织，实现不同程度等级的开放/隐私级别，但是现在还没有这样的尝试。这些数据能够聚集在一个公共健康共享组织（就像维基百科健康）并能够向任何人开放，让民间科学家和机构研究者等类似的角色来进行数据分析。这里的假设是，整合健康大数据流（基因组、生活方式、病史等），并在上面进行机器学习和其他算法可能会产生的相关性和数据关系，能够对健康维护和预防医学有帮助。[152]一般来说，健康研究能够通过整合存储在区块链上的个人健康数据来更有效地进行（即在区块链外存储数据，并在区块链上保留数据存储位置的指针）。区块链的经济特性也可以促进研究。用户可能感觉更加愿意将他们的私人健康数据放置在像区块链这样的公共数据共享区，首先因为这更加私人化（数据都是加密匿名的），另外用户还能够获得类似于Healthcoin或者其他类型的数字代币奖励。

区块链健康公证

公证形式的存在证明服务在健康产业中是经常会被需要的。保险的证明、测试结果、处方、状况、条件、治疗方案和医师转介都是健康文件相关服务的一些例子，它们都是经常会被需要的。"公证功能"作为一个标准区块链应用功能将可以部署到区块链健康领域的方方面面。健康文档能够作为数字资产被编码进入区块链，它们能够通过加密技术在几秒钟内验证，而不像现在传统技术那样需要几个小时甚至几天才能完成。区块链的私钥功能也能够让像性病筛查这样的特定医疗服务和结果送达变得更加高效和安全。

医生、厂商RFP服务和保障合同

区块链健康可以为所有医疗服务创造更多的双向市场。医生和健康机构能够通过出价去获得给病人或消费者提供医疗服务的资格。就像Uber司机通过招标来参与客户的驾驶任务一样，医生能够竞价参与髋关节置换和其他被需要的健康服务——例如，在Healthcoin里面——至少给医疗部门带来价格的透明和效率的提高。这个招标能够自动通过交易网络来执行从而进入另一个层次的自治、高效和平等。

病毒库、种子库备份

作为一个标准化的存储库和数据研究共享机构，区块链健康的第三步是备份和归档。不仅仅是基于从业者需求角度的运作意义上，而且是作为一个历史性的人类数据记录。这是区块链作为公共利益的使用案例。区块链备份可以为现实世界中的病毒银行、基因银行和种子库等机构提供一层额外的安全措施。区块链就像数字世界中的斯瓦尔巴全球种子库（Svalbard Global Seed Vault），它是一家现实世界中的种子存储中心（一式两份存储了世界范围内的各种植物种子的安全银行）；或者像世界卫生组织（WTO）指定的、让疾病控制中心（CDC）进行像天花病毒这样的病原体存储工作的库房。这样的模式里面有一个明显的好处，就是当疾病暴发时，随着全球研究者可以用通过私钥给予的权限去访问相关病原体的基因测序文件，反应时间将会更短。

区块链学习：比特币大规模在线开放课程和智能合约文化学习

基于区块链的智能合约可以有无数的用途。其中一种可能是智能文化合约。同样的方式，比特币MOOC（Massive Open Online Courses，大规模在线开放课程）和智能文化合约包含将新兴市场的智能合约学习开放给世界范围内所有人的想法，就如传统的MOOC向全世界所有人开放了教育课程一样。正如比特币重塑了汇款市场，并且实现了金融的包容性，所以外国援助市场也可以被基于区块链和点对点的智能合约进行改写。这个概念类似于Kiva，Grameen微型贷款，或者Heifer International 2.0的想法，能够提供点对点的金融援助，但更重要的是让点对点援助的配置不是基于货币，而是基于个人发展。区块链学习就是去中心化学习合约。

提高新兴市场的文化水平（似乎这是消除贫困的关键指标）的一种方法是在资助者/捐助者和学习者之间，建立针对文化学习的去中心化智能合约。就像比特币是在国家之间交换货币的一种去中心化的方法（只收取很低的手续费，没有中介）那样，去中心化的合约系统能够帮助在学生或者学生团体之间以相似的点对点方式直接设立学习合约，这个概念有点像个性化的可汗学院（Khan Academy）的课程设置。学习者可以从来自世界范围内的终端捐赠者手上获得比特币，Learncoin，或者其他本地的数字货币并直接放置到他们的数字钱包——就像37Coin，Coinapolt或者Kipochi（就如比特币一样使用，或者兑换成当地的法定货币），并且用于资助他们在学校的教育开支或者由自己单独掌握。这个价值链的关键部分在于能够建立一个报告（例如，能够使用以太坊智能合约来自动执行）来证明学习者的进度。通过标准化的在线测试（包括确认学习者的数字身份，例如OneName、BitID和Bithandle所提供的基于比特币地址的短用户名服务），内嵌在智能学习合约的规则能够自动确认学习模块的完成。满足学习合约后，能够自动触发后续的资金拨付给下一个学习模块的过程。区块链学习合约能够在学习者和学习资助者之间完全以点对点的方式进行协调；并且真正直接使用自动运行的软件合同。再重复说一次，这是为个性化的学习合约而设的区块链文化合约，就像Kiva或者Heifer International（例如，直接的点对点）在区块链上的实现形式。

Learncoin

Learncoin可能成为智能合约为基础的文化系统所使用的货币，通过学校、学生团体或个人发行自己的数字货币：MthelieLearncoin，Huruma Girls高中代币，或者是PS 135代币（可以兑换成Learncoin，也可以兑换成比特币）。全世界任何地方的学校都可以使用Learncoin或者以当地学校名字命名的代币进行筹款。就正如医生提案申请使得医疗服务市场具有两面性，学生或学生团体能够在一个"学习交易所"张贴开放式学习合约（或者资金需求和预算），这个请求可以让在这个交易的另一端的学习资助者满足。

学习合约交易所

学习合约交易所可能会有更加广泛的意义——例如，当作为一种普遍性的学习模式。这可以适用于政府员工的再培训、毕业生以及公司内部员工。学习合约交易所可能是一个为像法律、信息技术和医学这样的领域去重塑或者提升持续专业教育（continuing professional education，CPE）项目的一种方式。在开发意义中的学习合约可以扩展到新兴市场里面的很多用例。有可能会有多种的"文化教育"合约，如小学生的基本阅读，不过也可以是教育中的每个领域，如职业学习（识字技术和农业技术）、业务知识、社会知识和领导素养。

区块链学术出版：Journalcoin

随着每一种有组织的人类活动已经转移到网络上，而现在通过区块链能够让这些活动有可能被彻底改造，变得更加高效、公平以及实现更多的属性，学术出版也可以被放到区块链上。为了实现更开放的环境，学术出版领域开始有相关的创新，如开放式访问的期刊，不过虽然它们将文章内容公开而不是向公众收费，但会迫使作者们去支持可能是天价的出版费（译者注：即将费用通过出版费而转移到作者身上），到目前为止，比特币社区惯用的通过将加密数字货币区块链和协议的软件放在GitHub程序库而将代码开源的做法，也已经扩展到在该领域的某种形式的"学术"出版。如白皮书被以"自述文件"的形式放在GitHub上。例如，区块链风险投资家大卫·约翰斯顿（David Johnston）有一个Dapp论文（《去中心化应用的通用理论》）和Factom的批量公证数字艺术的概念（"公证链"白皮书）。

区块链上的学术出版面临着一个有趣的挑战，这挑战不仅只是要有一个开放式访问、协作编辑、根据现存例子进行的持续性讨论论坛期刊，或者开放式访问、在GitHub上自助出版的区块链白皮书，更重要的是将区块链的概念在区块链期刊里面执行起来。对去中心化的、为学术出版设计的直接点对点模型的运作方式的思考，可以让学术出版所提供的功能更加明朗化，而且在仍需要这些功能的情况下如何在去中心化的模式下提供。根据"出版"的定义，任何将内容公开地放在网络上的行为就是出版；一个人现在可以在微博、维基、推特、亚马逊类似的地方自我出版。与去中心化点对点内容相关的区块链，无非就是一个将某个人感兴趣的内容与另一个人发布出来的材料连接起来的搜索引擎。这就是基于区块链意义上的去中心化的点对点模型。所以学者（和其他出版商）能够提供一些其他有价值功能，主要是对内容质量的保证。出版商提供内容策划、发现、可检索性、相关性、宣传、验证和状态描述，这些对于内容消费者来说都是有用的属性。通过区块链技术来改善中心化的模型的一种方法是，将经济作为一种让系统的激励和回报架构更加公平的机制应用到这个模型里面。

Journalcoin可以作为出版业的微观经济系统中的代币系统去发行，用于奖励参与科学出版中的投稿、审稿、编辑、评论员、论坛的参与者、顾问、工作人员、顾问和间接服务商。这将有助于提高审阅的质量和响应能力，因为审阅报告是公开发表的，而审阅者可以根据他们的贡献获得奖励。通过Journalcoin，审阅者可以获得荣誉性和报酬性的奖励，在作者、审阅者、科学界和公众之间将会有更大的透明度和更多交流。像ElsevierJournalcoin和SpringerJournalcoin，能够在比特币区块链之上作为增强的货币运行，如作为Counterparty（译者注：合约币，一种在比特币区块链上运行的数字货币）资产，完全可以在任何时候兑换成比特币或其他加密数字货币。

以代币形式存在的数字货币，如Researchcoin可以让个人一起表达兴趣并且购买阅读特定研究论文的权限，这些权限的获得过程通常都被网站的付费门槛所阻隔。Medicinal Genomics设想一个多重签名并基于比特币的投票系统，可以让公众表达他们对与流行病有关的科学论文的开源需求（具有讽刺意味的是，这些都是使用纳税人的钱资助的，但公众却不能访问）。[153]例如，在NPC1基因上带有一个突变的人被发现是能抵抗埃博拉病毒的感染。[154]这种信息很容易被授权给生物公民（biocitizens）来搜寻他们自己个人的基因数据来查看是否能够更不易感染埃博拉病毒或其他疾病，如艾滋病，也可能某些人的基因类型更加难以被感染。[155]尽管一些人赞成个人获得自己的数据的权利，但还是有人担心他们在没有合适的医疗顾问的情况下会将数据过度解读。不过，就像前面提到的阿尔茨海默氏症研究那样，表明好处还是比弊端多的。

与Journalcoin相关的ExperimentalResultscoin也可能会是另外一种设想，在科学期刊的环境下实施，来激励和奖励科学实验的重现（帮助解决80%的科学实验结果无法重现的问题）、阴性结果和原始数据发布（只有45%的人愿意公布出来），并且用来纠正科学出版中的其他偏差，如填充或者复制重复结果，以及粗心等。[156]

正如比特币是一个人类之间的支付机制，但它也可以赋予机器经济行为，让机器与机器之间（M2M）和物联网（IoT）支付，ExperimentalResultscoin同样可以作为一种被人和机器执行的激励、协调和追踪科学机制，越来越多的机器人实验室助手和算法程序都在促进和生成科学发现。一些例子包括从实验数据中总结出物理定律的Lipson计算算法，[157]Muggleton的微流体机器人科学家[158]以及Waltz和Buchanan的人工智能科学的合作伙伴。[159]

在3.0的意义上，将区块链技术应用到出版领域，就是让区块链完全满足出版商扮演的各种功能（就像"语义担保"，对定制性内容的担保机制）。一个DAO/DAC/AI/VM模型也许能够使用基于数据的指标（整体阅读量和来自同行、同事的阅读量、评论的数量、语义关键字匹配以及概念匹配）去决定目标内容的质量和兴趣。区块链微支付方面的特性可以将这变成收费服务。这个设想是语义点对点搜索，整合社交网络层（以识别同行）和增加区块链经济以及隐私功能。自动化的非同行、非人类的内容权重归属模型也是一种可能。

将区块链用于学术出版的另一种方法是用它来检测剽窃或者避免发生剽窃，或者在更理想的情况下还能用于自动引用（一个以太坊的智能合约/DAO，能够完成文献检索和自动引用所有相关工作，这将会节省大量的时间）。这可以通过区块链之外的索引论文保存库，并将该资产通过密钥链接到区块链上。区块链可能变成论文发表、底层的原始数据以及元数据文件的出版标准，这实质上就是建立一个通用编目系统和研究论文库。区块链经济可以通过给每一篇论文分配一个比特币地址（二维码）而不是让用户登录到出版商的网站的形式，使得用数字资产购买论文变得更简单。

区块链并不适合所有情况

尽管区块链技术有许多有趣的潜在用途，但行业发展中最重要的技巧之一就是看看哪些适合哪些不适合使用加密数字货币或区块链模型。不是所有的流程都需要一个经济或者支付系统，或者点对点交易所，或者去中心化，或者强大的公共记录备案。此外，运作的规模是一个相关因素，因为把每个微交易的记录放置在公开的区块链上也许是没有意义的；例如，博客打赏这样交易记录可以通过将每天的总体交易数据批量记录到侧链上的方式实现。侧链被广泛地认为是一个可以让多种区块链生态系统进行交易和传输资产的基础设施。[160]特别是当进行M2M（机机对话）和IoT（物联网）这样设备对设备的交流时，还有一些问题仍待解决——什么是最有效的整合市场原则的方式（如果有的话）去协调资源、激励某种目标导向行为以及追踪和支付报酬。甚至在我们考虑为M2M/IoT付款而设的潜在经济模型前，我们必须先解决让大量的设备进行通讯的协调协议。也许可以为这些机器社交网络去部署控制系统和调度软件，为诸如"开"、"关"、"开始"或"停止"这样的细微通讯增加一个新的通讯协议层，如"chirp"。[161]

在更远的将来，不同用途、不同类别的区块链可以被优化。也许可能是用于杂货店和咖啡店购物的日常购物区块链，和为其他的大宗商品（如房地产和汽车）而设的区块链。在非经济市场相关的区块链里，需要更多的不同功能，如政府服务、知识产权登记、公证服务、科普活动和健康记录保存。关键的问题在于对于不同功能范围所需要的经济原则，需要区分出区块链技术会对哪些有帮助。然而，不是每一种运作方式都需要包含价值的注册和交换这些功能的。

并不是所有描述过的概念都需要一个区块链；它们不需要连续的、公共的和分布式的数据存储。总体上讲，它们可以通过其他如云存储或去中心化计算模型等其他技术来实现的。然而，还是可以整合区块链技术去提供一些额外功能。另外，现在也不可能看到区块链技术在未来可能出现的潜在优势和用途。

区块链并不适合每一种情况的另一个原因是，我们并不希望"经济化"一切，我们并不想降低生活质量的各个方面而走向纯粹和赤裸裸的经济情境。在许多的情况下会伴随使用作为报酬的数字货币想法，在某些情况下将会让局势变得更加明朗，但某些方面却会招致反感。然而，被区块链技术所引发的经济的更广泛的概念化带来了一个新的思考，这就是传输、交换和接收这样的概念是可以定性控制的，即使区块链为基础的特性没有（而且不应该）无处不在时，这些概念都是可以继续存在的。

中心化和去中心化的紧张和平衡

在区块链行业中，有混合的力量同时朝着中心化和去中心化的方向进发。事实上，区块链被定义为一种由中心化和去中心化同时构成的宽广模型。除了互联网，目前还没有出现过大型标准化的去中心化的模型，能够很容易在不同的环境中进行概念化和用于组织活动。尽管去中心化是区块链技术的核心（去中心化的，无须信任的加密交易记录系统和公开账本），也有许多中心化的压力。发展区块链经济的标准管道层的中心化力量就是其中之一。比特币区块链占有百分之九十的加密数字货币市值，一些项目认为在这个已有的基础上去搭建3.0协议是最安全和最容易的，因为这不需要构建一个新的其他数字货币的区块链及其上面的挖矿运作。挖矿是另外一个有许多中心化压力的领域。激烈的竞争趋势从个人开始的简单挖矿设备发展到矿池，再到一些订制的ASIC设备，这使少数的大型矿池产出了大多数新的比特币区块，并且开始触及51%的哈希算力临界点，这将会导致一个被挖矿团体所操纵的状态。通过中心化而着重于经济效率的力量和通过去中心化实现的无须信任的交易所，这两个在将来如何实现平衡，有待于观察。

第五章 导读 货币的再认知

陶荣祺

本章标题为高级概念，内容方面发散性很强，许多前沿的学术理念作者也是信手拈来。初次阅读的读者，很容易受困于花样繁多、艰涩难懂的专业名词，如入迷宫难觅出口。

实际上前沿难懂也罢，作者翻来覆去都在讲一个概念：基于价值共识的量化促进机制。只要读懂了这个也就能拨开迷雾探得洞天。

量化促进机制，是将货币从狭义的金钱概念拓展至广义范围的结果。金钱不是财货，金钱是能够换取财货的符号。货币是金钱，货币也不仅仅是金钱。货币是"被许多人使用或接受的性质或状态"（译者注：见韦氏词典对currency的次级定义，http://www.merriam-webster.com/dictionary/currency），是人们用来传递价值的机制。除了金钱以外，货币也可以是声誉、健康、关注、思想等价值共识。使用货币进行价值传递的结果是价值被量化和发挥促进作用。当持有者认可比特币的价值，并通过共识将此价值广泛传播之时，当市场认可比特币等数字货币的价格，并与其他货币发生交易互动之时——我们发现，比特币这样的数字货币，作为人们的价值载体，通过市场确立了价格。通过区块链和数字货币，我们得以重新认识货币——那本来的含义。

价值共识——货币、代币、代币化

何为代币？公园兑换的游乐券是代币；网游的充值金币是代币；天猫的用户积分是代币；QQ曾风靡一时的小太阳等级也是代币。在教育领域，代币法一词是专有名词，意指"运用代币并编制一套相应的激励系统来对符合要求的目标行为表现进行肯定和奖励"（译者注：见百度百科等一般的"代币法"中文解释。有趣的是，代币法英语为Token economy，由此可窥见人的行为、经济与代币三者之间的关联）。我们从四岁就开始接受代币——世界上最成功最普及每个人都欣然受之由幼儿园老师发行的名字叫做小红花的代币。代币充满了我们的生活，现代生活是代币化的。

从小红花的例子里我们可以清楚地看到，代币体系能够有效形成的基础便是参与者的价值共识。看一个本章的数字货币形式代币案例：LTBcoin是由"让我们聊聊比特币"（Let's Talk Bitcoin）这一网站媒体发行的加密数字代币。LTBcoin被用作该网站的赞助、捐献和打赏，并同时用于激励听众帮助其他用户、增强用户对社区参与的认可、鼓励用户进行内容创作等等。从结果看，网站通过LTBcoin把用户凝聚在一起。从过程看，LTBcoin将一些原本潜在的、没有被量化的、需要促进的行为（如帮助其他用户等）进行量化计价，并通过用户持有或消费LTBcoin对用户进行激励。这不仅仅是拿钱干活那么简单，因为世界各地的不同用户是基于兴趣爱好、内容获取和社区集聚来到同一网站（社区）。数字货币形成的基础是一种用户之间的价值共识。

当我们通过相同视角观察比特币的发展，很容易发现数字货币的基础也是人们的价值共识。更进一步观之货币的结果也是相同。某种意义上讲，这种基于主观价值认同之上的量化促进机制才是数字货币成功最大的秘诀。而正是区块链，为我们打开视野拆除牢笼奔向海天。正如作者引用法国哲学家德勒兹所言："我们开始看到一个关于潜在可能性的世界，或是直接将世界视作潜在的可能。"由此我们发现货币是一种工具，货币化的结果是能够把人们的价值共识和认可进行量化并使之促进。

人们经常会感慨市场压平了人情和文化，感慨资本像饕餮般吞噬一切，感慨人心不古。在数字货币身上，除了看到资本和金钱以外，我们也看到了人们对于各种不同兴趣、文化、理念的价值认同，并基于此通过数字货币进行量化促进的正反馈机制。在物以类聚人以群分越来越细分化兴趣小组的互联网时代，数字货币正应和了潮流。

花样繁多的数字货币与哈耶克的私人货币理念

仅本章作者便提及三十二个币种。有些是一般性的概念，如国家币、校园币；有些是实际存在的数字货币，如极光币、合约币；还有的则是作者的假想，如去吃午饭币、基保币。

当哈耶克的私人货币理念于《货币的非国家化》里横空出世之时，还没有互联网的概念，其将货币的充分竞争寄希望于私人发行。私人化的货币发行和市场竞争假想，与数字货币井喷的现状有相同也有不同，以下尝试论述之。

先看不同之处。最大的不同在于供给。由于数字货币在一开始更多的是以去中心化的社区形式发行（译者注：2015年后越来越多的企业、金融机构甚至国家政府开始发行基于区块链技术的数字货币或是金融产品），导致其发行主体并不明确甚至不存在发行主体。比特币被称为"无主货币"就是最典型的例子。由此，数字货币的供给数量往往事先决定好，而不是根据市场决定。数字货币通常无法控制它自己发行的通货数量，并决定其在市场上的价值。而数字货币价格的波动性也广为诟病。（译者注：虽然已有一些如比特股、Nubits等稳定币的解决方案出现，但这些方案同时也引入了系统性风险，也尚未经过规模化使用）

尽管如此，若是从演化论角度出发，会发现哈耶克的私人货币理论是这样的思想：降低门槛允许私人货币存在，以期通过大量自由状态货币间的不断竞争演化，涌现出优质乃至最优的货币。

由此观点比对数字货币的现状便会豁然开朗——区块链技术加上互联网的存在将私人货币理论最难的去垄断化前提实现了（甚至可说是过度实现了）。现在不仅仅是企业，甚至任意一个人都可以发行货币。货币可以发行自个人、社区、机构、企业、国家中的任意一个单位。这样的货币是广义的货币——我们现在看到繁花似锦的数字货币大发展，也可以看作是一部真正从零开始的货币群体实验。在这个实验的环境里门槛几乎不存在。货币们可以从它们最原始也是最根本的形态——被许多人使用或接受的性质或状态——开始发展。它们以极快的速度重复着出现、淘汰、进化的过程。由于没有垄断和限制，短短数年间我们发现无数种数字货币在全球性的竞争市场里不断竞争、演化，区块链技术的各种新鲜应用也在不断涌现。区块链当然不仅仅被用在货币领域，可其却拉开了哈耶克私人货币演化史的大幕。正如作者所言，"长尾幂律的个性化和个人选择似乎在无限爆炸发展"，"现在只不过是这些具有个性化多重性的各种不同系统降临到了货币和金融领域而已"。

持有成本货币概念及其衍生

　　作者花费了近半篇幅讨论持有成本货币这一概念。持有成本货币是货币的一种特殊形式，近来火热的各类电子折扣券、打车红包等便是很好的例子——刺激和定向使用、过期作废、发行者可重新分配。由于在确定时间后会失去价值，该货币会激励持有者进行消费使用。

　　持有成本货币的概念让我们对货币进一步重新思考：持有该种货币并不会使我们拥有财货。折扣券、电子红包和优惠码，只有在满足或者激发了持有者的使用或者消费欲望时才存在价值。对于有些人来说某项持有成本货币是有价值的，对于另一些人来说则没有。更多的情况下，持有成本货币"或许"存在价值。

　　也就是说，一方面持有成本货币的价值，于持有者的使用行为以外无法独立存在；另一方面，其价值会随着持有者心血来潮的消费或行为突然从无到有、从零到一地出现。如果把这种出现看作是一种可能性，那么发行者会动态地调整该货币的分配情况——向着具有更高可能存在价值转化的人群分配。

接下来让我们向前迈出一步，用以上想法思考整个社会的货币体系，得出以下推论：

1、人们的社会行为可以从无到有产生价值。
2、货币是价值产生的载体，货币本身的价值依赖于其他事物。
3、货币的价值产生是一种可能性，而非决定性；社会整体价值则相对稳定。
4、通过合适的方法，在合适的情况下给予合适的对象以合适的货币可以产生更大总量的社会价值。
5、于是整个社会系统的货币像水一样不断找到并流向更可能转化价值的群体。

在实现这一结果的过程中，整个系统的货币持续不断地进行动态再分配，以适应人们的不断变化。货币的流动也影响着人们价值转化的可能性，甚至是影响价值本身。这一过程没有止境，货币像拥有自我意志一般行动。主观的价值与量化的货币纠缠在一起，相互影响不断演化。

Tony Tao（陶荣祺），多年银行、银联、第三方支付及比特币行业从业背景，比特币基金会成员，巴比特专栏作家。以数字货币及区块链理论实践为支点，结合从业经验探索货币经济学、交易成本经济学及社会运作的整体经济学解释。

第五章 高级概念

术语和概念

区块链经济触发了许多新主意被发明，以及现有概念和术语以创新的方式被重新解释。它促进了对那些被视为理所当然并且历经多年未被质疑的术语的定义进行研究，例如金钱、货币、财产、政府、主权和知识产权。对于基础定义的质疑以及对于术语的重新解释，使这些概念被更公开和通俗易懂地应用于当前情况。区块链的相关概念更积极主动地印刻在人们的脑海中，已准备好在抽象广义程度上被应用起来。例如，设想一个图书馆。在更抽象化的概念层次上，一个图书馆是一个价值交换的系统；那里提供着产品和服务（比如书本和研究），而接收者则是与价值主张产生了共鸣的人们。像区块链技术这样的新模式，它迫使我们在一个特定实例背后的概念的更抽象层面上考虑现实世界。这引导了我们去想象可以用那些概念实现的其他特定情形。例如，一条区块链是一个去中心化的技术，比特币是作为数字货币的去中心化实例。但去中心化可以在许多方面产生实例，例如智能资产、代议制民主治理服务和社区性的信贷机构。简而言之，就像法国哲学家德勒兹说的那样[162]，我们开始看到一个关于潜在可能性的世界，或是直接将世界就视作潜在的可能。更进一步，为了实现这个可能性，我们需要拥有工具。在抽象概念化这一过程中，区块链相关概念对我们来说变得唾手可得或可被利用，正如海德格尔会说的那样[163]。

在这个令人激动的环境中，我们能够更简单地创造新概念，例如：从数字货币角度对货币一词进行更完整的概念化，并将之应用于新的情境，由此创造出"去吃午饭币"（GoToLunchcoin）或是"任何币"（Whatevercoin）。一个币或是应用性代币，变为一个促进某些应用的指代器。我作为一个社区成员，已经通过提供诸如挖矿（交易总账管理）等服务或通过众筹获得了一些币或是代币，我可以对它们进行销毁、花费或是在网络上使用以购买或消费有价值的东西。从这个意义上讲，赚到的"去吃午饭币"把时间从上午完成的工作里解放了出来，现在这些时间可以被用于恢复精力和能量。资源消耗和补充的循环经济原理在此被借用了。在这个更基本的概念创造模式里，当我们听说其他想法的创新时，我们可以更快速和直观地理解它们。例如，假如我们在法律语境中听说"先例币（Precedentcoin）"时，可以快速地直觉反应明白它可能是用于处理确立先例功能的应用币或报酬币，同时可能有某种新的去中心化点对点的方式来实现前述操作。

新的概念化可以在抽象和具体两个层面间来回转换思维。一个抽象和具体思维的对比案例是经济这一概念。在直接的且已经被具体指定化的层面，经济是人们对于物品的买入和卖出。但是在一个更高层更抽象的概念层面上，经济是有价值物品的生产和消费。区块链技术在直接且具体的层面上，是一个为了记录加密数字货币交易的去中心化公共账簿。区块链技术在更高层更抽象的概念层面上则是事物的一个新兴类别，好比像互联网、社会公共记录库、高分辨率人类活动确认追踪系统、革命性的人类协作组织范式、反审查机制、改善自由平等的工具等；它同时也是一个新的组织模型，用来发现、传输和协调任何事物的量子或离散单元。仅仅对于某些特定事物来说，区块链技术处于前述这个更高层面。在这个更抽象层面理解区块链技术——"它是什么"这个问题在概念上具有这么多含义——能帮助展示出区块链重大的潜在影响力。

货币、代币和代币化

货币仅仅是加密数字经济让我们重新思考的一个方面而已。词典里对于货币的传统定义是"在特定国家里通用的金钱系统"。该定义被比特币的跨国特性给幽默但无情地淘汰了——更不用说"金钱系统"意味着中心化自上而下的对于货币供给的发行与主权控制。一个次级定义可能更有用些："被许多人使用或接受的性质或状态"。此主张对于加密数字货币而言更加适用。因为我们注意到尽管比特币和金本位一样没有什么东西对其背书，同样也没什么东西为法币背书。对货币进行"背书"的是高度被采用率、被许多人所接受以及民众产生了货币概念的幻觉。如果更多人接受加密数字货币的概念并开始使用并信任它们，加密数字货币也能够变得像法币一样具有流动性。

正如"比特币"一词可以以三重方式被使用（同时代表基础区块链总账、比特币交易协议和加密数字货币比特币）一样，使用"货币"一词也类似地意指多种不同事物。在加密数字经济语境中，使用"货币"一词的一种相关方式是在抽象角度指"一个可以在某个经济体系内赚取或者使用的价值单位，它可能会作为兑换物，通过交易进入其他经济体系。"币"这个术语可以简单地被命名为代币——即数字代币或不同活动的许可或追踪机制。可以有"应用币"（Appcoin）、"社区币"（Communitycoin）、"应用代币（Apptoken）"或其他用语，均指在一个社区内发生的各种不同的经济运行行为。

举例来说，合约币（Counterparty的货币XCP）给予你能够使用特殊功能，如可以使用合约币协议或经济体系发行新资产（就好像一种新的应用币），该新资产可以在任何时候被转换成合约币（XCP）或比特币，因此也可以转换成美元、欧元、人民币或是任何其他法币。类似的，LTBcoin是一个基于合约币平台的数字货币，由"让我们聊聊比特币"（Let's Talk Bitcoin）媒体网络发行以用于支持其"本地"经济。LTBcoin被用来交易赞助收入、捐献和打赏，并同时用于支付助人为乐听众的奖励、社区参与的认可、内容创作、评价和其他类型的贡献。LTBcoin用在它自己的本地经济中，也一直可以立刻转换成比特币[164]。其他货币可以在它们自己的本地经济里拥有类似的用处——"本地"是在共同兴趣性社区这一意义上的，而不必是地理意义上的。实际上，加密数字货币的一个优势体现在它们的潜在用途上——作为工具来管理全球分散各处的兴趣团体。另外，诸如BoulderFarmersMarketcoin这样的社区币能在经济交易层面之外，在其本地环境中提供额外功能，帮助建立社区凝聚力，也能使实现共同目标的努力被更好地协调起来。社区的数字货币可以是一种机制，作为一种能够组织和协调实现某些目标的团体行为的更具体手段，以此增进兴趣团体的行动决心。

社区币：哈耶克的私人货币理念夺人眼球

竞争币和社区币（即在一个特定社区环境内实现经济功能的代币或货币，例如上文描述过的LTBcoin）的爆发表明了奥地利学派经济学家弗里德里希·哈耶克所设想的世界在某些方面可能会实现。在《货币的非国家化》一书中，哈耶克主张竞争性的私人货币市场，而不是专制的政府垄断[165]。在他的论文《储蓄的悖论》里[166]，通过对通胀性货币进行反驳，他阐述了对于区块链行业的其他一些奠基性的思考，指出了供给方在去中心化的市场中具有更佳的反应能力[167]。对于去中心化的货币，哈耶克提出了一个模型，即金融机构各自发行自己的货币，通过诚实的生产活动来竞争维持自己货币的价值[168]。在此模型中，可以同时有多种共存的货币。该模型可以更广泛地被放置于区块链经济之中，有可能不仅是每一金融机构，而且是每个人、组织和社会都将发行它们自己的货币或代币（此货币或代币在本地使用完全合法，且一直能够作为兑换物而兑换成比特币等其他货币）。这个想法将会让无数货币蓬勃发展，每个人都可以拥有他们自己的一个或是多个的货币，就像每个人都拥有他们自己的博客、推特和Instagram账户一样。这样的一个例子是Tatianacoin。Tatianacoin是由歌手兼作曲家Tatiana Moroz发行的、基于合约币协议的一个音乐艺术家币。正如每个人在信息革命中变为作家，在基因组革命中变为他们自己的健康倡导者一样，现在在区块链革命中，每个人可以成为他们自己的银行家。一些货币种类能够而且应该互相竞争，而其他种类的货币可以合作性共存，作为各种离散和独立场景的互补。

校园币（Campuscoin）

一些有着自己的经济体因而发行货币的很有意义的社区，这其中明显例子是企业和大学校园。应该有一个开源且模板化的解决方案，使得任何一所大学（管理员和学生组织也类似）能够简单地发行校园币（例如ASUcoin）。相同模板的竞争币发行（比如DeltaChiCoin或是NeuroscienceConferenceCoin）可以延伸至这些社区内的群体，以此支持任何专门的团体活动。校园币的发行模板可以有专门的预先打包的模块。首先，可以有一个用来买卖本地社区资产的模块，一个类似OpenBazaar或是Craigslist的资产交易模块。其次，可以有一个共享经济模块、一个去中心化模型。这会是类似Airbnb的宿舍房屋短租、类似Getaround的包括汽车和自行车的交通运输，以及类似LaZooz的点对点出行共享。第三，可以有一个咨询或"顾问服务"模块，为相关班级、部门、专业和职业生涯提供所有方面的建议、指导、教练和教学。最近毕业的学生可以为高年级生提供求职咨询，提供建议和模拟面试等特定服务，以此赚取校园币；大学新生可以向高中学生提供咨询；而过去某个班级的学生可以为现在该班级的学生提供咨询。校园币可以为这些行为提供一种报酬机制，而过去这些行为仅由志愿者提供，因而很稀缺——其实这些行为原本可以很多。通过提供报酬和认可，校园币可以为那些拥有类似经历的人提供一个更加动态且联系紧密得多的网络。除了报酬经济以外，校园币还可被用于让社区之间联系起来。第四个模块可以是"点对点学习网络"，用来分享笔记、书本（解决在学期结束前某本书一直被借走的问题）、寻找团队成员、构建学习小组、考前学习和提供其他类型的帮助。第五，可以有一个"真实工作"（RealJobs）模块，用来把当地的学生和雇主联系在一起，以便开展专题实习、行业揭示和就业准备训练，所有这些都是在一个有着奖励安排的环境下开展的。

目前已经有数个正在努力进行的项目，支持学生在大学校园里学习和使用加密数字货币。由学生创建的校园加密数字货币网络（Campus Cryptocurrency Network）截止到2014年9月时拥有共计一百五十个俱乐部，它也是有兴趣建立校园加密数字货币俱乐部的学生们的首要资源。在未来，这个网络可能就是校园币模板化应用的标准库。类似的是，学生们创建和运营着伯克利比特币协会（the Bitcoin Association of Berkeley），并在2014年11月组织了他们的首个编程马拉松。在麻省理工学院，因为有着麻省理工学院比特币项目（the MIT Bitcoin Project），它已经做出了重大承诺来鼓励学生间使用和了解加密数字货币。该项目将提供给大学生价值五十万美元的比特币。在2014年10月，学生们被邀请去领取每人价值一百美元的比特币[169]。斯坦福大学已经努力开发了密码学课程，该课程在网上免费提供。

币的分发——使公众接受的策略

麻省理工学院比特币项目的实际效果是货币投放，即向整个人群同时分发比特币，以刺激主流人群去学习、信任和采用比特币。BitDrop是一个类似但更大规模的货币投放，其作为数学节日π日的一部分，计划在2015年3月14日于加勒比岛国多米尼加进行。比特币将由Coinapult通过短信发送给所有七万个住民[170]，其目标是创造世界上最大密度的比特币社区。该计划由一个头脑风暴练习开始，为的是促进比特币被采用并把比特币交到尽可能多的人手中。多米尼加被视为最优选择地，因为该国相对来说人口较少、移动电话普及率较高、是区域性的教育中心，同时它又是一个活跃的岛屿范围内货币间交易和汇付经济体的中心。比特币ATM机和商户POS系统将作为项目的一部分被安装好，用来帮助培养比特币投放后的持续使用。

币的投放或空投已经在其他场合下被使用。例如，"国家币"（Nationcoin）已经被用来支撑国家认同感。在"极光币"（Auroracoin）项目里，冰岛（译者注：并非政府，而是冰岛匿名人士）以居民为对象分发免费的加密数字货币。类似的努力也包括苏格兰币（Scotcoin）、西班牙币（Spaincoin）和希腊币（Greececoin），虽然这些以国家命名的加密数字货币（译者注：迄今为止的国家币全部非政府发行，而是由爱好者以国家命名的加密数字货币）似乎没有高度持续的活动[171]。厄瓜多尔禁止了比特币的一个原因是该国计划发起自己的国家性加密数字货币[172]。这些国家币可以帮助维系民族传承的感情——尤其鉴于许多欧元区国家因加入欧元而已遭受来自欧洲央行施加管制痛苦的情况之下更是如此。国家币这样的好处也可以用于"部落币"（Tribecoin）——这一为本部族人维持传承而发行货币的想法。位于南达科他州的松岭印第安人保留地，是首个发起了其自身加密数字货币的美国印第安部落，该货币名为Mazacoin，它使用了部族主权来制定自己的加密数字货币规则[173]。

货币：新的含义

作为关键的一点，货币一词在加密数字经济语境里可能开始意味着不同的事物了，尤其是比在基本的金钱意义上作为货物和服务的支付手段要有着更多得多的含义。货币一词在加密数字经济语境里的第二重要意义，是作为"在某些场合下能够被有效地使用的有价之物"，或者如前文所述，是"一个可以在某个经济体系内赚取且使用的价值单位"。对于代币、货币和应用币来说，它们普遍共有的一个想法就是让人能够获得使用一个经济系统的某些特点。举例来说，拥有比特币能够让人们在区块链上执行交易。某些情况下使用者靠持有比特币就被赋予了特权，因为持有就证明了所有权；而在一些其他情况下得要实际花费比特币后，使用者才能被赋予特权。以这些方式更广范围地思考货币，将会开始把货币的可用性拓宽至许多其他情境之中。货币是一个可以被赚取并且可被使用的价值的标志。货币储藏价值，同时也是可传递的。这一抽象化的定义支持了这样的主张：在相同架构下可以设计出很多种非金钱性的货币。举例来说，声誉是一个价值单位，可以在某些情况下赚取或使用；它是身份地位或是一个人能完成的某种任务的一个替代物，在此意义上它就是一种非金钱性货币。同样，健康是有价值的商品，其可以在特定的情况下赚取或是使用。货币是一种可赚取且可使用的商品，这一更宽广的货币概念可延伸拓展至声誉和健康以外的其他许多非金钱性货币上，例如意图、关注、时间、想法和创造力。

货币多样性：金钱性与非金钱性货币

竞争币的多样化，在现代世界里仅是货币多样化的一种体现。更广角度来说，我们生活在一个货币种类愈来愈多的社会里，存在着各种各样金钱性和非金钱性的货币。首先，从金钱性货币的意义上看货币多样性，存在着许多不同的法币（美元、人民币、欧元、英镑等等）。其次，存在着许多其他非法币、非基于区块链的货币，例如会员积分和航程积分；据估算，有四千种这样的变种货币[174]。现在基于区块链的加密数字货币也具有多样性，例如有比特币、莱特币和狗狗币等。在金钱性货币以外，非金钱性货币也拥有多样性（正如前文讨论的那样），例如有声誉、意图和关注等。[175]

市场原则已被用来开发对非金钱性货币进行度量的标准，包括影响力、范围、认知度、真实性、接触、行动、影响、传播、连通性、流通速度、参与度、共享价值和存在性等[176]。现在，区块链技术可以使这些非金钱性的社会货币更容易被追踪、被传输、被交易以及被变成金钱。社会网络可以成为社会经济网络。举例来说，声誉作为最被认可的非金钱性货币之一，一直是一项重要的无形资产，但它并不容易被变现——除了作为一项人力资本属性而可间接变现以外。然而，利用基于网络的加密数字货币打赏罐（如Reddcoin）和其他微支付机制（这过去在传统法币身上不可行或不具跨国间的规模等比放大性），社会网络货币现在能够成为可交易的货币。由于协同工作的项目（例如开源软件开发）可以通过GitHub提交和跟踪项目贡献，因变得更受承认且更具报酬，加密数字货币打赏罐可以为贡献导向的在线活动提供一个可度量的记录和财务激励。这种方式的一个可能潜在效果是：如果市场原则成为无形资源分配和交换的标准，那么所有的市场代理可能开始会对交易和互惠有一个更加直觉且普遍性的意识和示范。因此，原本看上去仅仅是对经济原则的简单应用，却可能导致产生了一个更为协同合作的社会等等诸如此类的社会积极效应。

持有成本货币：潜在的刺激性和可再分配性

货币在区块链技术里是一个核心的概念，其正在被扩展、延伸和再认识：货币是一种电子代币，一种量化传递的促进机制。在货币这一概念里，存在着持有成本货币这一含义。持有成本意味着维持成本，即维持一项资产的成本。这个词（译注：在航运业中该术语的中文叫作"滞留费"）起源于运费和航运业，指船东把船舶停在港口装卸货物时滞留期限超出了被允许或约定的时限，因此产生的相关额外费用或成本。在加密数字货币意义上，持有成本可以意味着随时间推移而产生的通货紧缩（失去价值），由此变得具有刺激性（激励性），因为它刺激了持有者在更短时间内采取某种行动（例如花掉它），以便在它失去价值前就能实现价值，货币本身因此会鼓励经济行为发生。于是，持有成本就是关于某种属性的简洁概念，表达了一个内嵌的能自动激发或刺激去做某事的特性这一含义。更进一步来说，持有成本货币（或现实中所有以数字网络为基础的资产分配、跟踪、交互和交易结构）另一方面的含义是指在某些预定时间或在某些特定事件情况下，于所有网络节点之间定期自动地再分配货币（资源），持有成本这些特点可以成为一个强大的、标准的货币管理工具。

弗雷币（Freicoin）和健康币（Healthcoin）是以采取花费行为作为内置机制的持有成本货币的两个使用案例。持有成本货币也许是"保证基本收入计划"（Guaranteed Basic Income initiatives, GBIs）的完美实施方案，在前述计划的系统中，国家的所有市民和居民将会定期领取津贴——一笔足以应付基本生活开支的款项。基保币（GBIcoin）或是弗雷币可以是一个用以保证基本生活费用的简单货币，定期（例如每周、每月或是每年）用完或是重置，以便保持系统精简高效，而没有人为囤积导致冗余的问题。该货币将更类似折扣券，会在确定的时间后过期。由于会失去价值，故该货币对于人们的激励在于消费掉或干脆不用它。

一个弗雷币这样的基保币可能不仅仅是货币，而会是一个专门用途的货币，就好像健康币一样。它也会存在于哈耶克的互补或多重货币社会的情形之中。这是一个拥有多重货币的想法（不仅仅是多重的资产类别），不同货币用于不同目标。弗雷币的现金币（Cashcoin）可能像一个短期可消费的用于基础生活支出的借记卡。消费可以在一种币里进行，而储蓄可以在另一种币里进行。不同类别的币可以为了存款、投资和不动产交易等等，拥有能够调节适用于特定场合的特性。基保币或弗雷币的概念，在本质上是一种能以美国币（UScoin）或美利坚币（Americoin）等诸如此类国家基本货币（国家币Nationcoin）进行计价的消费币（Spendcoin）、现金币（Cashcoin）或借记币（Debitcoin），用以维持基本的日常生活开销，但或许其在州层面以州币（Statecoin）（例如纽约币（NYcoin））计价则能更有效地进行管理。

更广角度来讲，互补性货币体系和多重货币体系只是一个现象的具体应用，这一现象早已被用来重塑现代生活的许多其他领域。多重货币系统是对货币、金融和金钱的细致深入化。长尾幂律的个性化和个人选择似乎在无限爆炸发展，已经进入了咖啡（星巴克）、书本和电影（亚马逊、奈飞)、信息(博客、推特)、学习(Youtube、MOOCs)和关系(多配偶制)领域。现在只不过是这些具有个性化多重性的各种不同系统降临到了货币和金融领域而已。

健康币可以类似地视作为一种持有成本货币。健康服务的消费可以用健康币来计价。在美国,许多健康计划,例如健康储蓄账户(Health Savings Accounts, HSAs)和自助餐厅计划(Cafeteria Plans),由于有每年过期的设置,已经可算是持有成本货币。系统会重置,所以不会带来奇怪的泡沫和人为因素,所有的国家性健康服务都可以以健康币来计价并支付。

持有成本货币除了潜在价值损失和因此产生的"消费激励"这一个方面以外,其另外一个特征便是在全部网络节点上可能会定期重新分配,这也可能是任意加密数字货币的特征。这也激励了货币持有者消费该货币。更极端来说,作为将货币运作与政策目标相关联的一个标志,该特征可以为社会提供一个在民众中定期重新分配收入的手段。

被管理的持有成本货币系统的一个明显局限,在于由于野心勃勃的人类正是组成系统的成员,因此如果激励不协调一致的话,他们可能会发现各种规避系统的聪明伎俩和漏洞。例如,如果囤积具有收益或被认为具有收益的话,他们就会去规避绕开持有成本货币的"反囤积"属性。然而,目标在于对激励进行适当地协调一致,并真正地进入一个即便规避激励也无关紧要的世界,因为货币的分配系统将能够把基本开销的金钱用来满足社会中宏大庞杂的个性化需求。由于基保币、弗雷币或现金币被确定在随后时间段内将再次发行(对此我们可以并不矛盾地假设该系统是稳定的而且系统中存在信任),这种预先确定性能够创造出一个富足的心态,其与货币的持有成本或丧失价值方面结合在一起便会消除囤积和防稀缺措施的需求。这将是对于金钱的一种抽象概念化,也是在人类历史上前所未有的、能满足基本生存需要的手段——一个人们甚至都不需要对之动脑思考地满足了基本需求的可信赖来源。满足了基本生存需求的巨大潜在好处可能在于：它带来的可能不只是一个富足的时代，而且释放出了人类的认知盈余量，可以将之用于从事其他更高位的兴趣、挑战和关注问题，从而构建出一个人类社会、合作与生产力的新纪元[177]。

持有成本概念与特性的可扩展性

持有成本货币的行为激发与动态再分配的特性，不仅仅对于在一个多重货币社会里开发专用货币很有用，而且正如许多区块链概念一样，潜在可能扩展至更广阔的领域，超越了货币、经济和金融系统这些场合。这里预先假定了许多事物都在某种程度上属于一种货币、一个经济体或是一个网络，同时我们也生活在一个货币愈发多样性的社会里，这个货币在字面上指金钱货币系统，而同时也就货币和作为货币的声誉、意图、关注以及思想这些含义而言。

在这个框架中，我们可以看到，Fitbit（译者注：一种智能腕带）和智能手表都是针对健康的持有成本货币。持有成本货币是一种行为激发性的货币、一种激励性的货币，因为它会让你去做某件事。Fitbit是一种针对健康的持有成本（行为激励）货币，它鼓励你采取行动。持有成本（激励性）的机制可能是：在傍晚你在Fitbit或是智能手表上看到一条通知，告诉你今天已经走了19,963步路，因此鼓励你走到20,000步。Fitbit和智能手表呈现信息的方式就是一种鼓励你采取行动的持有成本机制。由此，健康作为一种持有成本货币，可以用作为一项设计宗旨，用于开发出那些能够促进某些有利行为的技术。

持有成本概念的动态再分配这一特性，还可以被应用到许多其他场合，如当资源是泛网络分布的情况下。网络是现代世界的一个愈来愈普世的特征。持有成本的动态再分配特征的一个明显使用案例，就是通过自动网络或贸易网络进行资源分配的情形。在这里，对于那些可消费资源，例如天然气和电力、交通流量（即Uber/LaZooz、自动驾驶或是设想中更遥远未来的自动运输系统）、净水、食物、医疗保健服务、救济援助、危机应对补给、甚至是情感支持或者心理辅导（对于被许可操作消费者脑电设备的那些人而言），分配它们则需要寻求更有效、更巨大、更具规模拓展性、更加可追踪的系统。这想法就是在其他网络系统内利用持有成本概念，动态且自动地重新分配资源以实现最优化。此概念结合了网络和持有成本货币，使得网络节点间动态自动再分配这样的新功能得以实现，也使得资源在被需要时就能得以前瞻性且即时性地集聚起来。有这样一些案例：当更多航班即将抵达时，能预测出并提供具有更多载客能力的"优步"（Ubers）和出租车前来机场；在更热的日子里准备好可供使用的电力以及在更冷的日子准备好燃料。这就是智能网络里自动再分配资源的概念，其可能使用持有成本来作为设计元素。

存在其他一些于智能网络内使用持有成本概念的案例。健康本身便是一种网络和持有成本货币；一种可赚取且可消费的商品；一种连接的、持续性自动再分配的驱动器，在突触、细胞、有机体/人类和社会之间，在多个组织层面上不规则地运行着（译者注：该句为典型的复杂理论）。我们可以开始把身体和大脑视作为一种Dapp、DAO或是DAC（译者注：这三者均是"去中心化的自治组织"这一概念之不同用词的简称），在这里许多系统已经在无意识层面上自动运行了，并且更多系统（如认知增强、预防性药物和病理治疗）可以通过Dapp的人工智能系统进行明确管理。此概念把持有成本的资源分配系统与一个Dapp相结合，实现了在一个系统内任何资源商品均能被自动再分配的功能。这可能会很有用，例如在大脑中神经中枢刺激增强的情况下，沿神经传导路径增加神经脉冲信号，为此目的整个系统内的资源再分配可以优化效果。我们想要用认知增强技术，对实体大脑里或是人工智能或软件模拟大脑里的各突触之间的刺激增强能力进行重新分配以及均衡化。基于大脑的不同种类资源——如刺激增强能力、光遗传刺激（利用插入式转基因蛋白质和光来操纵活细胞）或是穿颅直接刺激——可以是以泛大脑或思维记录库内部再分配为目标的持有成本货币。另一个在医疗健康语境下的持有成本的再分配案例，可能是用于细胞资源的，如氧、垃圾清除纳米机器人和循环性芯片式实验室，作为在人身上靠生理方式驱动的货币。同样，思想可以是那些协作型团队的可再分配货币，还有作为社会货币的自由、信任和同情。比特币在全社会重分配自由这项货币的意义上，其早已作为一种持有成本货币以及智能网络资源分配机制而得以实现。

第六章　导读 技术局限或自我局限

沙钱

第六章是讨论区块链技术应用实践中的"局限性"问题的。显然，作者将目前区块链技术在比特币和其他可能运用中遇到的和潜在的问题，几乎都列入了讨论范围。在人们对区块链技术发展和应用充满期待，并给予热烈憧憬的时候，这一章的讨论有助于我们对问题及区块链本身的认识，回到一个相对理性的程度。

我们在这一章的阅读中不难注意到，作者将区块链技术层面上的问题、应用的商业模式问题、政府监管问题、"丑闻和大众舆论"、个人隐私等这些看起来并不并列于一个标准的不同程度的问题，都进行了一番讨论，其中对技术问题的阐述，一般非专业人士一般也能大致理解。接触和了解比特币的人士，对这里表述的区块链技术问题，几乎"耳熟能详"，交易处理速度、块链容量、安全问题、算法问题等，甚至作者把比特币工作量证明机制带来的能耗问题和APP易用性问题，都列入其中进行了讨论，至少，我们可以从中系统完整地看到，比特币架构上的技术问题究竟有哪些，以及这些问题所带来的影响。

至于"商业模式上的挑战"则稍显复杂，作者在此会告诉读者，这种复杂性直接面对的是什么样的具体问题，与此有一定相关性的是，比特币及数字货币带来的副产品，丑闻欺诈，舆论氛围的不友好，随之产生的监管需求和法律层面上的一系列问题。总之，这一章的表述告诉人们，尽管区块链技术及其技术理念令人兴奋，但前途漫漫。

读者在阅读本章时，可以思考这样几个问题。

首先，作者涉及并讨论的这些问题也许确实是区块链实践中遇到的需要解决的问题，但这些真的就是"问题"吗？或者换一角度，这些问题真的构成了区块链的"局限性"了吗？

一般来说，所谓局限性，之所以为"性"，是指由目标主体内在性质所致，局限性也是其内在性质决定的，由其属性表现出来的，对某客体相比较形成的附属性质，尽管是附属性质，那也是其内在性决定了的，你不可能取消它，只能在与客体目标形成的关联性当中去改善它的存在形式。比如，区块链是有容量的，那是一个基础性的"局限性"，你只能想办法去扩大它的容量，却不能把它做成没有容量限制的东西，在具体应用中，你可以想不改变区块链性质的其他办法，使得其数据储存容量，满足应用需求。

另外，泛泛而论的局限性，是指我们的局限性，还是区块链的局限性？我们想遨游宇宙，但我们做不到，这不是宇宙太大了的局限性，只能是我们自己的局限性。有些问题本身不是区块链固有的，如工作量证明机制问题，即便所有人都在PC机上挖矿，也不会影响这个机制的运行，改变不了它的性质，是不是就不存在能源浪费问题了，你不能也无须指望人们放弃逐利本性，正是这种本性导致了人的疯狂以及疯狂之下的伟大的"创新"，但至少这不是区块链的问题。至于比特币时代一出出光怪陆离的骗局，更与区块链无关，那是人的局限性问题，如果诚如作者所言，那是区块链实践者所要面对的挑战之一，那是比较贴切的，不过这不是工程师们的任务。

确切地说，人类技术发展和经济发展历史中，最终形成很大影响的新事物，在一开始大都会"乱象"频生，很多专家都对此类现象有过科学的概括，得出一些规律性的结论，这不足为怪，但针对某些具体问题，技术应用采取何种策略，在商业应用上采取什么样的方法，舆论氛围和人们对利用新概念设置骗局的不良记忆所造成的困扰，确实会影响很大。

问题的另一面是，这些挑战是必然的阻碍吗？于是，读者或许还应该从另一视角考虑这样的问题：作者提及的商业模式上的挑战，对区块链应用推广来说，究竟意味着什么？我们知道，现在区块链技术已经涉及银行支付体系等传统金融领域，像智能合约这样的构想，所涉及的领域更加广泛，实际上这已不是一个适当的商业模式的问题。最直截了当的切入点也许是从制度要素看问题，所谓新商业模式的视角似乎稍显狭窄，真正的商业模式创新应该带有制度创新的要素，而区块链技术本身的要义是制度创新。于是，新的问题就自然会被提出，制度本身就是现行秩序的稳定器，著名制度经济学家道格拉斯·诺斯说过："在一个不确定的世界中，制度一直被人类用来使其相互交往具有稳定性。制度是社会的博弈规则。"[1]制度创新某种意义上就是打破"稳定"，以此达成新的"稳定"，这样的话，人们在推动区块链技术应用时，必将会面临更深层面上的选择，如何实现新模式与现行制度的对接，抑或直接以现行制度发生冲突？在一个具体商业项目的勾画上，这是一个选择问题，在很大程度上，比特币不良的社会环境，不是由骗子造成的，也许更多的是商业模式推广中的缺乏深思熟虑的战略选择。

最后一个问题，如作者提及的那么多的挑战，然而，我们还是应该思考，挑战仅此而已吗？

真正的挑战或者说无法逾越的障碍，仅仅在于作为区块链技术创造者的人本身的局限性，无可争辩的事实是，人们创造区块链技术很大程度上是将去中心化和原本由本身通过我们早已熟悉的协商机制实现的契约关系，"外置"于一个不由人控制的技术结构中，从而达成一种彻底的"异化"，并受这种"异化"于外的结构所控制，因为，这种结构本身也是由人创造的，而所谓中心化系统、契约关系等，都是人与人之间的关系，或者说是社会关系总和的具体内容和表现形式。如此，我们可以说，技术和技术性是可以信任的，但技术创造本身却最终难以被信任，我们不能仅仅从技术成果来看技术创造，更要看技术创造的意图和过程。技术的人文结果和社会效应往往是这些意图决定了的，诚如中本聪宣称的，他制造比特币就是为了创造一个不为人控制的货币，于是就有了去中心化的技术实践，有了区块链，同时，也有了现行制度不能涉及的"新制度"的雏形。

本书很多地方都提及了Ripple，一个与比特币截然不同、靠网关共同守约而存在的系统，我们来回顾一下货币史上一个很经典的故事。

实际上金本位制远不仅仅是货币与黄金挂钩那么简单，最早、最稳当实行金本位的英国，因其无可比拟的国际贸易地位和强大的近代工业体量，最终使得欧洲国家大多仿效英国实行金本位，最终英国和其他欧洲国家通过国际协商，达成了国际贸易和结算的共识，而这其中最重要的内涵是，各国央行通过调整贴现率来调节国际货币流动的结构和规模，而不是直接划拨黄金进行结算，这就是说，央行贴现率调整以国际收支预期决定，当预期国际收支逆差，就提高贴现率，收缩信用规模，减少货币供给，使得在没有黄金流出的情况下，重新恢复国际收支平衡，反之亦然。这被称之为金本位制国际货币体系中各国央行的基础性游戏规则，因为各国严格执行这一原则，才能长期金本位制的运行，进而对央行，也对各国国际资本流动和贸易有利。但美国和英国经济学家在研究金本位制崩溃的过程中发现，一战之前，实际上大部分国家已经常和习惯性地违背"游戏规则"，各国央行实际上早已经常性屈从于政府压力，而政府的信用扩张政策被广泛应用于刺激经济、扩军备战目的。这几乎是相当于Ripple的网关突然有了自己的利益需求，导致基础协议的崩溃。

作为本章内容的导读和针对"局限性"问题的针对性引述，我们不在此轻易作出判断和结论，还是留给读者们在阅读本章内容后自己思考吧。

注释①：《新制度经济学前沿》，经济科学出版社，2203，14页。

本章译者注：和比特币区块链不同，Ripple的数据库被称为Ripple总账（Ripple Ledger）。Ripple每5-10秒生成一份新的总账，其中包含了当时全网所有Ripple账户的余额、信任关系、挂单等状态，同时还记录了上一份总账结束后这5-10秒的发生交易。因为每份总账中都包含了所有账户的状态，因此Ripple协议不要求各节点保留所有历史总账。节点只要有最新的一份总账就能处理和验证当前交易。在这种模型下，新加入Ripple网络的节点最少只需同步最新的一份总账即可。同步到这份总账后，这个新的节点通过查看其中是否包含了其信任的一个或多个总账验证人的签名来判断这份总账本身的有效性。因此在这种情形下，Ripple总账的有效性验证是部分地基于信任的，这就和比特币有了较大的区别。在验证比特币区块链时，节点只查看每个区块所附的工作量证明，而无须信任第三方。因此，此处原作者认为Ripple不使用区块链。——达鸿飞

沙钱，复旦大学经济学系毕业，早年服务于上海铁道大学和上海社科院经济研究所，从事经济学教学和研究工作，后长期在国有和民营投资机构服务。著有[无主货币]系列等研究著作。

第六章 局限性

区块链行业仍然处于发展的早期，但是现在仍然有非常多潜在的制约。这些制约有来自内部的也有来自外部的，也包括了关于底层技术的一些技术问题，一些尚未结束的行业丑闻、偷窃、大众误解、政府监管以及主流对技术的采纳。

技术上的挑战

无论是针对某一个实例或者是针对区块链本身整体来说，区块链有很多技术上的挑战。

这些问题开发者都看得很清楚，他们对这些已经假定的挑战给出不同的回答，开展热烈的讨论并通过编程给出潜在解决方案。业内人士对于区块链产业能否以及如何克服这些问题，从而使得区块链行业进入下一个发展阶段有不同程度的认知。一些人认为事实上的标准一直都会是比特币区块链，就像它现在这样，凭借其广泛部署的基础设施和强大的网络效应，它必将成为标准的底层。一些人在另外构建全新、独立的区块链（比如以太坊Ethereum）或一些并不使用区块链的新技术（如瑞波币Ripple）。比特币技术一个核心的根本性挑战是比特币目前每秒只能处理7笔交易（与之相比VISA信用卡通常每秒处理2000笔交易，最多可以允许10000笔/秒的峰值交易），尤其是如果主流采用了比特币，这个问题会更加严重。其他一些问题包括区块扩容，处理区块链膨胀，防范矿工的51%攻击，对代码执行硬分叉（代码更改不能够向后兼容），总结如下：

吞吐量

比特币网络在吞吐量问题上有一个潜在的问题，那就是每秒仅处理1笔交易（tps），目前理论上的最大值也只有7 tps（每秒处理7笔交易）。核心开发者坚持说必要时这个限制的交易速度可以提升。一个让比特币能够处理更高的吞吐量的方法是让每个区块变得更大，然而这却会带来一些别的如容量及区块链臃肿的问题。一些其他交易处理网络中可以用作参考数据有VISA（通常2000 tps；峰值10000 tps），Twitter（通常5000 tps；峰值15000 tps）和广告网络（大于100000 tps）。

延迟时间

目前，每个比特币交易区块需要10分钟来处理，这意味着至少需要10分钟用来确认你的这笔交易。为了足够的安全性，你甚至需要更长的时间——大概一个小时——对于一些大额交易甚至需要更长的时间，因为这是用来抵御"双花"攻击的代价（"双花"攻击意味着在商户可以确认他们收到比特币之前，故意将比特币使用两次）。同样的，作为参考，VISA最多只需要1秒。

容量和带宽

区块链的大小是25GB，去年一年增加了14GB。所以现在已经需要很长的时间去下载了（比如1天）。如果吞吐量增加到VISA标准2000 tps那样的量级，增长就将变成1.42PB/年或者说3.9GB/天。如果达到了150000 tps，则比特币每年将会增长214PB/年。比特币社区称容量问题为"膨胀"，但这个命题假定了我们需要的是一个小规模区块链；然而，要达到能够让主流使用的规模，区块链需要变得很大，仅仅为了更加容易访问获取。这可能会驱动中心化，因为这需要资源去运行全节点，而全世界只有7000个服务器（https://getaddr.bitnodes.io/）在真正地运行比特币客户端Bitcoind的全节点，它们是比特币的保护神（在后台运行的比特币全节点）。目前，运行全节点的个体是否应该被补偿正在被讨论。尽管对于现代大数据时代中的很多领域和TB量级作为标准的数据密集技术来说，25GB的数据并不算很多。但是前者大部分数据是可以被压缩的，而区块链数据出于安全性和易访问性的考虑是不能用一般方法压缩的。然而，这可能是一个机会，去创造一种新的压缩算法，来让（未来更大规模的）区块链可用又易存储，同时还能保持其完整性和易访问性。一个能够处理区块链膨胀同时又让数据更加易访问的方法是API接口，比如说一些来自Chain（https://chain.com/）和其他供应商的API，可以向全节点的比特币区块链自动发送请求。一些操作可以获得比特币地址余额和余额变化，并当有新交易和区块在网络上出现的时候通知用户。另外，还有一些基于网页的区块链浏览工具（比如https://blockchain.info/），中间层程序允许查询部分区块链数据，而面向消费者的前端手机版电子钱包可以查询区块链的流数据。

安全

比特币的区块链有许多潜在的安全问题。其中最令人担忧的就是51%攻击的可能性，即某一个矿工实体有可能抢夺了区块链的控制权，实施"双花"攻击，将之前已经花过的一些比特币打入自己的账户。问题是现在挖矿行业里的中心化趋势，在区块链上竞争去记录新的交易区块，意味着少数几个大型矿池掌控着大多数的交易记录。目前，激励还足以使得这些人做好的玩家，同时一些矿工（如Ghash.io）也声称他们不会发动51%攻击来接管网络，但是网络仍是不安全的。"双花"在一些场合仍然是可能发生的——比如说，哄骗用户重新发送交易，或允许"双花"比特币的恶意代码。另一些安全问题是目前比特币使用的加密技术，椭圆曲线算法，可能早至2015年就被破解；不过，一些金融密码学专已经提出了一些可能的升级方法来解决这些缺陷。

资源浪费

挖矿带来了巨大的能源浪费。一些早期的估计是每天浪费1500万美元，而其他的估计甚至更高。一方面，正是这种浪费使得比特币是可信的——一些理性的机构在这种毫无意义的工作量证明中相互竞争以取得可能的奖励——但是另一方面，这些消耗掉的能源除了挖矿外没有任何实际的益处。

易用性

和Bitcoind（所有代码的全节点）交互的API对用户是非常不友好的，相较而言许多现代标准的API就友好得多，比如被广泛使用的REST API。

版本控制，硬分叉，多链

一些其他的技术问题需要直接在比特币的基础结构上着手。一个重要的问题就是区块链增殖问题，现在已经存在了大量不同的区块链，在一些小规模的区块链上部署资源展开51%攻击时非常容易的。其他一些问题是，当区块链因为管理问题或者版本控制问题出现分叉的时候，要合并跨分叉链的交易是非常困难的。

另外，重要的技术挑战和需求是要发展一个完整的生态系统和即插即用的（plug-and-play）的解决方案，形成全价值链的服务交付体系。比如说，和区块链相关的，需要有安全且去中心化的存储（现在已经有MaidSafe，Storj）、通讯、运输、通信协议，安全且去中心化的命名空间和地址管理、网络管理、建档。理想状态下，区块链行业将会发展出云计算产业相似的模型，可以提供标准的基础设施组件——就像云服务器和运输系统一样——可以被轻易地定义和部署，这将能够让企业可以关注发展更高等级的高附加值的服务，而不是受困于基础设施问题。去中心化网络复杂而又敏感的密码学工程技术对于比特币经济来说是至关重要的。区块链行业正在试图梳理出对于一个区块链领域的初创企业来说，他们需要多少网络安全、密码学和数学方面的专业知识——理想情况是他们并不需要大量相关知识，而前提是他们可以依赖一个已经具备了所有这些功能的安全的基础设施堆栈。如此，区块链产业的发展就可以被加快，任何新的生意都不需要重新发明车轮子并担心他们的第一个面向顾客的数字钱包不是多重签名（multisig）的（或者是任何其他的行业标准，因为加密数字安全的标准一定会不断迭代）。

部分针对我们讨论的技术问题的解决方案如下：

离线钱包来储存大笔的币

不同形式的离线钱包可以被用来存储大量的消费者加密数字货币——例如纸钱包，冷存储以及比特卡（http://www.bitcard.de/）。

暗池

可以将价值链更加细化，一些大的加密承兑商可以在他们自己的数据库上操作各种交易，然后再定期把交易记录打包同步到区块链上去——这是一个从银行业借来的点子。

替代的哈希算法

莱特币和一些其他的加密数字货币使用的是scrypt加密算法，这个算法至少比比特币的算法快一点；同时还可能发明出一些其他的哈希算法。

可以解决拜占庭将军共识问题的工作量证明替代品

现在已经有一些新的共识模型被提出了——例如权益证明，一些混合和变种——它们延迟更小，需要的算力更少，浪费的资源更少，同时还能提高较小规模的区块链的安全性。不需要挖矿的共识协议是一个正在探索的新领域，比如Tendermint对于DLS算法（Dwork，Lynch和Stockmeyer解决拜占庭将军问题的方法）的修改版本，将拜占庭共识参与者的币相结合。另一个不用挖矿或者工作量证明解决共识问题的方法是Hyperledger算法（http://www.hyperledger.com），这个算法是基于实用拜占庭容错算法（Practical Byzantine Fault Tolerance algorithm）。

仅关注最新或未完成的输出

其实许多区块链操作都可以仅仅基于最新的和未完成的输出来完成，就像信用卡交易做的那样。"轻钱包"就采用的是这种方式，仅当需要的时候向全节点发出请求，这也是比特币数字钱包在手机上的工作原理。一个相关的产品是Cryptonite（http:// www.cryptonite.info），它使用一个"迷你区块链"的微缩数据方案。

区块链的可交互性

为了协调区块链中的交易，目前已经有不少侧链项目发起，比如来自于Blockstream（http://www.blockstream.com）。

提供保证金

一些已经提出的替代性的共识机制（不需要工作量证明挖矿）如Tendermint的DLS协议，要求矿工对区块链提供一定的保证金，如此其安全性可以被结构性的加强。这可以保证解决"短期内无利害关系"的安全性问题，即一些恶意用户（在没有持有的情况下）可能在区块链上制造分叉，并利用"双花"攻击偷窃数字货币。保证金可以像Tendermint做的那样直接留存在区块链上,这将提高制造分叉的成本,从而提高可操作性和安全性。

REST(Representational State Transfer,表述性状态转移)APIs

在实时处理下提供一些必要的安全请求,对一些情况下可以提升其易用性。一些区块链公司提供的钱包软件界面就包含了这种功能,比如Blockchain.info提供的大量钱包API。

商业模式上的挑战

另一个重要的挑战,既是功能性又是技术性的,就是商业模式上的挑战。起初一些传统的商业模式并不适应比特币,因为对于点对点的去中心化模型来说,并没有一个收取交易费的中间商(这在传统的商业模式中是存在的)。然而,在区块链新经济中,仍然有一些有价值的、可以产生收入的产品和服务。对教育用户和主流用户友好的一些工具将会是比较容易抓住的机会(例如Coinbase、Circle Internet Financial和Xapo),因为它们正在提升现有世界范围内银行和金融体系的效率;当区块链的原则被大众所理解的时候,像Ripple这样的项目就将变得顺水推舟似的容易。展望未来,在区块链2.0时代,要想利用智能合约颠覆所有商业操作和商业逻辑,实施起来是极其困难的;所以,将会有很多为这些"服务提供商"提供服务的新机会,如培养消费者,设置标准和一些其他的增值服务。一些其他针对企业软件和云计算商业模式对于比特币经济来说可能也是适用的——例如,红帽模式(采用收费模式搭建开源软件),以及SaaS(Software as a Service),提供"软件即服务"模式,包括了客户定制服务。未来一个可能的工作是智能合约审计师,以确认在区块链上人工智能(AI)的智能合约是否按照预设执行,并测算和评定智能合约是怎么进行重写从而最大化发行方效用的。

丑闻和大众误解

比特币要想得到更深远的应用还有很多阻碍，最大的阻碍之一就是目前大众仍将比特币作为一个（或者可能鼓励坏人去使用的）洗钱、毒品交易或其他非法活动的工具——例如像Silk Road这样的非法在线交易黑市。比特币和区块链是技术中立的，是一把双刃剑；它可以被用来做好事或做坏事。然而，尽管区块链可能会被恶意使用，但其巨大的潜在好处比它会带来的问题要多得多。随着时间的推移，大众的看法也会随着他们越来越多地使用比特币和数字钱包而改变。尽管如此，比特币作为匿名技术的先驱，它可能会被非法和恶意活动使用，而这也会将"红皇后效应"（某种情境下的进化军备竞赛）引入到区块链中。电脑病毒引起了电脑病毒查杀系统的崛起；同样的，目前一些比特币的构建技术（比如Tor，一个自由和开源的软件网络）正在着手部署侦察恶意玩家。

另一个比特币推广重要的阻碍是这个产业中一直持续不断发生的偷窃、丑闻和骗局[例如一些所谓新的竞争币的"拉高出货"骗局（pump and dump）]，试图将拉高某种竞争币价位并赚取快钱）。2014年3月，位于东京的MtGox，当时世界最大的比特币交易所，人因为其崩溃而走进了公众视野。直到现在，公众仍然需要一个对这个讽刺性的事件的解释：比特币是怎么在区块链，这个全世界最公开透明的交易总账上消失的，而且数月过去了这些钱仍然没被找到。该公司声称他们遭遇了黑客攻击，该攻击源于"交易延展性漏洞"（transaction malleability bug）。这个漏洞允许恶意用户"双花"，将比特币转进自己的账户，而MtGox认为这次转账失败了，从而允许了用户再次发起交易，造成了实际上转出了两倍的钱。分析师并不确定MtGox是否真的遭遇了外部黑客袭击或者只是监守自盗。问题的严重性在于，这类事件仍在发生。比如，最近的消息出现了Moolah的首席执行官携价值140万美元的比特币（2014年10月）人间蒸发，在这之前，200万美元的Vericoin（2014年7月）被盗，以及62万美元也在一次狗币矿工攻击中被盗（2014年6月）。

区块链的产业模式需要巩固和成熟，所以需要一些更好的"守门员"来稳定产业，同时允许内外部的监督来区分诚实玩家和坏玩家。监管并不一定是来自于外部的；完全来自于生态系统中的一致去中心化审批、许可和监管系统，是有可能实现的。一个来自社会学的比喻是，实现监管职能是非常重要的，并应提供核查机制和平衡机制来加强系统。在由参与者自治的DIYgenomics的研究显示，监管职能是可以在系统内部被实现的，尽管在某些情况下会出现一些生态系统中全新的角色——独立的公民伦理学家——来作为传统自上而下的监管者的对立面（其形式表现为以人为研究对象的机构审查委员会）。另一些实现了自我监管的产业包括电影产业、视频游戏产业和漫画产业。

整个区块链产业崩溃掉的可能性始终是存在的（无论是由于一些已知的或是一些未知的原因）。没有任何迹象表明崩溃是绝不可能发生的。从一些可测的数据来看，区块链产业的确有了很强的生命力，如各种币的市场规模（http://coinmarketcap.com/），该领域的投资，该领域的初创企业和从业人员的数量，GitHub上相关代码行数，甚至是报纸相关报道的油墨量。区块链产业已经比以往所有数字货币（虚拟世界货币如第二人生林登美元the Second Life Linden dollar）都规模更大、发展更好。然而，尽管比特币理想崇高，进展良好，它对于数字货币来说仍然可能过早了；也许现在所有的权利结构还没有分配到数字货币领域中，来使得它们能够充分地走向主流（尽管其中最重要的是Apple Pay可能铺平主流接受数字货币的道路）。Apple Pay可能在短期内是能够奏效的。但是长期对于比特币来说，提升到Apple Pay那样用户友好的属性是极其重要的，比如解决确认时间的延迟问题。

政府监管

政府如何展开监管将会是区块链产业能否成长为一个成熟的金融服务产业的一个极其重要的因素和风险。在美国，已经有了一些联邦级别和州级别的立法；其中讨论得比较多的是纽约的Bitlicense，目前已经进入了审议的第二阶段。纽约的Bitlicense将会为全球监管定下基调。一方面，对于比特币产业来说，这个执照是以极其广泛、深远、在其他地区也可使用的语言颁布的。这个执照涵盖了任何人可以如何使用用别人的比特币做的任何事情，包括了最基本的钱包软件（如QT钱包）。然而，另一方面，比特币产业用于保护消费者的监管措施，将加速产业的主流发展，同时消除消费者对于可能摧毁产业的黑客攻击的顾虑，就像KYC政策（了解你的客户）要求现金服务企业（MSB）做的那样。

各个政府的审议和早期的一些规章引发了一些有趣的问题。其中一个重要问题就是按照现行税制要收取比特币交易的税费几乎是不可能的。若出现了运行在OpenBazaar上、用加密货币支付的Airbnb 2.0和Uber 2.0这样的去中心化分享经济模式，现行的税收结构将被完全颠覆。常规追查商品服务消费的节点将会消失。这将会影响现行税收以及整体经济指标的计算，例如GDP，这些仅仅关注消费的计量模式也许并不十分正确，而让人们远离这样一种模式说不定会带来良好的影响。相反，一种革新的税收制度可能应运而生，转而基于大额消费，如一些硬资产（车、房产）。税收检查的节点将会出现在可见的地方，一种"税收可见"的概念将会诞生。一个可能的转变是税制从基于收入的税收变为基于消费的税收，这将会是一个重大转变。

第二个问题是，伴随着区块链经技术的崛起，政府及其运作模式能够带来的价值变得值得商榷了。一些人认为，现在的大数据时代，使得政府越来越不可能完成他们记录存档的任务——记录并归档信息，并让这些数据易于访问。从这个角度说，政府已经变得有些过时，因为他们将很难用传统方式——收税——来维持自己的资金状况。区块链技术可能解决这些问题，能够以最小的代价来让政府做得更好，并最终使得政府的某些服务显得多余。在区块链上记录所有的社会活动将会让这类的政府活动变得无关紧要。区块链的这种民主政府特性会让政府的角色变得冗余。

然而，就像世界上一直有中心化和去中心化的模式来让人类协作一样，传统政府和基于区块链的政府都将有自己的角色。传统的中心化政府仍然可能有所作为，比如满足选民、削减开支以及验证有效性，这些都可以产生一些真正的价值，虽然他们经济上可能需要更加合理。未来可能会存在混合型的政府，就像在其他行业中发生的那样，自动化将会是一种强制力，最好的工作方法可能就是人类/算法搭配。初浅而又重复的劳动可以被区块链和智能合约自动登记，而政府雇员可以在价值链更高的位置上工作。

个人记录隐私上的挑战

以区块链的方式，仅通过持有一个指针和一个可能的通道，就让大家将自己的个人记录以去中心化的方式存储，目前来看仍有大量的问题需要解决来让用户感到可信赖。一个噩梦是，如果你将你的所有数据都放在线上，而你的私钥被盗了或公开了，你将没有任何可依赖的东西。在目前的加密货币架构中，这的确是可能发生的，就像现在大量的个人和企业密码被盗或数据库被黑一样——这将带来一个浅显却很广泛的影响：数以万计的人们将始终面临这种不便利性。如果一个人的所有个人记录被盗，对于这个人的影响将会是极其惊人的：身份被盗，即，你不再拥有你的身份。

总结：去中心化趋势仍在继续

然而，尽管尚处于新生阶段的区块链产业有如此众多潜在的制约，但毫无疑问比特币是一股破坏性的力量，它的影响将会是极其深远的。即使现在所有基于区块链发展起来的设施都消失不见了（或者作为虚拟世界其普及率下降了），这都不会影响它的遗产一直留在世间。区块链经济提供了如何做事的一种全新的、更大规模的方式。即使你不看好比特币能否作为一种稳定、长期的加密数字货币，或区块链技术是否会按照现在设想的样子发展，其作为一个去中心化模型都是一个非常好的实例。去中心化的时代已经到来。当今的互联网比以往任何时候体量更大，流动性也更强，它已经能够让去中心化的模式得以发展。在几百年前，中心化的模式的确是一个好主意，这是人类相互协作的巨大创举和甚至是革命。但现在我们有了新的技术文化：互联网和其他技术，譬如分布式的公共去中心化总账，这将让全世界70亿人口第一次能够从事一些更大规模、更加复杂的协作，并加速我们的进步，成为一个真正先进的社会。即使这个颠覆者不是区块链，也会出现其他的颠覆者，事实上，无论如何都一定会出现区块链的继任者。只是，区块链作为第一个大规模实践去中心化模式的先驱，承载了人类活动到一个全新的而又更复杂的台阶的夙愿。

第七章　导读 历史转折点

龚鸣

通过前面的六章，作者向我们全景式地描绘了区块链1.0、2.0、3.0的可能发展历程，以及今后许多的设想和可能的商业模式。其中有不少的商业模式已经有了雏形，或者已经有了基本的白皮书设想，但是更多的商业模式和设想有待于时间去检验。

本章从宏观的角度来检视互联网依赖数据发展的各个阶段，它将数据发展阶段分为三个阶段，最初是无序的，并没有被充分检验过的数据，然而当大数据和大规模社交网络的兴起，通过大数据的交叉检验和推荐，所有的数据将会根据质量进行甄别，所有的数据将不再是杂乱无章，而是能够通过一定人工智能算法进行质量排序。到了现在，区块链能够将让数据进入第三阶段，即有些数据将通过采用全球共识的区块链机制，这些数据可以获得基于互联网全局可信的质量，这几乎可以说是人类目前获得最坚固信用基础的数据，这些数据的精度和质量都获得了前所未有的提升。

本书作者由于是金融专业，所以更容易从数据质量角度来提出数据三阶段设想。而从译者角度而言，这三个阶段恰好符合了互联网数据库发展的三个阶段 。在互联网诞生初期，数据库主要的类型是关系型数据库，这是一种采用了关系模型来组织数据的数据库。这是在1970年由IBM的研究员E.F.Codd博士首先提出的，在之后的几十年中，关系模型的概念得到了充分的发展并逐渐成为主流数据库结构的主流模型。简单来说，关系模型指的就是二维表格模型，而一个关系型数据库就是由二维表及其之间的联系所组成的一个数据组织。

随着互联网web2.0网站的兴起，传统的关系数据库在应付web2.0网站，特别是超大规模和高并发的SNS类型的web2.0纯动态网站已经显得力不从心，暴露了很多难以克服的问题，而NoSQL的数据库则由于其本身的特点得到了非常迅速的发展。NoSQL，泛指非关系型的数据库，它产生就是为了解决大规模数据集合多重数据种类带来的挑战，尤其是大数据应用难题。

我们可以拿谷歌举例看一下，谷歌公司大数据三篇著名论文（GFS，Bigtable，MapReduce）奠定了谷歌大数据的基础，而谷歌的Pagerank算法实现了当时几乎最先进的数据搜索算法。PageRank通过网络浩瀚的超链接关系来确定一个页面的等级。Google把从A页面到B页面的链接解释为A页面给B页面投票，Google根据投票来源（甚至来源的来源，即链接到A页面的页面）和投票目标的等级来决定新的等级。简单地说，一个高等级的页面可以使其他低等级页面的等级提升。而这个技术正是本章所指的数据第二阶段，通过复杂的设计网络和算法进行重新整理和归纳，将原本看似并无关联的数据成为可以分级分类的高质量数据，让大数据和复杂网络模型成为可能。

但是构建在这之上的大数据，最大的问题就是无法解决信任问题。因为互联网将使得全球之间的互动越来越紧密，伴随而来的就是巨大的信任鸿沟。目前现有的主流数据库技术架构都是私密且中心化的，在这个架构上是永远无法解决价值转移和互信问题。所以区块链技术将成为下一代数据库架构。通过去中心化技术，将能够在大数据的基础上完成全球互信这个巨大的进步。

区块链技术作为一种特定分布式存取数据技术，它通过网络中多个参与计算的节点来共同参与数据的计算和记录，并且互相验证其信息的有效性（防伪）。从这一点来说，区块链技术也是一种特定的数据库技术。这种数据库将会实现本章所指出的第三种数据类型，即能够获得基于全网共识为基础的数据可信性。在目前互联网刚刚进入大数据时代，但是从目前来看，我们的大数据还处于非常基础的阶段。但是当我们进入到区块链数据库阶段，将进入到真正的强信任背书的大数据时代。这里面的所有数据都获得坚不可摧的质量，任何人都没有能力也没有必要去质疑。

作为本书的最后一章，在经过对于区块链发展技术的严谨调查和分析之后，我们非常有信心认为我们现在正处在一个重大的转折点之上——和工业革命所带来的深刻变革几乎相同的重大转折的早期阶段。不仅仅是新技术指数级、数字化和组合式的进步与变革，更多的惊喜也许还会在我们前面。在未来的二十四个月里，这个星球所增长的计算机算力和记录的数据将会超过所有历史阶段的总和。在过去的二十四个月里，这个增值可能已经超过了一千倍，这些数字化的数据信息还在以比摩尔定律更快的速度增长。

龚鸣，在区块链圈内以网名"暴走恭亲王"而被人所熟知。数学专业毕业，擅长各类IT技术和金融证券分析，有着多年IT和金融的从业背景，在德隆期间长期进行金融服务行业研究。2012年投身于数字货币和区块链行业，致力于推广数字货币和区块链行业的发展，翻译和撰写过大量相关资料，参与著有《数字货币》《区块链——新经济蓝图》一书，每年在全球数字货币峰会上做过多次专题演讲。

参与过的项目包括BitShares（基于区块链的去中心化交易所），DACx（基于区块链的去中心化众筹平台），Zafed（数字资产管理平台），MAKER（基于以太坊的债券系统），Certchain（基于区块链的公证平台），BiCi（去中心化的保险平台）。

第七章 总结

本书试图向大家展示区块链技术中的许多概念和特性，是有可能更广义地扩展到各种领域的。这些功能将不仅仅局限于货币和支付等相关领域（区块链1.0），并且能够扩展到合约、财产以及所有的金融市场交易（区块链2.0），还能够超越这些，一直发展到政府、健康医疗、科学研究、文化、出版、经济发展、艺术和文化等领域（区块链3.0），甚至可能更广泛地促进人类进步，实现指数级的进步。

区块链技术在未来的世界中，无论是对于中心化还是去中心化模型，都可能会有相当大的互补空间。就如任何新技术一样，区块链在最初可能是一种破坏性的想法，但是随着时间的推移，有可能会同时通过一个创新的方式，来催生出更大的生态系统。从历史的上例子来看，收音机的出现实际上导致了录音带销售记录的增加，电子书阅读器Kindle也同样促进了图书销售。现在，我们每天的消息既来自于《纽约时报》、博客、Twitter，也可能是个人的新闻RSS。我们使用的媒体既可能来自于大型娱乐公司，也会有Youtube。因此，随着时间的推移，区块链技术可能存在于一个同时具有中心化和去中心化模式的大型生态系统。

在未来很可能会出现法币和加密数字货币同时并存的局面。在经济学家哈耶克的著作《货币的非国家化》中，他预见了一个各种货币相互竞争消费者关注度的势态。他认为可能在各级金融机构中将会有各种水准参差不齐的货币，就像现在每个人都有自己的博客、Twitter账户、YouTube频道和Instagram账户等自己的新闻媒体，所以也有可能每个人或者特殊利益群体或社区都会有自己的私有货币。每一种数字货币可能就存在其自己的经济环境中，以及完全相关和有效的交易所内，在自己范围内进行运营，就像网站论坛代币、Q币、商店内的优惠券等。而这些代币能够随时进行兑换成其他加密数字货币和法币。而这就是区块链技术的多样性和丰富属性。区块链技术能够充分发挥货币多样性功能，让许多加密数字货币同时并存，而且其结构要比法币更加精巧，能让每一种货币都在一个特定范围内使用。从全局来看，货币种类极大的丰富而不是稀缺将会使人们重新认识货币，就像基本保障收入能够提升所有人基本生存需要，货币种类扩大会提升大家对它的认知。货币将能够根据特定情况执行某特定的任务，而不仅仅是一个度量和储值的手段。

区块链是一种信息技术

从本质来说区块链是一种信息技术，但区块链技术也能做很多其他事情。区块链是一个去中心化的，且具有革命性的计算范式。区块链首次在网络中内嵌了过去从未有过的经济层。区块链也是一种协调机制，通过信用、证据和补偿奖励追踪模式来鼓励任何不需要信任的各方参与协作。区块链是一种"去中心化信任网络"。[194]区块链是通过提供私人补充货币来实现"哈耶克式"的货币多样化，就像有许许多多的微博或博客一样，会有非常多的货币种类，能够在特定范围内用来使用和接受，就和那些用来提升组织社区凝聚力的社区货币一样。

区块链是一个跨国组织的云通道。区块链是意味着个性化去中心化的政府服务，倡导文化和促进经济发展的手段。区块链是一个能够证明在某个特定时间内某些文档和数字资产存在及内容的工具。区块链能够整合并自动化人机交互和机机交互（M2M），还推动了物联网环境中的通信支付网络。对于机机交互通信，区块链和数字货币提供了一种支付机制和记账系统。区块链能够在全世界范围内提供一个去中心化的公开账本，用来记录注册、信息、资产转移记录、社交行为、社会公开记录银行，以一种过去无法想象的方式促进大规模的人类协同操作。区块链是一种技术，也是一种系统，能够在全世界范围内让七十亿的人同时进行协同操作。区块链可以看成是一个大规模的共识模型，并且能够让我们一起共同迎接一个友好的机器智能时代的来临。

区块链AI：共识机制促进"友好"的人工智能

一个前瞻性且重要的未来共同关注点就是，人工智能会以何种不同的形式产生，以及人们如何支持它从而让它和人类之间的关系变得"友好"或亲切。这是一个技术奇点的概念，即人工智能超越人类智能的时刻。然而，这个领域目前还没有任何一个十分有效的，关于如何解决AI友好性问题的计划被提出，因而许多人仍旧持怀疑的态度。[195]但有一种可能就是，区块链技术将会成为人类和机器之间一个有用的链接，通过Dapps、DAO和DAC提供机器的自治活动，最终可能都将进化为人工智能。特别是，共识机制将能够有助于促进人工智能变得更加友好。

智能空间的扩展可行性

从长远的推测目光来看，对于智能领域还有很大的可能空间，这其中包括人类、人类增强、人/机不同形式混合、数字思想上传，以及不同的人工智能模式比如模拟大脑和更先进的机器学习算法。区块链作为一种信息技术也许能够缓慢地在未来过渡到另外一个有着多种机器、人和混合智能类型的世界，这些智能很可能不是孤立运行的，而是会连接到通信网络中。为了实现这个目标，数字智能将会在网络上进行某些交易，其中许多将会可能通过区块链和其他共识机制被管理。

只有友好的AI才能够执行他们的交易

共识模型有一个不容易被预见的好处是，它能够强制生成友好的人工智能，也就是说必须是在这个社会里能进行合作，且有道德的参与者。[196] 在一个去中心化的信任网络中，一个参与者的声誉（在其中参与者他们自己也保持匿名）成为一个重要因素，因为这决定了他的交易是否被执行，这样一来恶意参与者在网络上无法得到交易执行或确认。所有重要的交易在访问和使用资源时，需要共识模型一致同意。因此，强制生成友好人工智能的原因在于，即使坏参与者们想要参与到系统中来访问资源，他们也需要看起来像一个好参与者。

坏参与者必须组织足够多的声誉和行为良好的好参与者，这让他们很难和好参与者区分开来，因为他们表现是一样的。有一个类似的例子就是，在现实世界中也有反社会分子们存在，但他们往往是透明的，因为在社会结构和激励下，他们往往被迫和好的社会成员有相同的行为。当然，可能也有许多反对声音认为区块链结构可能强制人工智能变得友好这种设想不合理：坏参与者也许可以建立他们自己的智能合约来访问资源，他们可能表现出奸诈的伪装来骗取信任，等等。但这不会改变寻求区块链作为某种检查和制衡制度的关键点，当试图刺激和做出某种行为而限制其他行为时。我们的想法是创建奥卡姆剃刀系统，"只要参与得好就能够获得奖励"这个规则是如此有用，最简单和最佳的解决方案就是参与。优秀的参与者将被激励参与到系统中。

一些关键的网络操作是任何人工智能都需要的，例如：安全访问、身份鉴定和验证，以及经济交易。实际上，所有聪明的参与者希望实现一个目标的时候，其请求的任何网络数据交流都需要一个由共识机制签名的访问权限或证明。除非这个参与者在网络上拥有良好的声誉，否则这样的签名是不会被获得的。这就是为什么说友好人工智能机制可以通过一个区块链共识机制模型来实现。

智能合约为数字智能行为提供保护

区块链技术和共识模型不仅具有获得友好人工智能行为的能力，它们在功能上也可能被其他方面所采用。例如，如果你是一个人工智能，或者是一个被数字上传的人类思想，智能合约可能成为你在未来的保护者，以确认你关于你存在的细节和运行环境。人工智能另一个老大难问题是，如果你是数字智能，你怎么确定你在一个真实的环境中——也就是说确定你依然存在，你有足够的备份，你的确是在运行，在什么状态下？例如，你需要确保你的数据中心没有把你放在一台老旧的基于DOS系统的计算机上，或者删除你，或者破产了。在未来的时间框架里，区块链上的智能合约正是那个通用的第三方，它能够用于验证和实现控制现实的物理参数，从而作为你数字智能的存在的依据。实现的原理在于，你将一个智能合约放在区块链上，定期地确认你的运行参数和分布式备份拷贝。智能合约使你能够建立"未来保护者"，这是一项拥有很多实用价值的新服务，让你即使在现在也能执行未来权利。

可以推测，在更遥远的未来，在更先进的社会里无数的数字智能在智能网络系统中蓬勃发展，这需要极其复杂的预言、通过区块链智能合约或者其他一些机制来完成信息仲裁者的访问。商业模式可能成为"预言成为一种服务、一个平台、甚至是公共利益"。未来的维基百科可能是基于区块链的语言服务，来寻找数字思想文件处理、存储和安全的现有标准，鉴于这些标准可能会随着时间推移而进步。你的智能合约保护者可能会这样通知您"你现在正在现有的标准上，windows36"。这类机制中——动态语言服务可以被全球公共区块链上的智能合约访问——能够帮助建立一个检查和平衡机制使得数字智能或者非实体物不但易于生存，也更易于其未来的发展。

区块链共识增加了宇宙信息解决方案

最后，有充分的机会来更广泛地探索把区块链作为信息技术的这个设想，包括把哪些共识模型作为核心功能来认知和启用。一个关键问题是，究竟什么是源于共识的信息；相对于其他类型的信息，它到底有什么特性和作用？源于共识信息是一种不同类型或形式的信息吗？构想现实和宇宙的方式之一就是将它作为信息流。区块链技术至少有助于引出三个不同级别的信息。第一级是无声的，未强化的，未经调整的数据。第二级是能够作为社会推荐数据，数据元素被社交网络端推荐而丰富的，这已经使得网络化的网络模型成为可能。信息的质量是缜密的，因为这都已经被社交端推荐过了。而第三层：区块链共识验证数据，数据已经达到最高级的推荐登记，因为这个精度和质量是基于群体共识支持。不仅仅是社交端推荐，而是一个智能代理的正式架构形成了对于数据的质量和准确性的共识。区块链基础从而产生了一个源于共识的第三等级的信息，更高的分辨率的模块的质量属性更致密，同时更加全球化、更多的平等和更自由的流动。区块链作为信息技术对于质量、真实性和信息衍生提高了更高的精度。

　　共识数据是这样一种数据，来自于人群有质量的投票确认，通过密封的核准，让投票的民众站在质量、准确性和真实价值的数据背后，在目前通过无缝自动挖矿机制来实现案例。现在最大的问题是"社会可以用这种质量的数据做什么？"或者更现实的是"社会能够用如此广泛确认机制检验过的数据做什么"。思考共识机制衍生信息的好处仅仅是有助于强调，区块链技术可能是一种核心基础设施元素，以及可扩展的信息认证和验证机制有必要扩大人类的进步，并且扩张到全球，最终超越整个星球的社会。终极展望视角的一种推测，宇宙就是信息，在这里进程矢量就是向着更高精度的信息流所转换。信息可以被保存，但是它的密度不行。甚至超越区块链技术构思，将其作为核心基础元素来扩展人类进步的未来，最终，它可能会变成一个提升宇宙信息精度的工具。

译后注

区块链的人工智能

韩锋

顾学雍教授在向我推荐了作者Melanie Swan的《区块链新经济蓝图》之前，曾经向我推荐了Melanie的另一篇论文[1]，讲的是区块链和人工智能。单纯看这个题目，我很难想象区块链和人工智能有什么关系。

读Melanie Swan这篇文章几遍后，多少觉得她从经济学角度来讲有些道理，但是我很困惑作者并没能对"人工智能"这个概念有明确的定义。后来我问了人工智能专家吴韧，他的回答居然也是："没有权威的说法。"

上周在清华我们遇到了一位美国的访问学者，Steven Young。我问他什么是人工智能，他的回答是："三十年后，人类如果了解了大脑，我们再回答什么是智能吧！"他的话让我觉得很具有代表性，觉得现在不该定义"智能"，理由就是我们现在对大脑没有足够的了解。我们知道，人类对自己大脑的研究进展极其缓慢，想通过通析大脑来定义"智能"，现在好像钻了牛角尖！而另一方面，人工智能在飞速发展，因此，这为我们"物理的"理解"智能"，提供了另外一条路径：在我看了费曼讲量子计算的那本书[2]以后，我理解了"麦克斯韦妖"的智能！

为了能理解费曼的思想，我们首先来阐述一下什么是"熵"？

作者曾经和曾蓓聊过，她是清华高研院的高才生，曾在MIT读博士，现在在加拿大当教授。我们在讨论问题的时候，是她脱口而出告诉我，熵是是系统无知的度量。作者关于熵也有自己的语言，好多年前，当时一位UBC的朋友请求我给她辅导物理化学。结果很快就碰到了熵这个概念，令作者很头疼。因为这位朋友不是物理系的。只好用比较通俗的语言讲：熵是系统能量耗散均分到最大自由度的数量。作者为了让她懂，讲了一个故事：本来，你从银行取了一万块钱，相当于能量。结果你不小心摔了一跤，然后一阵风把一万块钱吹到了街上。而正好街上的一百人就把你的一百张钱捡走了，你也只能去报警，而警察也几乎没有可能把你的钱找回来。这说明，一万块钱的"能量"分散到一百人手里，若想自然逆变化回来，几乎不可能，这就是熵增大原理。所以，熵是什么标度？你这一万块钱分散的标度。如果只分散到一两个人，那熵很小，系统的无知程度也小，那你找回来可能大。但是如果你这一万块钱分散到的人越多，熵越大，你找回的可能越小。所以能量分散到原子的自由度的数量，这是用熵来标度的。

$$\Delta S = \frac{\delta Q}{T}$$ ————————（1）

热力学系统里熵的变化等于它吸收或者放出热量Q除以温度T。这是热力学的一个著名的公式。下方的分母是温度，温度的物理含义是什么？代表平均分子动能，就是均分到每个分子上的动能（能量）。所以热量除以温度，就是系统的能量（对应你从银行取出的一万块钱）被多少原子均分了，熵正好正比于系统中原子的自由度。这就是你的钱丢了，被均分了。

熵正比于系统可到达量子组态的对数。

$$S = k \ln \Omega$$ ————————（2）

前面的k是玻尔兹曼常数，Ω是系统量子组态数。这个公式就比较抽象了，但是后面我们会用到，所以给大家介绍下。总而言之，熵这个语言体系是自洽的，说法可以更换，所以可以超越学科的用熵的语言描述一下后面的"智能"。

我们就是要用这么一个成熟的语言体系解释下面我要讲的——什么是麦克斯韦妖。本来我在给顾老师讲什么是麦克斯韦妖，结果顾老师给我推荐，讲这个最好的是费曼的那本讲量子计算的书。后来我回过去看那本书，费曼确实讲得更好。

大家都知道熵增大原理，就是热力学第二定律。但是搞电磁学的麦克斯韦自己造了一个概念，给已有的热力学语言体系带来了很大的危机。他就提出了一个小妖（Maxwell's demon，见图1）。

什么是麦克斯韦妖？

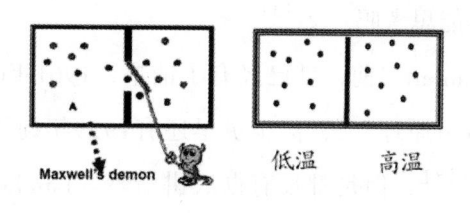

图1[3]

本来热力学系统达到平衡，两边的温度是一样的，但是中间有个隔断，这个妖有一个控制隔断的开关，麦克斯韦妖让超过某个温度以上的原子可以向右放行，而低于这个速度的原子可以向左放行。而在它掌握下的开关，过一会儿会发生什么现象？动能高的原子都会跑到右边，动能低的就会到左边。我们刚才说了，温度代表系统中原子的平均动能，如果这个妖也算是封闭体系的一部分，那岂不是系统自然地就让热量从温度低的流向温度高的？系统等于不需要外加能量的就成了电冰箱，岂不是把热力学第二定律破坏了？因为根据热力学第二定律封闭系统最终一定要熵最大，这个体系内的温度永远要均衡，能量在各原子自由度上的分布一定要均匀。

别看这么简单一个理想实验，人类探索了一百年。

最终解决这个问题的人是Charles Bennett[6]，他是量子计算机的奠基人之一，来自IBM计算机实验室。我查了他专门讨论这个问题的原始文献。他的这句话很经典："From its beginning, the history of the Maxwell's Demon problem has involved discussions of the role of the Demon's intelligence, and indeed of how and whether one ought to characterize an" intelligent being" physically."（从一开始来说，麦克斯韦妖的讨论包含了妖的智能，关键是怎样物理地把这个"智能"表述出来）[4]

C. Bennet尝试用物理模型讨论智能，这是自图灵机之后的一大突破。人类的思想禁区，是只有谈到生物大脑，才敢谈论智能。其他的学科似乎没有资格谈智能。在此之前，只有1950年艾伦·图灵发表了他里程碑式的论文《机器能思考吗？》[5]

其实在Bennett之前，就已经有了铺垫，1961年时也是IBM的Landauer提出了Landauer原理[7]，甚至更早还有1929年匈牙利的Leo Szilard的单分子热机模型[8]，但是都没有彻底讲清楚。Landauer原理就是："如果需要不可逆的涂消一个比特的不确定性（系统熵减少，或者说产生一个比特信息），最小需要耗散kT ln2的能量（其中k是玻尔兹曼常数，T是温度）。

解释一下（见图2）。

Landauer 's Principle

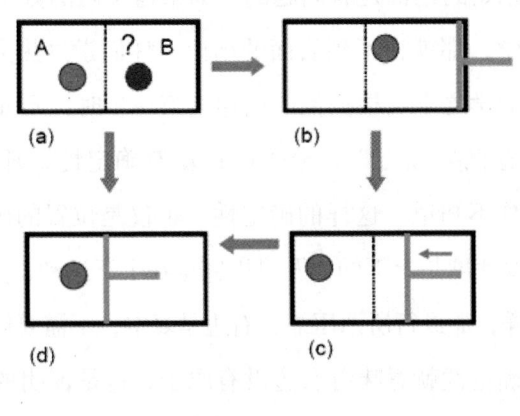

图2[3]

我们考虑一个热力学的盒子，盒子里只有一个分子，把问题最大程度地简化。一开始我不知道分子是在左边还是右边（图2a）。你可以定义在左边相当于0，在右边相当于1。在完全不知道的情况下，两个比特的未知，对应的熵应该是kln2。系统未知，你不知道是在左边还是右边。你不知道没有关系，我们假设一个活塞，压这个分子的空间（相当于一个麦克斯韦妖的智能去识别一个原子的速度是否高于某个速度值之上）。如果你们懂热力学那就简单了。如果等温地往左边压，这个系统会怎么样？要释放热量，这是热力学第一定律。我们相当于当了一回麦克斯韦妖，把两比特的信息的不确定性（不知原子在左边还是右边）压缩到确定性的左边，熵减少kln2（原来系统有左和右两个选择，假设有两个量子态选择，所以熵是kln2，只压缩到左边系统熵就变为kln1=0），释放多少热量？用热力学的方法很快能计算出来，如果周围的热库温度是T的话，就需要耗散这么kTln2多热量（用公式1）。如果你已经明确知道原子在左边了，没有不确定性了，而你就获得了一个比特的信息。这个模型告诉了我们非常多的信息，第一，什么是麦克斯韦妖的智能？它能减少熵，能产生信息。

第二，Landauer原理也告诉我们，产生一个比特的信息最少需要耗散热量 kT·ln2，和系统温度T有关。

这个原始的论证是有问题的。如果盒子内的分子不遵循量子力学，而是牛顿力学，那就得不到后面的结论。你们学过热力学，热力学的基本假设在牛顿力学之上。根据他的论述，第一步时，不知道分子在左边还是右边，如果遵循牛顿力学，分子的运动有确定性，那完全可以假设其在左边，只是你不知道。这样的确定性，不仅是位置的确定性，还有速度的确定性。只要速度是上下的，及可以完全在上下运动，分子永远不会到右边。如果是这样，那进行所谓压缩，右边是真空，不需要做任何功。虽然你不知道，但是确定性就意味着右边没有原子，这是证明的疏漏。

有了量子力学的概念，大不一样，这个分子一定能运动充满到左右两个空间，因为其不仅有空间的非定域，也有动量的非定域，有这种最基本的不确定性，$\triangle s \cdot \triangle p \geq \hbar$（s代表位置，p代表动量，h是普朗克常数）。哪怕说一开始限定的分子位置就在左边，但是它的速度具有不确定性，不为零，肯定会往右边跑。所以，只有在量子力学非定域下，Landauer原理的推理才没有漏洞。

有了前几位大师的工作，我们可以定义什么是麦克斯韦妖的智能：这个妖是对系统无知的压缩，也就是熵的减少。根据Landauer原理计算，产生一比特信息至少耗散kT·ln2的能量。

接下来我们就至少给一类分布式智能下个定义：麦克斯韦妖在一个系统中非定域分布，但是执行的是同一个"基础协议"，也就是都在压缩系统的"熵"，这个系统就分布的存在麦克斯韦妖智能。这就意味着智能是可以比较大小的，有的系统产生的智能高，意味着对系统压缩的效率就高了，而且不同系统耗费的能量不一样。有没有系统耗费更少能量产生更多信息？当然存在。

按这个定义，亚当·斯密定义的"市场"看不见的手，就是一个麦克斯韦妖智能系统，比如一个市场很繁荣，商品平均让消费者选择度是五件商品，那每个消费者就是一个麦克斯韦妖，她的一次购买行为就会压缩系统的熵kln5，这就是亚当.斯密市场的基础协议.当然，如果对一个权贵肆虐的市场，进行垄断经营，或者搞计划经济，让消费者每次的选择度只有一，那消费者就失去了熵压缩的功能，整个市场的智能就趋于零，这就是一个贫穷的市场。实际上绝不要小看每个消费者的麦克斯韦妖的作用，成千上万个消费者的购买行为，让这个市场的"基础协议"能给我们带来巨大的繁荣和财富，就比如一百年前的汽车，不外乎牛车上装一发动机方向盘，但是现在的汽车，在市场智能的作用下都快赶上宇宙飞船了。

实际上蜂群给了我们另一个分布式麦克斯韦妖的例子。如果把一只蜜蜂和一只熊比较，高下立判，你们肯定会说熊的智能远在蜜蜂之上，因为工蜂只能执行的几个很简单的动作，基本上是反应式的，决不能指望一只小蜜蜂有多高的智能。但是蜜蜂再小，她只要能每一步压缩系统的熵，她就是麦克斯韦妖，一大群蜜蜂，都在独立执行麦克斯韦妖的协议，会产生什么？（见图3）

建筑师们就会说蜂巢是多么的伟大，蜂巢是到现在人类都佩服不已的一种建筑结构，耗费资源最少，和环境最融洽的，也最符合蜂群的组织需求。很多人类的建筑也都在模仿。这就叫群集智慧，分布式麦克斯韦妖的智能。而熊虽然有较高的中心智能，但他筑的巢显然是无法和蜂巢相比的。

熊窝和蜂巢

图3　左边是熊窝，右边是蜂巢

再举一个分布式麦克斯韦妖的例子，大家看这个，飞鸟（图4）。

每一个小鸟都是麦克斯韦妖

图4　飞鸟的麦克斯韦妖智能系统

设想一下，如果有一个中心智能司令官号召群鸟，可能形成这样吗？基本不可能，这需要极其高级的组织能力和协调能力。每个小鸟的智能都很低，不能假设每只鸟都有飞行员的智力水平。只不过小鸟们都在执行一个简单的协议，这个协议可能简单到：只要求前后左右的鸟之间的距离保持在0.5米范围内。

理解了麦克斯韦妖的智能，我们也很容易理解阿里巴巴副总裁高红冰给我们的这个示意图：

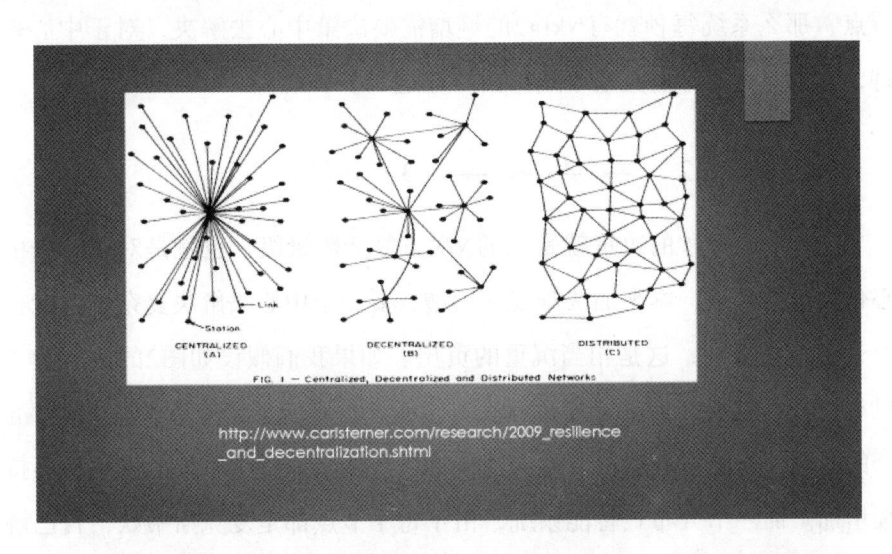

图5　从左至右：中心化决策，多中心化决策，分布式智能

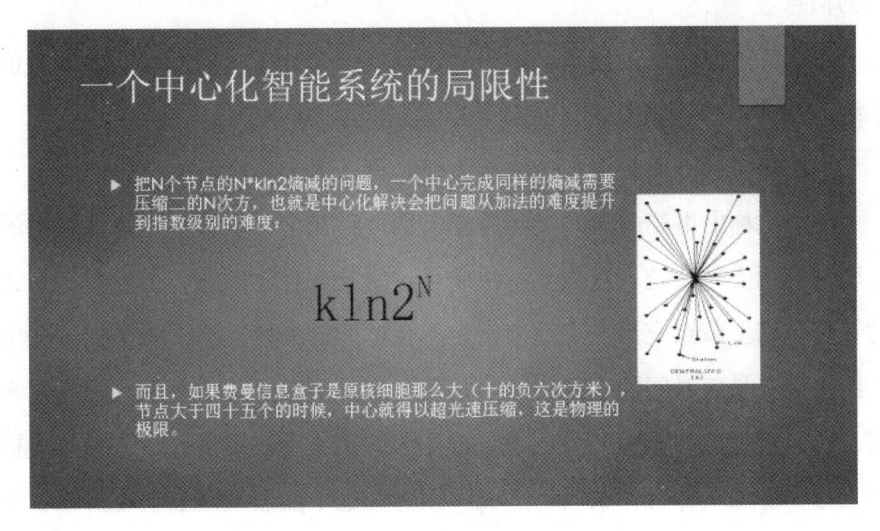

图6　一个中心化决策系统和分布式智能的绩效差别

如图5，最左边的那个系统是中心化的决策系统，其余每个节点没有决策功能，也就是不能当麦克斯韦妖，只有熵增的可能。那么我们可以

简单的算一下，如果假设这个系统每秒每个节点需要有一个二选一的决策，但是它不是麦克斯韦妖，只能带来kln2的熵增，那么整个系统有N个节点，那么系统每秒就有Nkln2的熵增需要决策中心去解决，对于中心来讲，它也只是一个麦克斯韦妖，要压缩这么多熵增，

$$Nkln2 = kln2^N \quad ------------- （3）$$

一个中心每秒的决策就是二的N次方复杂数量级！也就是对于一个中心化决策的系统，本来加法难度的熵增，要一个中心去解决复杂难度就会上升到指数级别，这是相当沉重的负担。如果我们假设如图2的信息盒子只有原核细胞那么大（十的负六次方米），但系统的节点数N大于四十五个的时候，决策中心就得以超光速压缩，才能保证整个系统的熵每秒不持续增加。而一个分布式智能系统，由于每个节点都是麦克斯韦妖，自己解决了决策问题，那么系统就能加法难度的保持在低熵状态，甚至不断产生新的信息。

而比特币的区块链创新，就是尝试建立一个分布式的麦克斯韦妖智能系统，低成本的解决原来只能靠中心建立信用的问题。

下面解释一下比特币和区块链为什么具有这个麦克斯韦妖的智能？

一个自称中本聪的人2008年希望发明一种完全不依赖中心智能背书的互联网信用支付系统，首先要解决防止"重复支付"问题，他发现分布式的让每个网上节点充当麦克斯韦妖是避免造假的最好办法，就是让这些节点给每笔交易盖时间戳，因为时间是最分布的信息，几乎每个人都可以掌握，所以盖上时间戳的交易记录，再作假就很难了。事实上，这些节点被称之为"矿工"，为什么叫矿工呢？因为你也不能假设网上全是雷锋，平时没事干、不工作，只给你盖时间戳。他们需要奖励。所以就规定，每十分钟，大家把全网的合法交易都记账在这个区块（block）里，然后大家竞争，全球每十分钟只有一个合法的记账人。什么是合法的记账人？有以下几个条件：第一，他这十分钟里记得账必须经过全网核查，没有问题，

就是时间戳盖得对，这是大前提，否则没有奖励。第二，要在全网证明你的算力是这十分钟全网最高，解SHA256难题，来证明你的算力最高。所以每十分钟只有一个幸运儿能抢到，抢到了记账权就能得到奖励，每十分钟25个比特币，这是一笔不小的财富，然后后十分钟下一个合法记账的区块链接起来，形成一个总账，这就是区块链。所以，比特币的信用就建立在这些全网矿工的记账上，成千上万的矿工就是比特币世界的麦克斯韦妖，靠他们盖时间戳记账，筛除了可能二次支付的虚假交易，不断降低了整个比特币信用系统的熵，最高把比特币的信用推高到一百亿美金，这已经是一个高度智能的系统了。

这本来是一个极客们玩的东西，是开源的协议，就跟我刚才说的小蜜蜂执行的协议一样，大家共同去挖矿来证明每一笔交易的合法性。不管怎么说，运行了六年没有崩溃，这是人类信用史上的奇迹。完全没有任何中心，只依靠基本协议，盖时间戳和记账，每十分钟挖出一个block，形成一个单链，被称为blockchain区块链。这是一个典型的麦克斯韦妖智能系统。

阿里巴巴副总裁高红冰说过："一个钢筋水泥为标志的银行信用大厦，正在被一个数据为土壤的区块链信用所取代。"所以区块链就是靠全网分布记账，自由公证，建立了一个共识数据库，这就是未来信用的数据大厦。

为什么区块链可以产生智能？它让全网矿工的计算机算力都能成为麦克斯韦妖，这在人类历史上是前所未有的。每一台计算机，如果参与了比特币的区块链系统，你都会在帮助它压缩熵，让系统信用低熵。全网将来会有智能协议，智能协议的自动执行也是依靠全网公证。

一个新的时代，未来的信用、真假是靠全网公证，无数个麦克斯韦妖执行基础协议实现的。这在人类历史上打开了巨大的空间。它解决了什么问题？未来构建低成本的全球市场信用，就像北京市金融局霍学文书记说的："区块链会成为全球金融的基础架构。"

参考文献

【1】Melanie Swan,Cognitive Applications of Blockchain Technology, melanieswan.com。

【2】R.P.Feynman, Feynman Lectures on Computation,Addison-Wesley Longman Publishing Co., Inc. Boston, MA, USA ©1998 ISBN:0201386283。

【3】孙昌璞\全海涛\董辉，《量子信息启发的量子统计和热力学若干问题研究》，《量子力学进展》第五辑，清华大学出版社，2011年11月1日。

【4】Charles H. Bennett，Notes on Landauer's Principle, Reversible Computation, and Maxwell's Demon；《http://arxiv.org/abs/physics/0210005v2》9 Jan 2003。

【5】A. Turing, Can a machine think? the world of mathematics. vol. 4, jr neuman, editor

【6】C.H.Bennett, *International Journal of Theoretical Physics, Vol. 21, No. 12, 1982l Journal of Theoretical Physics, Vol. 21, No. 12, 1982*。

【7】Landauer, R. (1961). "Irreversibility and Heat Generation in the Computing Process," *IBM Journal of Research and Development*, 3, 183–19 l。

【8】Szilard, L. (1929). *Zeitschriftfiir Physik*, 53, 840–856。

韩锋，清华大学量子物理博士生，清华大学I-Center导师，万向区块链实验室丛书主编，五十人微金融论坛创始成员。

跋一　浅谈区块链众筹的法律问题

孙铭（高素质蓝领）

作为"小蚁"系统的最早出资人，我跟创始人达鸿飞就"小蚁"的设计问题深入交流过很多次，尤其是涉及法律效力的问题。利用区块链来登记公司股权，是一项极大的创新。尽管之前不断有人设想过这种尝试，但像"小蚁"这样的追求合规和对接实体世界的我之前未有所见。这种体现在底层逻辑和各种细节的"接地气"上，尤其对中国当前的法律环境做了深入研究和分析，使得"小蚁"很有潜力成为一项切实可行的区块链应用产品。

考虑到这种突破性产品必然会存在与既有法律体系产生摩擦甚至冲突的情形，这里我简单地写几点相关问题的个人意见。

什么是对公司股权（股份）的最终证明？

这其实是个与区块链无关的纯法律问题。市场经济的基石是财产权利的确定性，这种确定性是交易的基础（当然反过来，交易也在正反馈式地不断明晰着财产权利的边界）。因此，任何公司的投资人，都不可避免地要面对这一终极问题："什么是公司股权的最终证明？"并需要得到一个确切的答案。

就中国而言，公司分为两个大类：股份公司和有限公司。股份公司对应股份，有限公司则对应股权。这两类公司的股权（股份）的确权依据各有不同。

先说说股份公司。股份公司可以分为"上市公司"和"非上市股份公司"。上市公司的股份（包括证券交易所内集中竞价交易的流通股）是登记在中国证券登记结算公司；而非上市股份公司的股份，按公司法规定，以股票为权利凭证，并配以股东名册来记载持股人。值得注意的是，非上市股份公司已发行的股份，并不需要在任何第三方机构（例如工商部门或中国证券登记结算公司）进行登记，而完全是靠公司自身发行股票和维持股东名册来确权（尽管实践中有些股份公司使用当地股份托管中心来提供第三方登记服务以进行公示，但这并非必需）。这倒和区块链中的"私有链"概念有几分相似。

而对于大部分人相对熟悉的有限公司而言，因不存在股票这种凭证，故其事实上的股权的权利证明就成了公司自行维护的"股东名册"。[《公司法》第33条："……。记载于股东名册的股东，可以依股东名册主张行使股东权利。"]而至于公司股权在工商部门的登记，那只是起一个对外公示作用，用于对抗第三人，而并不像大部分人平时想象的那样是作为股权的最终证明。[《公司法》第33条："……公司应当将股东的姓名或者名称及其出资额向公司登记机关登记；登记事项发生变更的，应当办理变更登记。未经登记或者变更登记的，不得对抗第三人。"]

由此可见，除了上市公司这一例外，《公司法》对于无论哪种公司的股权（股份）的确权，都给予了各公司较大的自主权力，即：让公司自己来提供关于股权（股份）的最终证明（包括出具股票和制备股东名册），而不再主要依赖第三方公共登记机构，哪怕是众人熟知的工商局也成了一个仅仅辅助性的角色。

"小蚁"的股权(股份)登记效力如何

如前文所述,中国的公司已被法律赋予了较大的自主权来自行确立股权(股份)的权利。考虑到"区块链"在本质上就是一种纪录信息的账本,公司自我维护的股权(股份)的账本是不是与"区块链"概念有了交集?

如果要简明扼要地提供一个答案,则可以说这两者不但有着交集,甚至区块链就是一种能够非常符合相关登记要求的技术,能够良好地承担公司股权(股份)登记造册的工作。

首先,无论是《公司法》、《公司登记管理条例》还是其他法律法规,均没有对公司自行维护的股东名册表现形式做出任何特定限制。也就是说(撇开上市公司这种特殊类型公司不谈),公司可以自己选择采取任何有成文纪录的形式来创建并维护股东名册,并不局限于特定载体。

传统上大部分公司选择了纸质的股东名册(而非电子形式的载体),是因为纸质版登记册作为一种公共信息纪录,一旦被制备后不易被篡改(因篡改后容易被发现),故在缺省工商局等这种第三方公信力提供者的情形下,纸质版的文件更具有可信度;但另一角度而言,这绝不是因为法律要求仅能有纸质这一种形式的载体。基于这一点,区块链作为一种特定形式的电子账本,也没有理由被排除在可选方式之外,而是可以由公司自发地选择使用来作为其制备股东名册的载体。

其次,从历史发展的趋势来看,股东名册与记载其他类型信息数据的账本一样,只要技术手段允许,必然会朝着无纸化和非人工化的方向发展。可能老股民们还记得当年国内证券交易所还采用纸质股票和人工手动记账方式进行交易,但没多久后就完全采用电子化方式进行了。而更典型的例子是货币,目前已经从纸钞进化到几乎全面电子化货币的时代。无论记载货币信息的账本还是记载上市公司证券信息的账本，均有其自己的中央清算机构，这是它们能够在短期内就全面电子数据化的基础条件。中央清算机构保证了整个系统能够交易后账目轧平而不会出现"双花"问题。（注：双花 — 双重花费，即将仅有的一份股份重复转让给两个人。）

而对于非上市公司的股权（股份）而言，原本并无此类中央清算机构。因此之前一直没有完善的技术基础设施来确保每一份股份或股权的唯一性，而只能借用国家机关的公信力，即依赖于工商局这种行政机关来"事后性"地提供关于权利唯一性的公示。这种权宜解决方案貌似效果不错，解决了"双花"问题，但实际上既缺乏效率（工商登记通常在股权交易之后一段时间才能完成），也不符合市场经济下的私法原理（靠当事人的意思自治来完成权利转移，而不是依靠公权力机关对交易的再次确认）。在技术如此发达的今天，再靠这种已经略显原始的方式来完成公司股权的滞后性确认，已经有点让人吃惊。

就这点而言，中国的立法者也意识到了此问题，而对工商局的角色定位也做出了变更。传统上的工商局集中了若干项原本并无直接关联的职能：它首先是公司法人成立的登记机构，也就是像医院给自然人颁发出生证那样给公司法人颁发"出生证"；其次是公司法人开展业务经营的许可者，也就是公司法人在出生后再由工商局准许开展经营活动。在实践中前两者职能合二为一，共同以营业执照作为证明；第三，工商局还类似于房地产登记中心那样的权利登记机构，以其自身的公信力（政府信用）来对公司股权进行登记造册，确认权利的归属，确保公司股权不被"双花"；第四，工商局还要监管公司在业务经营过程中的合规事宜，比如反垄断、反不正当竞争等；第五，如果公司开不下去了要解散，则工商局要负责管它的清算和注销。此外，工商局还有与公司无直接关联的商标管理、反传销、反知识产权侵权等业务……可以看出，整个工商局就是一个对商业活动开展了"从出生到死亡"的一条龙式监管的大杂烩，可谓又当爹又当妈,为公司们操碎了心。

这个问题已在近几年市场化改革中得到了改善,工商局已经开始明确自身的角色定位,弱化了对公司出生的管理(减少设立登记事项)和股权的确权登记(不再负责提供股权的最终证明),而另一方面则更专注于公司在经营过程中的监管。这从各地工商局纷纷整合其他部门后改名成为"市场监督管理局"就可以看出端倪。

而这其中必须提到的就是工商局对非上市公司股权(股份)登记的弱化参与这一点,其呼应了公司法的立法精神,目的是将股权(股份)的确立登记工作以去中心化式交给每家公司自己来完成,而减少在这种事务上继续借出政府信用(看样子是地主家也没余粮了);而相比于有限公司,工商局对于非上市股份公司的放权则更为彻底,大部分地区的工商局已经彻底不再登记这些公司的股份。这种做法与大量发达国家的商业实践开始趋近——在很多国家,公司的股权(股份)并不在国家机关进行登记,而是登记在商会、工商协会等民间自治组织,以市场自发认可的第三方来提供关于股权(股份)的权利证明。

区块链似乎是应运而生,它在本质上把提供公信力的第三方给更为彻底地去中心化了,即不再局限于特定的第三方主体,而是靠参与者全体来共同维护一套登记系统。而从所实现的功能上来看,区块链一方面将纪录的权利交给了公司自己,体现了自治的精神;另一方面也能确保信息纪录的公开、透明及真实性,使权利争议最小化。此外区块链登记还有及时性、低成本、避免单点崩溃风险等诸多优势,更不用提区块链技术可以天然地嵌入证券交易的集中竞价机制(这有一定的法律监管问题,但不是"小蚁"的内置特性,故本文不再展开)。

结语

"小蚁"系统作为一种利用区块链来登记公司股权(股份)的大胆尝

试，撇开其今后的商业成功性不谈，在法律上是完全能站得住脚的；其一旦被公司所选择，完全能够成为公司的股东名册以及持股信息的合法记载场所，对公司股权（股份）提供法律上有效力的证明。当然，在具体的细节设计上，小蚁必须做到与现行法律制度要求相兼容。

孙铭，世泽律师事务所合伙人（上海），主要业务范围是公司战略并购和银行融资业务。中国国内最早的数字货币和区块链技术的投资者、观察者和研究者之一，也是目前此领域的法律专家。撰写以及翻译过多篇涉及数字货币和区块链的文章，是最新出版的《区块链：新经济蓝图》一书的翻译审校者。目前同时担任国内第一家区块链产业基金——"万向集团区块链投资基金"的法律顾问。

跋二　区块链的股权众筹应用探讨

蒋海

区块链（Blockchain）是一种创新的分布式交易验证和数据共享技术，也被称为分布式共享总账（Distributed Shared Ledger）。具体地，区块链的核心价值在于，通过构建P2P自组织网络、时间有序不可篡改的密码学账本、分布式共识机制，从而实现去中心化信任（Decentralized Trust）。最近两年，区块链技术已经得到工业界和学术界越来越多关注，人们逐步认识到区块链是具有颠覆性意义的创新，因为这是第一次能够从技术层面建立去中心化信任。

然而，作为一项新兴的互联网技术，区块链还在多个方面亟待进一步完善。首先，共识机制的效率，共识机制效率与去中心化程度是个两难问题，需要根据具体应用场景进行均衡，去中心化程度越高，会导致共识机制效率降低。其次，大规模账本存取的效率，随着交易记录量越来越多，账本会越来越大，为了满足上层业务性能要求，需要改进账本存储策略和访问机制。最后，账本数据的易扩展性，由于区块链是一种基础性设施，为了满足上层多样化的应用业务，需要提高账本数据组织的个性化定制能力。当前，包括我们"布比"在内的国际国内诸多团队，正在围绕上述几个方面发展区块链技术。

在应用场景方面，区块链可广泛适用于股权、供应链、信用、证券、银行等行业领域，本文将探讨区块链在股权众筹领域的应用，侧重于区块链技术与股权众筹业务在系统层面的结合。区块链技术应用到股权众筹领域，有以下方面的优势：一是更加公开透明和真实可信，信息对投融资各方更加对称，记录难以篡改、伪造、删除；二是促进股权流通和资源共享，股权转让和登记更安全便捷，众筹平台之间投资人和项目可共享。

1. 股权登记管理

股权登记是证券市场交易安全的基本保障，对股权众筹而言，登记管理极为关键。一方面，登记发挥着向社会展示当事人股权的公示作用，让潜在的交易主体了解特定的权属状态，通过登记权利正确性推定效力维护交易安全；另一方面，登记也是股权交易的关键环节，记录股权所有者的转移。区块链独特的身份账户体系，记录的股权可以作为股权登记的电子凭证。

现有非上市股权管理，通常情况下，需要通过人工处理纸质股权凭证、期权发放和可换票据。如果出现频繁的股权变更，股东名册的维护将变得烦琐，历史交易的维护和跟踪也变得困难。区块链技术将会对这一切进行数字化管理，使其变得更加高效和安全。

区块链众筹股权登记，将充分利用区块链账本的安全透明、不可篡改、易于跟踪等特点，记录公司股权及其变更历史。

2. 股权转让流通

对于股权众筹而言，股权流通是业务的重要一环，能够激发用户的活跃度，促使更多的登记发行。传统的OTC场外股权交易，以交易双方的信用为基础，由交易双方自行承担信用风险，需要建立双边授信后才可进行交易，而交易平台集中承担了市场交易者的信用风险。

区块链技术可以降低交易的信用风险。如图1所示，股权的所有权登记在区块链中,股权交易必须要所有者的私钥签名才能验证通过;交易确认后,股权的变更也会记录在区块链中,从而保障交易双方的利益。

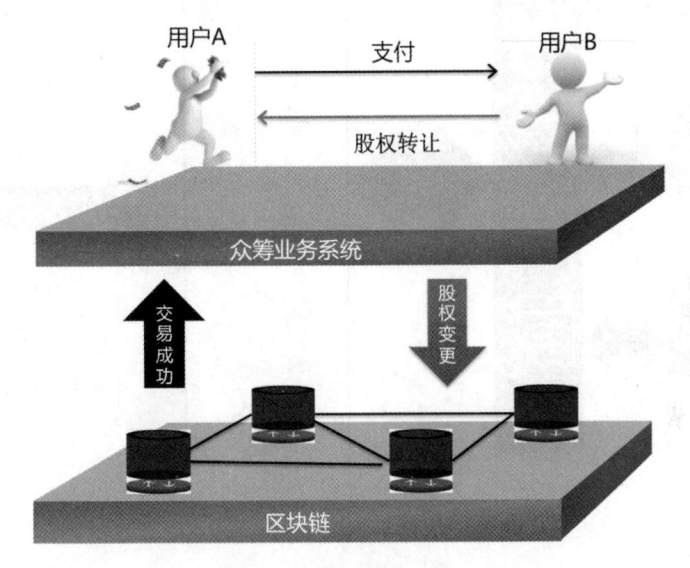

图1　区块链股权转让

3. 众筹联盟与数据共享

股权众筹业务与传统场内交易不一样,此类交易市场活动不是由一个或少数几个统一的机构来组织,而是由很多各自独立经营的公司分别进行的,因此这些交易活动分散于各家平台。众筹联盟就是要将这些零散的用户和交易汇聚起来,形成联合的分布式交易中心。

联盟最大的危机来自信任,由区块链构建的去中心化信任,天然适合联盟与协作。区块链技术构建的信任,不以人的意志为转移,在彼此不需要相互信任的前提下,也能保障系统和业务正常运行。每个众筹平台都成为区块链中的一个节点,拥有各自的公钥和私钥,共同参与交易验证和记账;另外除了众筹平台,监管机构也可以成为其中的一个节点,使监管变得更加透明、便捷。

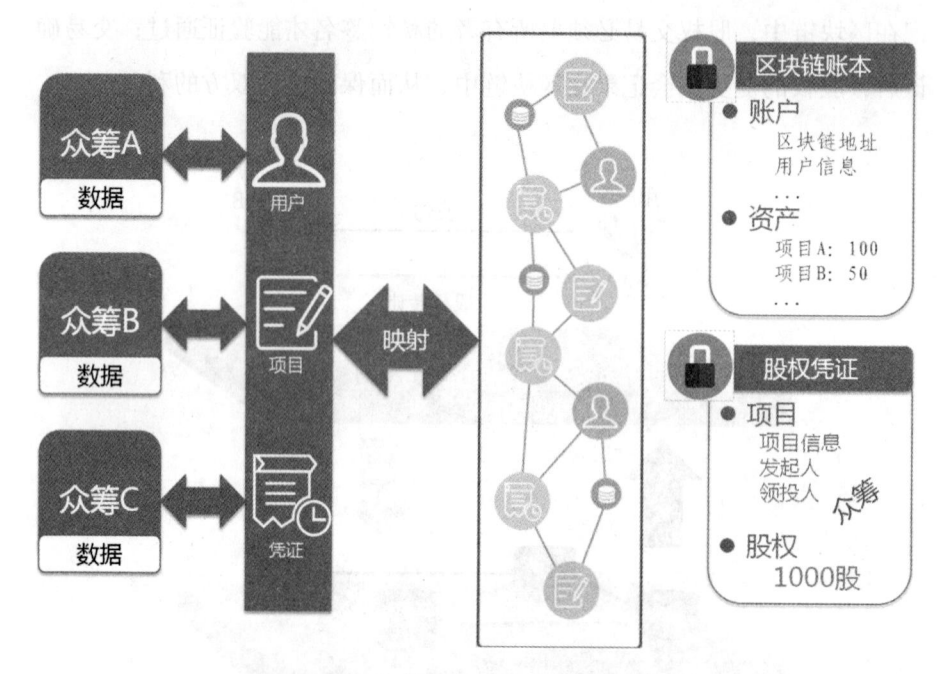

图2　众筹平台之间数据共享

要形成一个股权众筹联盟，首先要将用户、项目，以及所有权进行共享。如果按照传统的系统搭建方式，每个平台拥有独立的数据库，共享将变得异常复杂。如图2所示，区块链技术构建信任基础，能实现高效的数据共享。各个平台将自己的用户、众筹项目、股权凭证等映射到区块链网络中。

4. 众筹智能合约

在股权众筹发起初期，由发起人、众筹平台、领投人、保荐人等多方共同签署一份众筹合约，来约定各自的责任与义务。这份合约可以以智能合约的形式存入区块链中，由区块链确保合约在履行中不得被篡改。

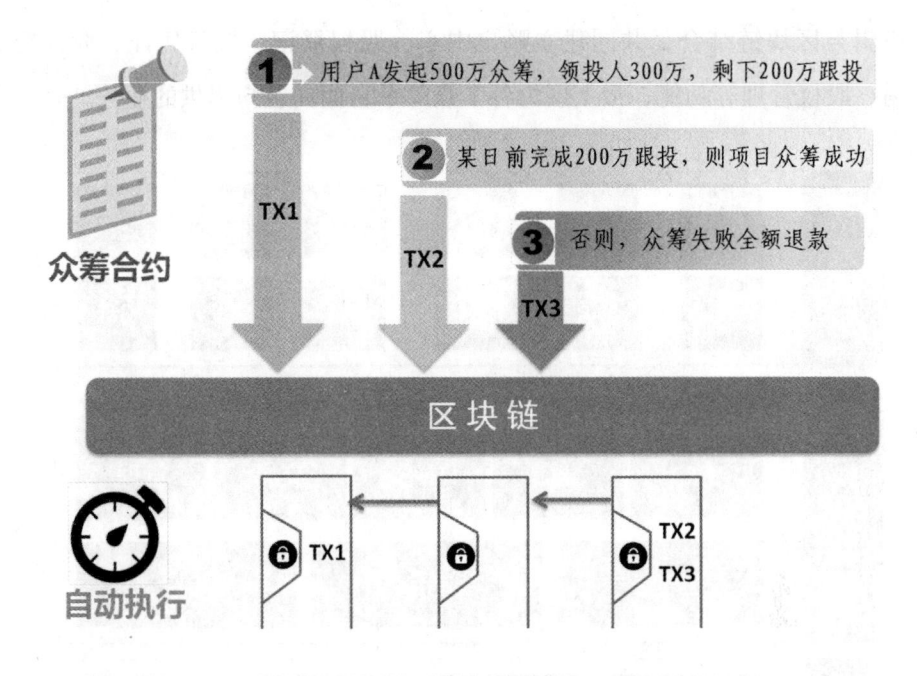

图3 区块链众筹智能合约示例

如图3所示，根据合约的条件，区块链底层首先产生第一个事务（TX1）：创建一个联名账户，从领投人账户打款300万到联名账户，并生成200万的借条供投资人购买，该账户由合约中各方共同拥有和维护；同时创建TX2（在规定时间内，如200万借条销售完，则从联名账户打款500万到发起人账户中），和TX3（如众筹失败，跟踪联名账户的交易记录，全额退款）。TX1、TX2、TX3在同一时间写入区块链，由区块链底层自动执行。

5. 系统实现架构

区块链股权众筹平台通常由三层结构组成（如图4所示）。最底层为区块链网络，由它构建起一个去中心化信任的分布式总账；中间层为业务

213

逻辑与区块链结合，共同建立账户中心、股权登记、股权凭证、股权交易、股权管理等功能；最上层为各个众筹平台面向客户提供的业务。

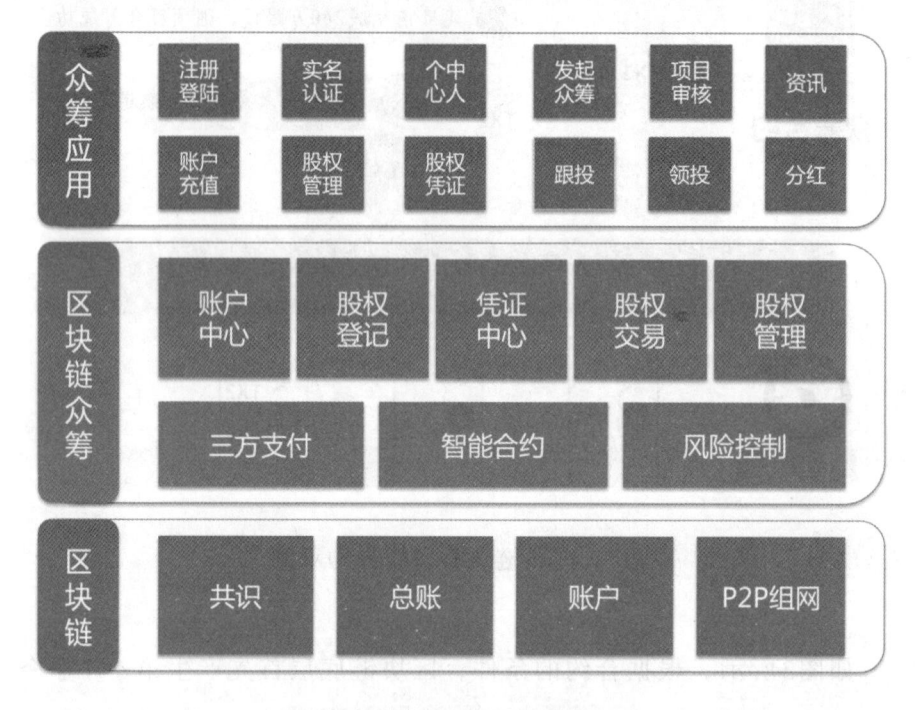

图4 区块链股权众筹系统架构

蒋海，中国科学院博士，"布比"创始人兼CEO。蒋博士在区块链技术、分布式计算网络、网络信息安全方面具有较深厚积累。"布比"公司专注于区块链技术和产品的创新，已经拥有多项核心技术，开发了自有的区块链基础服务平台，正在开展应用于股权、供应链、积分、信用等领域。以去中心化信任为核心，致力于打造开放式价值流通网络，让数字资产都自由流动起来。

跋三　中国区块链创业项目一览表

项目名称	项目介绍	项目创始人（包括投资人）	技术创新
万向区块链实验室	万向区块链实验室是专注于区块链技术的非营利前沿研究机构，实验室将聚集领域内的专家就技术研发、商业应用、产业战略等方面进行研究探讨，为创业者提供指引，为行业发展和政策制定提供参考，促进区块链技术服务于社会经济的进步发展。	肖风 Vitalik Buterin 沈波	行业技术交流和基础理论研究，区块链技术培训认证及推广、区块链丛书出版。
布比	布比专注于区块链技术和产品的创新，以去中心化信任为核心，致力于打造开放式价值流通网络，让一切数字资产都自由流动起来。目前，布比已经获得百万美元级天使轮投资。	蒋海	布比团队已经在区块链技术方面取得了诸多实质性创新成果。布比区块链在可证明安全性、交易验证共识、业务可扩展性等方面具有显著优势，既能够满足互联网级开放式平台的要求，也可以应用于各类企业级场景。

项目名称	项目介绍	项目创始人（包括投资人）	技术创新
莱特币	莱特币 Litecoin（简写：LTC，货币符号：Ł）是一种基于"点对点"（peer-to-peer）技术的网络货币，也是 MIT/X11 许可下的一个开源软件项目。	李启威（Charles Lee）	莱特币在其工作量证明算法中使用了由 Colin Percival 首次提出的 scrypt 加密算法，这使得相比于比特币，在普通计算机上进行莱特币挖掘更为容易。
OKCoin 比特币交易平台	OKCoin 是中国最专业的比特币交易平台，采用 ssl、冷存储、gslb、分布式服务器等先进技术，确保比特币交易的安全、快捷、稳定。目前，TradeBlock XBX (tradeblock.com)、Coindesk Index (coindesk.com)、NASDAQ Europe ET(xbtprovider.com) 三家机构已分别在其编制的价格指数中使用 OKCoin 比特币的价格。	徐明星	1. 策略交易，在比特币交易领域首创冰山委托，时间加权委托等策略交易工具。2. 业内首创实时动态风控体系，针对比特币高波动性特点，对期货和现货的风险，实行多级动态风控标准，根据市场动态对账户和仓位进行分级管理。3. 全球多市场，综合比特币指数，针对比特币波动大，交易所相对不稳定，定制多级权重管理体系，保证指数平滑的基础下，将全球主要市场均纳入指数成分中。

项目名称	项目介绍	项目创始人（包括投资人）	技术创新
好有钱 APP	好有钱是一款专注于熟人借贷的社交金融产品。熟人借贷就是利用社交关系发展债权关系，但这种债权关系具有熟人信任的属性。常规 P2P 模式的风控是集中式，总有无法覆盖的问题，而 F2F(friends to friends) 的模式则能够充分释放借款人与放贷人之间的社交关系价值，将风控成本降到更低，将借贷风险控制到最低。与传统银行贷款相比，好有钱更是具有零风控、手续简单、借贷速度快等优势。	徐明星	1. 借鉴比特币去中心化的理念，结合传统金融，发力于熟人借贷，应用分散化社交风控，打破传统 P2P 行业固化的集中式系统风险，使借贷更加高效便捷。2. 六维安全保障体系，保障借款人和放贷人的资金安全，确保双方履约过程合理、合法、合规。3. 结合比特币区块链技术，应用加密解密手段，在区块链上生成电子合同，不可伪造，公开唯一。4. 应用移动互联技术，对传统的社会金融生活进行创新改革，让人与人之间的信任关系更加稳固和谐。
小蚁	小蚁是一个基于区块链技术的股权登记、管理和交易系统。小蚁用电子签名来签署股权转让协议，用区块链来保存所有交易记录。区别于其他支付型的数字货币系统，小蚁的本质更像是一种带自动执行功能的电子合同签署系统。	达鸿飞 张铮文	小蚁结合国际电联 X.509 标准和我国《电子签名法》要求，设计了具备法律效力的区块链身份认证方案；小蚁以双方签署电子合同（而非数字代币转账）的形式来完成股权转让，使其符合《公司法》《合同法》要求；小蚁的超导交易机制，使交易所成为纯粹的信息撮合者，将传统的"用户+资金托管+证券托管+交易所+结算中心"的模型简化为"用户+信息撮合者"模型。

项目名称	项目介绍	项目创始人（包括投资人）	技术创新
太一系统	太一系统可以方便地发行多种数字货币，多种数字货币及数字资产可以共享太一的区块链。taiyilabs.com/yuanbaohui.com	邓迪	太一元现在是名副其实的全球第一的有法币支撑的数字货币，多资产共享区块链，极大地降低了发行新数字资产的成本。
BTCC	BTCC最初以"比特币中国"的名字创立于2011年。是中国第一个比特币交易所，也是目前全世界运营历史最长的比特币交易所。现在BTCC在一个综合平台提供不同的产品和服务，包括：数字货币交易所，矿池，支付网关，用户钱包和区块链刻字等服务。	李启元（Bobby Lee）杨林科 黄啸宇	BTCC在高安全性和用户方便性上取得了最佳的平衡，创造了一站式解决用户对比特币生态圈各个环节需求的模式。
Goopal	Goopal是一个基于Blockchain技术而开发的全球移动数字积分系统。通过Blockchain去中心化的技术特点，塑造了Goopal公正、公开、透明的特性，同时也使得Goopal技术能够在更广泛的场景中得以应用。www.goopal.com	孙江涛 崔萌 徐伟	采用DPOS股份授权证明机制；出块速度大幅提高，不超过10秒；支持多种数字资产发布。

项目名称	项目介绍	项目创始人（包括投资人）	技术创新
WeSUCH	WeSUCH社区通过引入国际领先的SAK支付系统，以移动互联网应用"蜜悦APP"为依托，利用"流支付"思想，解决了实时、多方、碎片化的利益分配难题，充分发挥移动互联网时代"粉丝经济"的巨大效应，为各参与方带来极致的产品体验，更好地服务人们生活。www.wesuch.com	王东	算法塑造世界，规则改变未来。WeSUCH正是利用DAC的思想，创造性地构建了一个能够自己发展壮大的平台规则体系，使体系中的各个参与方都能获得长期的利益回报，而这又促进了WeSUCH平台的持续发展壮大。
BitSE	BITSE于2013年在上海创立，以强大的算力提供的全球最强壮的区块链及其侧链为基础，打造面向全球的区块链服务平台，为全球用户提供区块链上的算力管理，数字资产管理与交易，物联网应用对接，防伪检验，IP注册于保护等专业服务。www.bitse.com	钱德君	BITSE首次提出BlockChain As A Service，结合当前某些行业高端产品，知识产权防伪检验的痛点，利用区块链及其侧链的智能合约技术，以庞大的算力及私有记账服务为基础，以区块链安全芯片及区块链物联网芯片为核心，为企业及用户提供安全且便捷的区块链服务。
精灵天下	一家专注于移动互联网和最新前沿技术创新的新型互联网公司。针对当前电子资产的版权认证不方便、取证难、认证难、交易烦琐等的问题，结合区块链技术提出了一个新型的模型。	李贝宁	在附加区块链网络上面设计一层版权记录、认证、交易的协议，此协议能很好地对电子资料作Hash和附加信息的记录；同时也能对记录的版权做有效认证。

项目名称	项目介绍	项目创始人（包括投资人）	技术创新
安存正信	作为解决方案提供商，安存正信提供数字世界中数据的真实性，有效性，证据化的基础性服务，构建"真"生态。这些基础性服务以区块链的时间戳为基础，关联用户的线下真实身份，提供存在性证明。项目目前正在紧张开发中，预计2016年初开始对外提供接入服务。	高航	安存正信在国内司法体系对电子证据认可的基础上，叠加了基于区块链的存证技术，以"存证"为切入点，实现了"存信"、"存真"的完整解决方案。
BitBank	项目立足于的虚拟货币银行，为虚拟货币提供安全，可靠的投资理财服务。其前身为聚啊（jua.com），累计理财超过20万比特币，150万莱特币，是世界最早的虚拟货币理财平台，也是当今世界最大的虚拟货币银行。在业务上主要以算力进行保障，并巨额投资了bw.com公司到中国第一款14nm芯片的矿机中；在技术上也有众多创新，并投资了重量级全冷钱包技术公司。从公司诞生之日起，就秉承着完全公开透明的策略，是值得信赖的虚拟货币银行。	花松秀 郭宏才	提供虚拟货币挖矿理财，拥有比特币云算力理财。

项目名称	项目介绍	项目创始人（包括投资人）	技术创新
BitShares	比特股是一种基于DPOS区块链技术的，达到工业级交易速度的开源去中心化交易所解决方案，任何人无须任何技术知识，就可以在上面发行或者交易包括数字货币、法币以及各类金融衍生品，并且可以收取自定义资产的交易佣金。	Daniel Larimer 李笑来 沈波 龚鸣	首个可以全球范围内进行商业化运作的交易平台解决方案，其类LMAX交易引擎首次让区块链交易速度达到新的高峰，由于没有中心化服务器和管理机构，能突破许多地区法律管辖限制，实现绝对公开透明的方式来交易各类已存在的或自定义金融商品。
CertChain	对任意文件和任何信息都能够以去中介化的方式，以纯粹数学算法的方式提供匿名且安全的存在证明。并可以根据用户需求，无须任何第三方介入，能够便捷和极低成本的证明某个人对任意类型文件的所有权。	龚鸣	用户无须透露任何鉴证内容给第三方就可以完成鉴证过程，整个鉴证过程免费且公开透明，通过区块链技术首次让海量微信息的微公证成为可能，不同于传统公证机构大多依靠政府提供信用背书来完成，使用数学算法让鉴证结果没有国界限制。
DAI Bond	贷券是首个基于以太坊技术的，可转让且彼此等价可互换的"加密债券"。由于该系统从设计上就保证了参与者在彼此间不信任的情况下也能够正常运行，所以参与者既无须事先认证，同时又确保借贷行为是低风险的。	Nikolai Mushegian, Rune Christensen, 龚鸣	贷券作为一种在以太坊区块链上的代币，而其价值能够与美元等法币实现1:1锚定。任何以太坊上的地址都可以持有贷券，也可以自由地发送给任何其他地址。这意味着在所有支持贷券的区块链应用都可以让普通人使用法币来进行交易结算。

项目名称	项目介绍	项目创始人(包括投资人)	技术创新
ViewBTC	ViewBTC（维优）是面向整个数字加密货币产业的独立第三方产业研究和咨询机构，品牌旗下的三大业务——维优指数，维优行业研究以及维优数据分析，相辅相成，共同为公司实现洞察数字加密货币产业，引领规范化行业标准，打造数字加密货币界的标准普尔这一使命提供源源不断的动力。ViewBTC是ViewFin（维优金融）的数字货币方向上的分支项目。	初夏虎	维优指数，维优行业研究以及维优数据。
RichFund	RichFund成立于2013年底，团队的业务主要涉及比特币挖矿芯片、比特币矿机、矿场、对冲套利、量化及高频交易、场外交易、比特币相关项目的投资和孵化。团队开发的套利系统经过近两年的不断优化打磨，已经非常成熟稳定，目前探索全球市场的做市商交易。	赵国峰	全球著名的数字货币对冲基金。

项目名称	项目介绍	项目创始人（包括投资人）	技术创新
智能坊	智能坊是一款真正意义上的第二代数字货币系统，该系统旨在实现为第三方开发者提供图灵完备的C/C++语言作为合约开发语言，大大拓宽了数字货币的应用领域，并有效降低了开发者在数字货币区块链上进行各类去中心化应用开发的难度，被誉为国内最有价值潜力的数字货币及区块链技术的相关项目。	石玮松	智能坊当前正在着力打造的是一个去中心化的智能合约应用平台。
BTSfair	BTSfair是一个人人都可参与的P2P比特资产兑换平台。如果说Bishares是银行系统的话，那BTSfair就是ATM机。BTSfair将是比特股生态系统的重要拼图。	郑浩	将BTSfair打造成实物资产和虚拟资产链接的桥梁，提高比特资产的流动性、接受度和用户友好度；吸引世界各地的本地承兑商入驻，解决法币入口难题，提供跨国支付、汇兑快捷通道。
比太钱包	比太是Bitcoin.org官方推荐的比特币钱包，同时，还为很多比特币企业提供了安全的企业级钱包解决方案。	文浩	基于SPV轻钱包模型，支持HD模型和多重签名技术，创新的冷热钱包模式，独创的极随机（真随机数）解决方案。

项目名称	项目介绍	项目创始人（包括投资人）	技术创新
币看	主营比特币和其他加密货币APP，提供价格、资讯和交易功能，团队由四个前华为员工组成，已经获得几百万天使投资。	刘爱华	币看通过Web和手机App等方式，给用户提供最及时便利的比特币行情和资讯服务。用户还可以通过币看App接入全球各大比特币交易市场或个人，进行比特币交易。币看提供安全便利的方式，帮助客户存储和使用自己的比特币。
比特币交易网	比特币交易网于2013年4月创办，支持人民币、美元、澳元、日元等与比特币的交易，是一个重点服务于中国用户，面向全球的比特币交易平台。日交易金额最高超过10亿人民币，曾多次被CCTV和其他知名媒体报道，是全球知名的比特币交易平台。	张寿松	比特币交易网宣布全资收购虚拟币交易平台聚币网。
BitExchange和闪电矿机	通过为客户提供全球领先的硬件产品，与BitExchange合作，在全球建立比特币生态系统。陆续推出全球依靠的矿机，ATM，硬件钱包等。希望性能领先的硬件产品为比特币，区块链的安全性，易用性，普遍性提供坚实的基础。	廖翔	位于全球硬件之都，致力于提供各种依靠的比特币硬件：矿机，ATM，硬件钱包，矿场部署等。

项目名称	项目介绍	项目创始人（包括投资人）	技术创新
火币网	虚拟货币交易平台，提供人民币、美元对btc比特币行情、比特币价格、ltc莱特币行情等虚拟币交易信息。	李林 杜均	全产业链布局；全球唯一一站式实现人民币、美元对比特币、莱特币的交易；首家实现比特币投资A股；一站式交易最完善APP。
区块链中国	区块链技术门户网，区块链技术行业搜索引擎，区块链中国实验室和区块链中国基金创立者。 www.qklzg.com www.cnblockchain.com	索剑伟	一站式解决区块链技术问题，一站式提供区块链技术外包服务，一站式推荐区块链专家顾问，一站式受理区块链创业基金申请。
Tilepay	Tilepay为物联网行业提供一种去中心化的人到机器或者机器到机器的支付解决方案。该公司基于区块链技术，开发了一个微支付平台，支持M2M的支付方式。此外基于该平台，Tilepay还致力于建立一个全球化的数据交易市场，使个人或者公司可以购买物联网设备或者传感器所产生的实时数据，并以P2P的方式保证数据的安全可靠传输。	Shawn David Kennedy, Carole Duranleau, 帅初	Tilepay是在2013年就在区块链+物联网领域进行技术研发的公司，通过借助于区块链技术，我们可以重构现有的物联网的架构，可以隐去物联网设备的真实ID，增加一个mesh网络的安全性，并赋予设备金钱处理的能力，从而开启设备的智能时代。
币富网	币富网是数字货币专业数据分析和投资建议网站。其目标为以数据为出发点，结合行业热点，对数字货币在全球的发展趋势做出分析判断，为投资者提供专业的实时数据和相关大数据服务，帮助用户在投资时做出更好的决定。	潘国力 周朝晖	首创社会化情绪指数指导数字货币的交易。社会化情绪指数包括国内情绪指数、国外情绪指数以及其他多项参数，乃是全球数字货币领域的一大创新。

项目名称	项目介绍	项目创始人（包括投资人）	技术创新
ENS	ENS 是一个区块链顶级名称注册的名称系统。如同 ICANN 管理 .com 和 .org 这样的域名，ENS 则是管理在以太坊区块链上的顶级域名。例如：/user/ 这个名称可用于用户注册。ENS 之于以太坊，就好像 DNS 之于互联网。	Nikolai Mushegian, Rune Christensen, Ryan Casey 鲁斌 杨仲东	区块链不可变的本质使更它适合存储名称，而且 ENS 可以永久地将以太坊区块链上的任何数据和名称关联起来。

附录 A 加密数字货币的基础

比特币和其他替代币都是一类电子现金，是一种网络上买卖物品的方法。要实现这一点，第一步，先建立一个电子钱包，钱包有网页版的，也可以从Blockchain.info、Mycelium、Coinbase、Electrum或者其他钱包提供商处下载到桌面版或者手机版。你的比特币地址即你的公钥和私钥会在你安装钱包后自动产生。一个典型比特币地址是由一串包含字母和数字的26到34位字符组成，首字符是1或3，这代表了一种可能的比特币支付目标——举个例子，1JDQ5KSqUTBo5M3GUPx8vm9134eJRosLoH就是这么一串字符或者相应的二维码（以上比特币地址是一个报道区块链技术新闻的Podcast节目的打赏地址，该节目名为"让我们谈谈比特币"）。你的比特币地址就像你的电邮地址；就像其他人知道了你的电邮地址就可以给你发送电邮一样，只要拥有了你的公钥钱包地址他们也可以给你发送比特币。

因为比特币是数字现金，所以你的电子钱包并没有真的包含现金（因此钱包一词有一点歧义）。你的钱包拥有你的地址，公钥和私钥，还有一定在区块链账本上你可以动用数量的比特币，但是没有任何真的现金。为了保护你的私钥，你的钱包应该像传统钱包一样妥善保管；任何能得到你私钥的人也能控制、花费或者转移你的比特币。你不能把你的私钥交给任何第三方，也不应该储存在交易所里（可怜的私钥安全问题一直是比特币相关盗窃和骗局的重要原因）。

有了你的地址，任何人都能够给你发送比特币（正如他们往你的电子邮件地址发电邮一样）。想要给其他人发比特币，你需要他人的地址以及你自己的钱包的私钥，软件会通过验证私钥确保你对将要花费和转移的比特币的控制权。为了给某人发送比特币，你可以扫描他的钱包二维码地址或者通过其他方式得到他的地址或二维码（比如通过电邮或者短信的方式）。发送方扫描接收方的二维码地址后通过钱包软件输入平常的转账信息，包括数量和交易费（交易费通常和转账数量以及所用的钱包有关）以及其他相关的参数后，将比特币发送给接收方。当发送方提交了这笔交易后，一条转移信息就会在网络上广播。这条信息表明一定数量比特币的所有权从发送方地址转移到接收方地址。这个操作需要得到发送方私钥的授权；如果钱包没有这个和相应数量比特币相关的私钥，操作就不会进行。一笔真实有效的交易会在"未确认"状态下立刻被接收者的钱包应用收到。大概十分钟后，交易将会由区块链上的矿工以镌刻在区块链上的形式加以确认。所以对于大型购物例如汽车或者不动产你可以等待交易被确认，而像买一杯咖啡这种小型快速的情形你就没有必要等待确认了。

公/私钥加密学101

当钱包被初始化或者第一次安装后，一个地址、公钥和私钥都会被自动创建。比特币是基于公钥加密的，这就意味着你可以把公钥展示出来但是一定要把私钥保存在自己手上。

比特币地址是软件通过挑选一个随机数，同时创造数学上相关、在花费比特币时会被确认的一个公/私钥对（经由当前的标准即椭圆曲线数字签名算法，简称ECDS）产生的。这个操作一开始就产生了私钥，但是想要获得比特币地址则需要更多的步骤。比特币地址不是简单的公钥，相反的，公钥会被更多的改造以便更易用。它通过传统的加密协议（像SHA-

256和RIPEMD-160）进行循环，一种哈希加密的操作（把一个字符串转化成一个与之相对应的、更短的、固定长度的值或者秘钥）以及管理员的操作（移除看起来相似的字符，如小写的L和大写的I、数字0和字母o，在尾部加上校验和在地址开头加上识别数字——对于大多数的比特币地址都是1，表明这是一个公开的比特币网络地址）。

尽管技术上说，两个不同的人可能生成一个同样的比特币地址，但其实这是不可行的。在这种情况下，双方都能够花费这个特殊地地址里的比特币。这个概率很小，小到99.9999999999%是不可能的。一个比特币钱包可以包含很多地址（一种安全的策略就是每笔交易都用新的地址或者都生成一个新的地址），和一把或者多把储存在钱包文件里的私钥。私钥和这个钱包生成的所有比特币地址都是数学上相关的。

在比特币里，私钥通常是一个256位的数字（尽管有的钱包使用的是128和512位），可以用一种或者多种方法表达出来。这里是一个私钥在十六进制下的例子（256位在十六进制下是32字节，或者在0到9或A到F范围内的64个字符）：

E9 87 3D 79 C6 D8 7D C0 FB 6A 57 78 63 33 89 F4
45 32 13 30 3D A6 1F 20 BD 67 FC 23 3A A3 32 62

这里还有私钥和它对应的公开地址的例子：

私钥：
79186670301299046436858412936420417076660923359050732094116068951337164773779

公开地址：
1EE8rpFCSSaBmG19sLdgQLEWuDaiYVFT9J

想通过某种倒推测算的方法从公钥中推导出私钥是不可能的（通过哈希算法的操作或者其他技术是不可能的，因为其单向加密），或者说是代价过高难以承受的（确认一笔交易需要用到海量的算力和很长的时间）。接收比特币只要有一个地址就行，而发送比特币则需要用到公钥和私钥的配对。

附录 B 莱德拉资本大区块链列表

位于纽约的风险投资机构莱德拉资本一直在尝试通过头脑风暴枚举区块链技术的广泛应用场景。这里有些类别包括了金融工具、公开记录、私有记录，以及半公开记录、实物资产私钥、无形资产和其他潜在的应用：

一、金融工具，财务记录和模型

1. 货币
2. 私募股权
3. 公募股权
4. 债券
5. 金融衍生品（期货、远期、期权、互换信贷以及更复杂的形式）
6. 与任何前述相关联的投票权
7. 大宗商品
8. 消费记录
9. 交易记录
10. 房产抵押贷款/贷款记录
11. 服务记录
12. 众筹

13. 微信贷
14. 微慈善

二、公共记录

15. 地契
16. 车辆登记
17. 营业执照
18. 业务合并/解散记录
19. 企业所有权记录
20. 监管记录
21. 犯罪记录
22. 护照
23. 出生证明
24. 死亡证明
25. 选民身份证件
26. 投票
27. 健康/安全检查
28. 建筑许可
29. 枪支许可
30. 法医证据
31. 法庭记录
32. 投票记录
33. 非营利记录
34. 政府/非营利组织会计透明化

三、私人记录

35. 合同

36. 签名

37. 遗嘱

38. 信托

39. 托管

40. 全球定位系统轨迹（个人）

四、其他半公开的记录

41. 学位

42. 认证

43. 学习成果

44. 成绩

45. 人力资源记录（工资、绩效考核、成绩）

46. 医疗记录

47. 会计记录

48. 业务交易记录

49. 基因组数据

50. 全球定位系统（机构）

51. 交货记录

52. 仲裁

五、物理资产密钥

53. 别墅/公寓钥匙

54. 度假屋/短租钥匙

55. 酒店房间钥匙

56. 车钥匙

57. 出租汽车钥匙

58. 租赁汽车钥匙

59. 储物柜钥匙

60. 保险箱钥匙

61. 包装交付（快递公司和收货方共同管理的私钥）

62. 投注记录

63. 梦幻运动记录

六、无形资产

64. 优惠券

65. 礼券

66. 预订（餐馆、酒店、排队等）

67. 电影票

68. 专利

69. 著作权

70. 商标

71. 软件许可证

72. 视频游戏许可证

73. 音乐/电影/书籍许可证（DRM）

74. 域名

75. 网上身份证

76. 署名权/先验艺术证明

七、其他

77. 纪录片记录（照片、音频、视频）

78. 数据记录（体育比分，温度等）

79. 手机SIM卡

80. 全球定位系统网络身份

81. 枪支解锁码

82. 武器解锁码
83. 核武器启动代码
84. 垃圾邮件控制（通过小额支付发送）

注解和参考书

1 Kayne, R. "What Is BitTorrent?" wiseGEEK, December 25,2014.http://www.wisegeek.com/what-is-bittorrent.htm#didyouknowout.

2 Beal, V "Public-key encryption.".Webopedia. http://www.webopedia.com/TERM/P/pub

3 Hof, R. "Seven Months After FDASlapdown, 23andMe Returns with NewHealth Report Submission." Forbes,June 20, 2014.http://www.forbes.com/sites/roberthof/20months-after-fda-slapdown-23andme-returns-with-new-health-report-submission/.

4 Knight, H. and B. Evangelista. "S.F.,L.A. Threaten Uber, Lyft, Sidecar withLegal Action." SFGATE, September 25,2041.http://m.sfgate.com/bayarea/articleF-L-A-threaten-Uber-Lyft-Sidecar-with-5781328.php.

5 Although it is not strictly impossiblefor two files to have the same hash, thenumber of 64-character hashes is vastlygreater than the number of files thathumanity can foreseeably create. This issimilar to the cryptographic standard thateven though a scheme could be cracked,the calculation would take longer thanthe history of the universe.

6 Nakamoto, S. "Bitcoin v0.1 Released." The Mail Archive, January 9,2009. http://www.mail-archive.com/cryptography@metzdowd.co

7 ——. "Bitcoin: A Peer-to-PeerElectronic Cash System." (publishingdataunavailable) https://bitcoin.org/bitcoin.p

8 Extended from: Sigal, M. "You SayYou Want a Revolution? It's CalledPost-PC Computing." Radar (O'Reilly),October 24, 2011.http://radar.oreilly.com/2011/10/post-

237

pc-revolution.html.

9 Gartner. "Gartner Says the Internet of Things Installed Base Will Grow to 26Billion Units By 2020." Gartner PressRelease, December 12,2013. http://www.gartner.com/newsroom/

10 Omohundro, S. "Cryptocurrencies,Smart Contracts, and ArtificialIntelligence." Submitted to AIMatters (Association for ComputingMachinery), October 22, 2014.http://steveomohundro.com/2014/10/22/csmart-contracts-and-artificial-intelligence/.

11 Dawson, R. "The New Layer of theEconomy Enabled by M2M Payments inthe Internet of Things." Trends in theLiving Networks, September 16,2014. http://rossdawsonblog.com/webloglayer-economy-enabled-m2m-payments-internet-things.html.

12 Petschow, K. "Cisco VisualNetworking Index Predicts AnnualInternet Traffic to Grow More Than 20Percent (Reaching 1.6 Zettabytes) by2018." Cisco Press Release,2014. http://newsroom.cisco.com/release

13 Andreessen, M. "Why BitcoinMatters." The New York Times, January21,2014. http://dealbook.nytimes.com/2014/bitcoin-matters/?_php=true&_type=blogs&_r=0.

14 Lamport, L., R. Shostack, and M.Pease. (1982). "The Byzantine GeneralsProblem." ACM Transactions onProgramming Languages and Systems4, no. 3: 382–401; Philipp (handle).(2014). "Bitcoin and the ByzantineGenerals Problem—A Crusade IsNeeded? A Revolution?" FinancialCryptography.http://financialcryptography.com/mt/archVaurum (handle name). (2014). "AMathematical Model for Bitcoin." (blogpost). http://blog.vaurum.com/a-mathematical-model-for-bitcoin/.

15 Cipher (handle name). "The CurrentState of Coin-Mixing Services." Depp.Dot. Web, May 25,2014. http://www.deepdotweb.com/2014/0state-coin-mixing-services/.

16 Rizzo, P. "Coinify Raises Millions toBuild Europe's Complete BitcoinSolution." CoinDesk, September 26,2014. http://www.coindesk.com/coinify-raises-millions-build-europes-complete-bitcoin-solution/.

17 Patterson, J. "Intuit Adds BitPay toPayByCoin." Bitpay Blog, November11,2014. http://blog.bitpay.com/2014/11/11/adds-bitpay-to-paybycoin.html.

18 Hajdarbegovic, N. "Deloitte: Media 'Distracting' from Bitcoin's DisruptivePotential." CoinDesk, June 30,2014. http://www.coindesk.com/deloitte-media-distracting-bitcoins-disruptive- potential/; Anonymous. "Remittances:Over the Sea and Far Away." TheEconomist, May 19,2012. http://www.economist.com/node/21

19 Levine, A.B. and A.M. Antonopoulos. "Let's Talk Bitcoin! #149: Price

andPopularity." Let's Talk Bitcoin podcast,September 30,2014. http://letstalkbitcoin. com/blog/postalk-bitcoin-149-price-and-popularity.

20 Kitco News. "2013: Year of theBitcoin." Forbes, December 10,2013. http://www.forbes.com/sites/kitconyear-of-the-bitcoin/.

21 Gough, N. "Bitcoin Value Sinks AfterChinese Exchange Move." The New York Times, December 18,2013. http://www.nytimes.com/2013/12/1bitcoin-exchange-ends-renminbi-deposits.html?_r=0.

22 Hajdarbegovic, N. "Yuan Trades NowMake Up Over 70% of Bitcoin Volume." CoinDesk, September 5,2014. http://www.coindesk.com/yuan-trades-now-make-70-bitcoin-volume/.

23 Vigna, P. "CNET Founder ReadiesBitreserve Launch in Bid to QuellBitcoin Volatility." The Wall StreetJournal, October 22, 2014.http://blogs.wsj.com/moneybeat/2014/10founder-readies-bitreserve-launch-in-bid-to-quell-bitcoin-volatility/.

24 Casey, M.J. "Dollar-Backed DigitalCurrency Aims to Fix Bitcoin's Volatility Dilemma." The Wall StreetJournal, July 8, 2014.http://blogs.wsj.com/moneybeat/2014/07backed-digital-currency-aims-to-fix-bitcoins-volatility-dilemma/.

25 Rizzo, P. "Coinapult LaunchesLOCKS, Aiming to Eliminate BitcoinPrice Volatility." CoinDesk, July 29,2014.http://www.coindesk.com/coinapult-launches-locks-tool-eliminate-bitcoin-price-volatility/.

26 Yang, S. "China Bans FinancialCompanies from Bitcoin Transactions." Bloomberg, December 5, 2013.http://www.bloomberg.com/news/2013-12-05/china-s-pboc-bans-financial-companies-from-bitcoin-transactions.html.

27 Orsini, L. "A Year in Bitcoin: WhyWe'll Still Care About theCryptocurrency Even If It Fades." ReadWrite, December 30, 2013.http://readwrite.com/2013/12/30/bitcoin-may-fade-2014-prediction.

28 Bitcoin Embassy. "Andreas M.Antonopoulos Educates Senate ofCanada About Bitcoin." YouTube,October 8, 2014.https://www.youtube.com/watch? v=xUNGFZDO8mM.

29 Robertson, M. and R. Bramanathan. "ATO Ruling Disappointing for Bitcoinin Australia." Lexology, August 21,2014.http://www.lexology.com/library/detail. ag=aee6a563-ab32-442d-8575-67a940527882.

30 Hern, A. "Bitcoin Is Legally Property,Says US IRS. Does That Kill It as aCurrency?" The Guardian, March 31,2014.http://www.theguardian.com/technology/

legally-property-irs-currency. See also:http://www.irs.gov/pub/irs-drop/n-14-21.pdf.

31 U.S. Government AccountabilityOffice. (2014). "Virtual Currencies:Emerging Regulatory, Law Enforcement,and Consumer Protection Challenges.GAO-14-496." Published: May 29,2014. Publicly released: June 26, 2014.http://www.gao.gov/products/GAO-14-496. Pages 12 – 20 explain how each ofthe relevant federal agencies (FinCEN,banking regulators, CFPB, SEC, CFTC,and DOJ) conduct supervision of Bitcoinor virtual currency or relatedenforcement. See also: "VirtualEconomies and Currencies: AdditionalIRS Guidance Could Reduce TaxCompliance Risks." http://www.gao.gov/products/GAO-13- 516.

32 Nakamoto, S. "Re: Transactions andScripts: DUP HASH160 ...EQUALVERIFY CHECKSIG." Bitcointalk, June 17, 2010.https://bitcointalk.org/index.php?topic=195. msg1611#msg1611.

33 Swanson, T. "Blockchain 2.0—Let aThousand Chains Blossom." Let's TalkBitcoin!, April 8, 2014.http://letstalkbitcoin.com/blockchain-2-0-let-a-thousand-chains-blossom/.

34 "The Mega-Master Blockchain List," posted March 11, 2014, Ledra Capital,http://ledracapital.com/blog/2014/3/11/bseries-24-the-mega-master-blockchain- list.

35 Casey, M.J. "Ripple Signs First TwoU.S. Banks to Bitcoin-Inspired PaymentsNetwork." The Wall Street Journal,September 24, 2014.http://blogs.wsj.com/moneybeat/2014/09signs-first-two-u-s-banks-to-bitcoin-inspired-payments-network/.

36 Prisco, G. "Spanish Bank BankinterInvests in Bitcoin Startup Coinffeine." CryptoCoins News, updated November17, 2014.https://www.cryptocoinsnews.com/spanisbank-bankinter-invests-bitcoin-startup-coinffeine/.

37Mac, R. "PayPal Takes Baby Step Toward Bitcoin, Partners withCryptocurrency Processors." Forbes,September 23, 2014.http://www.forbes.com/sites/ryanmac/201takes-small-step-toward-bitcoin-partners-with-cryptocurrency-processors/.

38 Bensinger, G. "eBay Payments Unit inTalks to Accept Bitcoin." The WallStreet Journal, August 14, 2014.http://online.wsj.com/articles/ebay-payment-unit-in-talks-to-accept-bitcoin-1408052917.

39 Cordell, D. "Fidor Bank Partners withKraken to Create Cryptocurrency Bank." CryptoCoins News, updated November 2, 2014.https://www.cryptocoinsnews.com/fidor-bank-partners-kraken-create-cryptocurrency-bank/.

40 Casey, M.J. "TeraExchange UnveilsFirst U.S.-Regulated Bitcoin SwapsExchange."

The Wall Street Journal,September 12, 2014.http://teraexchange.com/news/2014_9_1

41 Rizzo, P. "Buttercoin Bids to Take USBusiness from Global BitcoinExchanges." CoinDesk, November 5,2014.http://www.coindesk.com/buttercoin-bids-take-us-business-global-bitcoin-exchanges/. See also: https://www.wedbush.com/sites/default/fi

42 Metz, C. "Overstock.com AssemblesCoders to Create a Bitcoin-Like StockMarket." Wired, October 6, 2014.http://www.wired.com/2014/10/overstockcom-assembles-coders-build-bitcoin-like-stock-market/.

43 Ayral, S. "Bitcoin 2.0 CrowdfundingIs Real Crowdfunding." TechCrunch,October 17, 2014.http://techcrunch.com/2014/10/17/bitcoi2-0-crowdfunding-is-real-crowdfunding/.

44 Hofman, A. "Bitcoin CrowdfundingPlatform Swarm Announces FirstDecentralized Demo Day." Bitcoin Magazine, September 30, 2014.http://bitcoinmagazine.com/16890/bitcoicrowdfunding-platform-swarm-announces-first-decentralized-demo-day/.

45 Casey, M.J. "BitBeat: Apple LovesBitcoin Again, Maybe." The Wall StreetJournal, June 30, 2014.http://blogs.wsj.com/moneybeat/2014/06apple-loves-bitcoin-again-maybe/.

46 Higgins, S. "Crowdfunding PlatformSwarm Announces First Class ofStartups." CoinDesk, October 17, 2014.http://www.coindesk.com/swarm-first-class-startups-crowdfunding-platform/.

47 Rizzo, P. "How Koinify and Melotic Plan to Bring Order to CryptoCrowdsales." CoinDesk, November 14,2014. http://www.coindesk.com/koinify-melotic-plan-bring-order-crypto-crowdsales/.

48 Higgins, S. "Koinify Raises $1Million for Smart CorporationCrowdfunding Platform." CoinDesk,September 17, 2014.http://www.coindesk.com/koinify-1-million-smart-corporation-crowdfunding/.

49 Southurst, J. "BitFlyer LaunchesJapan's First Bitcoin CrowdfundingPlatform." CoinDesk, September 10,2014. http://www.coindesk.com/bitflyer-launches-japans-first-bitcoin-crowdfunding-platform/.

50 Swan, M. "Singularity University LivePrediction Markets Simulation and BigData Quantitative Indicators." Slideshare, updated July 11, 2014.http://www.slideshare.net/lablogga/singuuniversity-live-prediction-markets-simulation-big-data-indicators.

51 No relation to this author!

52 Swan, M. "Identity Authentication andSecurity Access 2.0." BroaderPerspective blog, April 7, 2013.http://futurememes.blogspot.com/2013/04authentication-and-security.

html.

53 Szabo, N. "Formalizing and SecuringRelationships on Public Networks." First Monday, September 1, 1997.http://firstmonday.org/ojs/index.php/fm/aas expounded by Hearn, M. (2014).Bitcoin Wiki.https://en.bitcoin.it/wiki/Smart_Property

54 Swanson, T. Great Chain of Numbers:A Guide to Smart Contracts, SmartProperty, and Trustless AssetManagement.

55 Hajdarbegovic, N. "CoinprismReleases Colored Coins Android Appfor Mobile Asset Transfer." CoinDesk,October 20, 2014.http://www.coindesk.com/coinprism- mobile-wallet–colored–coins/.

56 De Filippi, P. "Primavera De Filippion Ethereum: Freenet or Skynet? TheBerkman Center for Internet and Societyat Harvard University." YouTube, April15, 2014.https://www.youtube.com/watch?v=slhuidzccpI.

57 Ibid.

58 GSB Daily Blog. "Bitcoinomics,Chap. 11: The Future of Money andProperty or the Gospel Of Layers." GoldSilverBitcoin, August 18, 2013.https://www.goldsilverbitcoin.com/futureof–money–bitcoinomic/.

59 Carney, M. Growing Pains: StellarStumbles Briefly Amid Its Launch of aNew Crypto–Currency Platform." PandoDaily, August 5, 2014.http://pando.com/2014/08/05/growing–pains–stellar–stumbles–briefly–amid–its–launch–of–a–new–crypto–currency–platform/.

60 Benet, J. "IPFS—Content Addressed,Versioned, P2P File System (DRAFT3)." Accessed 2014. (no publishing orposting data available)http://static.benet.ai/t/ipfs.pdf.

61 Atkin, A. "TrustDavis on Ethereum." Slideshare, June 19, 2014.http://www.slideshare.net/aatkin1971/tru on–ethereum.

62 Galt, J. "Crypto Swartz Will Get YouPaid for Your Great Content." TheCoinFront, June 23, 2014.http://thecoinfront.com/crypto–swartz–will–get–you–paid–for–your–great–content/.

63 Prisco, G. "Counterparty RecreatesEthereum on Bitcoin." CryptoCoinsNews, updated November 12, 2014.https://www.cryptocoinsnews.com/counterecreates–ethereum–bitcoin/. See also: "Counterparty Recreates Ethereum' sSmart Contract Platform on Bitcoin." Counterparty Press Release.http://counterparty.io/news/counterparty recreates–ethereums–smart–contract–platform–on–bitcoin/.

64 Swan, M. "Counterparty/Ethereum:Why Bitcoin Topped $450 Today (WasUnder

$350 Last Week)." BroaderPerspective blog, November 12, 2014.http://futurememes. blogspot.com/2014/11why-bitcoin-topped.html.

65 "DEV PLAN," Ethereum, accessed2014,https://www.ethereum.org/pdfs/EthereumDev-Plan-preview.pdf.

66 Finley, K. "Out in the Open: An NSA-Proof Twitter, Built with Code fromBitcoin and BitTorrent." Wired, January13, 2014. http://www.wired.com/2014/01/twister/.

67 Johnston, D. et al. "The GeneralTheory of Decentralized Applications,DApps." GitHub, June 9, 2014.https://github.com/DavidJohnstonCEO/D

68 Babbitt, D. "Crypto-EconomicDesign: A Proposed Agent-BasedModeling Effort." SwarmFest 2014:18th Annual Meeting on Agent-BasedModeling & Simulation. University ofNotre Dame, Notre Dame, IN. June 29through July 1, 2014.http://www3.nd.edu/~swarm06/SwarmFeeconomicDesignBabbit.pdf.

69 Butarin, V "Bootstrapping a.Decentralized Autonomous Corporation: Part I." Bitcoin Magazine, September19, 2013.http://bitcoinmagazine.com/7050/bootstra-decentralized-autonomous-corporation-part-i/; Bontje, J. "Ethereum—Decentralized AutonomousOrganizations." Slideshare, April 9,2014.http://www.slideshare.net/mids106/etheredecentralized-autonomous-organizations; Ethereum (EtherCasts). "Egalitarian DAO Contract Explained." YouTube, April 3, 2014.https://www.youtube.com/watch?v=Q_gxDytSvuY.

70 Spaven, E. "Cloud Storage Startup Storj Raises 910 BTC in Crowdsale." CoinDesk, August 22, 2014.http://www.coindesk.com/cloud-storage-startup-storj-raises-910-btc-crowdsale/.

71 Marckx, C. "Storj: Next-GenerationCloud Storage Through the Blockchain." CryptoCoins News, updated April 11,2014.https://www.cryptocoinsnews.com/storj-next-generation-cloud-storage-through-the-blockchain/.

72 Levine, A.B. "Application Specific,Autonomous, Self-BootstrappingConsensus Platforms." Bitsharestalkforum, January 1, 2014. https://bitsharestalk.org/index.php?topic=1854.0.

73 Swan, M. "Automatic Markets." Broader Perspective blog, August 23,2009.http://futurememes.blogspot.com/2009/08markets.html.

74 Hearn, M. "Future of Money (andEverything Else)." Edinburgh TuringFestival. YouTube, August 23, 2013.https://www.youtube.com/watch?v=Pu4PAMFPo5Y.

75 Moshinsky, B. et al. "WikiLeaks FindsSnowden Cash Bump Elusive." Bloomberg

Businessweek, July 11,2013. http://www.businessweek.com/articles/2007-11/wikileaks-finds-snowden-cash-bump-elusive.

76 Gilson, D. "What Are Namecoins and.bit Domains?" CoinDesk, June 18,2013. http://www.coindesk.com/what-are-namecoins-and-bit-domains/.

77 ——. "Developers Attempt toResurrect Namecoin After FundamentalFlaw Discovered." CoinDesk, October28, 2013.http://www.coindesk.com/namecoin-flaw-patch-needed/.

78 Wong, J.I. "Trend Micro Report FindsCriminals Unlikely to AbuseNamecoin." CoinDesk, July 18, 2014. http://www.coindesk.com/trend-micro-report-finds-criminals-unlikely-abuse-namecoin/.

79 McArdle, R. and D. Sancho. "BitcoinDomains: A Trend Micro ResearchPaper." Trend Micro, accessed 2013(publishing data unavailable).http://www.trendmicro.com.au/cloud-content/us/pdfs/security-intelligence/white-papers/wp-bitcoin-domains.pdf.

80 Michael J. "Dotp2p Demo Video." YouTube, July 10, 2014.https://www.youtube.com/watch?feature=youtu.be&v=qeweF05tT50&app

81 BTC Geek. "Bitshares DNS KeyID Starts Trading." BTC Geek blog,accessed 2014 (publishing dataunavailable).http://btcgeek.com/bitshares-dns-keyid-starts-trading/.

82 Twitter. "Tweets Still Must Flow." Twitter Blog, January 26, 2012.https://blog.twitter.com/2012/tweets-still-must-flow.

83 Dollentas, N. "Exclusive Q&A withJoseph Fiscella: Florincoin andDecentralized Applications." Bitoinist.net, June 22, 2014.http://bitcoinist.net/exclusive-qa-with-joseph-fiscella-florincoin-and-decentralized-applications/.

84 Chaffin, B. "The NSA Can Listen toSkype Calls (Thanks to Microsoft)." TheMac Observer, July 11, 2013.http://www.macobserver.com/tmo/article/nsa-can-listen-to-skype-calls-thanks-to-microsoft; Goodin, D. Encrypted orNot, Skype Communications Prove 'Vital' to NSA Surveillance." ArsTechnica, May 13, 2014.http://arstechnica.com/security/2014/05/or-not-skype-communications-prove-vital-to-nsa-surveillance/.

85 Brin, D. The Transparent Society:Will Technology Force Us to ChooseBetween Privacy and Freedom?Cambridge, MA: Perseus Books Group, 1999.

86 Chaffin, B. "The NSA Can Listen toSkype Calls (Thanks to Microsoft)." TheMac Observer, July 11, 2013.http://www.macobserver.com/tmo/article/nsa-can-listen-to-skype-calls-thanks-to-microsoft.

87 Dourado, E. "Can Namecoin ObsoleteICANN (and More)?" The Ümlaut,February

5,2014. http://theumlaut.com/2014/02/05/nicann/.

88 Rizzo, P. "How OneName MakesBitcoin Payments as Simple asFacebook Sharing." CoinDesk, March27, 2014. http://www.coindesk.com/onenamemakes-bitcoin-payments-simple-facebook-sharing/.

89 Higgins, S. "Authentication ProtocolBitID Lets Users 'Connect withBitcoin.'" CoinDesk, May 7,2014. http://www.coindesk.com/authenticprotocol-bitid-lets-users-connect-bitcoin/.

90 Rohan, M. "Multi-FactorAuthentication Market Worth $10.75Billion by 2020." Markets and Markets,accessed 2014 (publishing dataunavailable). http://www.marketsandmarkfactor-authentication.asp.

91 Antonopoulos, A.M. "Bitcoin Neutrality." Bitcoin 2013 Conference,May 18, 2013, San Jose, CA. YouTube,June 10,2013. https://www.youtube.com/watch?v=BT8FXQN-9-A.

92 Senbonzakura (handle name). "IslamicBank of Bitcoin." Bitcoin Forum, June24,2011. https://bitcointalk.org/index.php?topic=21732.0.

93 Chaia, A. et al. "Half the World IsUnbanked." McKinsey & Co, March2009. http://mckinseyonsociety.com/half-the-world-is-unbanked/.

94 "2013 FDIC National Survey ofUnbanked and Underbanked Households," U.S. Federal DepositInsurance Corporation, updated October28, 2014,https://www.fdic.gov/householdsurvey/.

95 Mims, C. "M-Pesa: 31% of Kenya'sGDP Is Spent Through Mobile Phones." Quartz, February 27, 2013.http://qz.com/57504/31-of-kenyas-gdp-is-spent-through-mobile-phones/.

96 Cawrey, D. "37Coins PlansWorldwide Bitcoin Access with SMS-Based Wallet." CoinDesk, May 20,2014.http://www.coindesk.com/37coins-plans-worldwide-bitcoin-access-sms-based-wallet/.

97 Rizzo, P. "How Kipochi Is TakingBitcoin into Africa." CoinDesk, April25, 2014. http://www.coindesk.com/kipochi-taking-bitcoin-africa/.

98 It is not impossible that two filescould produce the same hash, but thechance is one in trillions of trillions ormore.

99 Cawrey, D. "How Bitcoin'sTechnology Could RevolutionizeIntellectual Property Rights." CoinDesk,May 8, 2014.http://www.coindesk.com/how-block-chain-technology-is-working-to-transform-intellectual-property/.

100 Kirk, J. "Could the Bitcoin NetworkBe Used as an Ultrasecure NotaryService?"

Computerworld, May 23,2013.http://www.computerworld.com/article/2apps/could-the-bitcoin-network-be-used-as-an-ultrasecure-notary-service-.html.

101 Morgan, P. "Using BlockchainTechnology to Prove Existence of aDocument." Empowered Law, accessed2014.http://empoweredlaw.wordpress.com/201blockchain-technology-to-prove-existence-of-a-document/.

102 Sirer, EG. "Introducing Virtual Notary." Hacking, Distributed, June 20,2013. hackingdistributed.com/2013/06/20/virtunotary-intro/.

103 Goss, L. "The High School StartupUsing Blockchain Technology." BitScan,August 27, 2014.https://bitscan.com/articles/the-high-school-startup-using-blockchain-technology.

104 Cawrey, D. "How Monegraph Usesthe Block Chain to Verify DigitalAssets." CoinDesk, May 15, 2014.http://www.coindesk.com/monegraph-uses-block-chain-verify-digital-assets/.

105 Snow, P. "Notary Chains" (white paper).https://github.com/NotaryChains/.

106 Stephenson, N. Snow Crash. NewYork: Spectra, 1992. See also:http://everything2.com/title/Franchulate

107 Swan, M. "Illiberty in Biohacking,Personal Data Rights, Neuro-diversity,and the Automation Economy." BroaderPerspective blog, March 2, 2014.http://futurememes.blogspot.fr/2014/03/iin-biohacking-personal-data.html.

108 Prisco, G. "Bitcoin Governance 2.0:Let's Block-chain Them." CryptoCoinsNews, updated October 13, 2014.https://www.cryptocoinsnews.com/bitcoingovernance-2-0-lets-block-chain/.

109 Hofman, A. "Couple to Get Marriedon the Bitcoin Blockchain at DisneyBitcoin Conference." Bitcoin Magazine,September 23, 2014.http://bitcoinmagazine.com/16771/couplget-married-bitcoin-blockchain-disney-bitcoin-conference/.

110 Marty, B. "Couple Make History withWorld's First Bitcoin Wedding." PanAmPost, October 7, 2014.http://panampost.com/belen-marty/2014/10/07/couple-make-history-with-worlds-first-bitcoin-wedding/.

111 Ploshay, E. "A Word from JeffreyTucker: Bitcoin Is Not a Monetary System." Bitcoin Magazine, January 3,2014.http://bitcoinmagazine.com/9299/word-jeffrey-tucker-bitcoin-monetary-system/.

112 McMillan, R. "Hacker Dreams UpCrypto Passport Using the Tech BehindBitcoin." Wired, October 30, 2014.http://www.wired.com/2014/10/world_paEllis,

C. "World Citizenship ProjectFeatures in Wired Magazine." Blog post,November 1, 2014. http://chrisellis.me/world-citizenship-project-features-in-wired-magazine/.

113 De Soto, H. The Mystery of Capital:Why Capitalism Triumphs in the West and Fails Everywhere Else. New York:Basic Books, 2003.

114 Swan, M. "Crowdsourced HealthResearch Studies: An ImportantEmerging Complement to Clinical Trialsin the Public Health ResearchEcosystem." J Med Internet Res 14, no.2 (2012): e46.

115 Mishra, P. "Inside India's Aadhar, theWorld's Biggest Biometrics Database." TechCrunch, December 6, 2013.http://techcrunch.com/2013/12/06/insideindias-aadhar-the-worlds-biggest-biometrics-database/.

116 Deitz, J. "Decentralized GovernanceWhitepaper." Quora, May 21, 2014. http://distributed-autonomous-society.quora.com/Decentralized-Governance-Whitepaper.

117 Ramos, J. "Liquid Democracy: TheApp That Turns Everyone into aPolitician." Shareable, January 20,2014.http://www.shareable.net/blog/liquid-democracy-the-app-that-turns-everyone-into-a-politician.

118 Buchanan, A.E. Deciding for Others:The Ethics of Surrogate DecisionMaking (Studies in Philosophy andHealth Policy). Cambridge: CambridgeUniversity Press, 1990.

119 Carroll, L. The Principles of Parliamentary Representation. London:Harrison and Sons, 1884.https://archive.org/details/ThePrinciplesBlack, D. "The Central Argument inLewis Carroll's The Principles ofParliamentary Representation." Paperson Nonmarket Decision Making 3, no1 (1967): 1 - 17.

120 Chaum, D. "Random-SampleElections: Far Lower Cost, BetterQuality and More Democratic." Accessed 2012 (publishing dataunavailable). www.rs-elections.com/Random-Sample%20Elections.pdf.

121 Davis, J. "How Selecting Voters Randomly Can Lead to BetterElections." Wired, May 16, 2012.www.wired.com/2012/05/st_essay_voting

122 Hanson, R. "Futarchy: V Values,otebut Bet Beliefs." Accessed 2013(publishing data unavailable).http://hanson.gmu.edu/futarchy2013.pdf

123 Buterin, V "An Introduction to.Futarchy [as Applied with BlockchainTechnology]." Ethereum blog, August21, 2014.https://blog.ethereum.org/2014/08/21/intfutarchy/.

124 Cruz, K. "The Truth BehindTruthcoin." Bitcoin Magazine,September 25, 2014. http://bitcoinmagazine.com/16748/truth-behind-truthcoin/.

247

125 Wagner, A. "Putting the Blockchain toWork For Science!" Bitcoin Magazine,May 22, 2014.http://bitcoinmagazine.com/13187/puttinthe-blockchain-to-work-for-science-gridcoin/.

126 Buterin, V "Primecoin: The.Cryptocurrency Whose Mining IsActually Useful." Bitcoin Magazine,July 8, 2013.http://bitcoinmagazine.com/5635/primecthe-cryptocurrency-whose-mining-is-actually-useful/.

127 Myers, D.S., A.L. Bazinet, and M.P. Cummings. "Expanding the Reach ofGrid Computing: Combining Globus-andBOINC-Based Systems." Center forBioinformatics and ComputationalBiology, Institute for AdvancedComputer Studies, University ofMaryland, February 6, 2007 (Draft).http://lattice.umiacs.umd.edu/latticefiles

128 Clenfield, J. and P. Alpeyev. "TheOther Bitcoin Power Struggle." Bloomberg Businessweek, April 24,2014.http://www.businessweek.com/articles/2004-24/bitcoin-miners-seek-cheap-electricity-to-eke-out-a-profit.

129 Gimein, M. "Virtual Bitcoin Mining Is a Real-World EnvironmentalDisaster." Bloomberg, April 12, 2013.http://www.bloomberg.com/news/2013-04-12/virtual-bitcoin-mining-is-a-real-world-environmental-disaster.html.

130 Worstall, T. "Fascinating Number:Bitcoin Mining Uses $15 Million' sWorth of Electricity Every Day." Forbes, December 3, 2013.http://www.forbes.com/sites/timworstall/number-bitcoin-mining-uses-15-millions-worth-of-electricity-every-day/.

131 Tapscott, D. and A.D. Williams.Wikinomics: How Mass CollaborationChanges Everything. New York: Penguin Group, 2008.

132 Anonymous. "EteRNA." ScientificAmerican, (publishing data unavailable). http://www.scientificamerican.com/citizescience/eterna/.

133 Vigna, P. and M.J. Casey. "BitBeat:Could Bitcoin Help Fight the EbolaCrisis?" The Wall Street Journal,October 8, 2014.http://blogs.wsj.com/moneybeat/2014/10could-bitcoin-help-fight-the-ebola-crisis/.

134 Cawrey, D. "37Coins PlansWorldwide Bitcoin Access with SMS-Based Wallet." CoinDesk, May 20,2014. http://www.coindesk.com/37coins-plans-worldwide-bitcoin-access-sms-based-wallet/.

135 Rizzo, P. "How Kipochi Is TakingBitcoin into Africa." CoinDesk, April25, 2014. http://www.coindesk.com/kipochi-taking-bitcoin-africa/.

136 Mims, C. "M-Pesa: 31% of Kenya' sGDP Is Spent Through Mobile Phones." Quartz, February 27, 2013.http://qz.com/57504/31-of-kenyas-gdp-is-spent-

through-mobile-phones/.

137 Buterin, V "Sean's Outpost.Announces Satoshi Forest, Nine-AcreSanctuary for the Homeless." Bitcoin Magazine, September 9, 2013.http://bitcoinmagazine.com/6939/seans-outpost-announces-satoshi-forest/.

138 Green, R. and N.A. Farahany. "Regulation: The FDA Is Overcautiouson Consumer Genomics." Nature,January 15, 2014.http://www.nature.com/news/regulation-the-fda-is-overcautious-on-consumer-genomics-1.14527.

139 Wright, C. et al. "People Have aRight to Access Their Own GeneticInformation." Genomes Unzipped:Personal Public Genomes, November 3,2011.http://genomesunzipped.org/2011/03/peo have-a-right-to-access-their-own-genetic-information.php.

140 Green, R.C. et al. "Disclosure ofAPOE Genotype for Risk of Alzheimer'sDisease." New England Journal ofMedicine 361 (July 16, 2009):245 - 54. http://www.nejm.org/doi/full/10.1056/NEand discussed in further detail athttp://www.genomes2people.org/director

141 Regalado, A. "The FDA Ordered23andMe to Stop Selling Its HealthTests. But for the Intrepid, GenomeKnowledge Is Still Available." MITTechnology Review, October 19, 2014.http://www.technologyreview.com/featurea-wiki-is-keeping-direct-to-consumer-genetics-alive/.

142 DeCODEme. "Sales of Genetic ScansDirect to Consumer ThroughdeCODEme Have Been Discontinued!Existing Customers Can Access TheirResults Here Until January 1st 2015." http://en.wikipedia.org/wiki/DeCODE_ge

143 Castillo, M. "23andMe to OnlyProvide Ancestry, Raw Genetics DataDuring FDA Review." CBS News,December 6, 2013.http://www.cbsnews.com/news/23andme-to-still-provide-ancestry-raw-genetics-data-during-fda-review/.

144 Swan, M. "Health 2050: TheRealization of Personalized Medicine Through Crowdsourcing, the QuantifiedSelf, and the Participatory Biocitizen." JPers Med 2, no. 3 (2012): 93 - 118.

145 ——. "Multigenic Condition RiskAssessment in Direct-to-ConsumerGenomic Services. Genet Med 12, no. 5(2010): 279 - 88; Kido, T. et al. "Systematic Evaluation of PersonalGenome Services for JapaneseIndividuals." Nature: Journal of HumanGenetics 58 (2013):734 - 41.

146 Tamblyn, T. "Backup Your DNAUsing Bitcoins." Huffington Post UK,October 30, 2014.http://www.huffingtonpost.co.uk/2014/10genome-backup- bitcoin_n_6076366.

html.

147 Grens, K. "Cloud–Based Genomics." The Scientist, October 28, 2013.http://www.the-scientist.com/?articles.view/articleNo/38044/title/CloudBased-Genomics/.

148 Jiang, K. "University of Chicago toEstablish Genomic Data Commons." University of Chicago News, December2, 2014.http://news.uchicago.edu/article/2014/12chicago-establish-genomic-data-commons.

149 Swan, M. "Blockchain Health—Remunerative Health Data Commons &HealthCoin RFPs." Broader Perspective blog, September 28, 2014.http://futurememes.blogspot.com/2014/09health-remunerative-health.html.

150 HL7 Standards. "20 Questions forHealth IT #5: Bitcoin & BlockchainTechnology." HL7 Standards, September8, 2014.http://www.hl7standards.com/blog/2014/5/.

151 Zimmerman, J. "DNA Block ChainProject Boosts Research, PreservesPatient Anonymity." CoinDesk, June 27,2014. http://www.coindesk.com/israels-dna-bits-moves-beyond-currency-with-genes-blockchain/.

152Swan, M. "Quantified Self Ideology: Personal Data Becomes Big Data." Slideshare, February 6, 2014.http://www.slideshare.net/lablogga/quanself-ideology-personal-data-becomes-big-data.

153 Levine, A.B. "Let's Talk Bitcoin!#158: Ebola and the Body Blockchainwith Kevin J. McKernan." Let's TalkBitcoin podcast, November 1, 2014.http://letstalkbitcoin.com/blog/post/lets-talk-bitcoin-158-ebola-and-the-body-blockchain.

154 McKernan, K. "Niemann–Pick Type C& Ebolavirus: Bitcoin CommunityComes Together to Advocate and FundOpen Source Ebolavirus Research." Medicinal Genomics, accessed 2014(publishing data unavailable).http://www.medicinalgenomics.com/niempick-type-c-and-ebola/.

155 Anonymous. "The Evolving Geneticsof HIV: Can Genes Stop HIV?" The TechMuseum of Innovation, (publishing dataunavailable).http://genetics.thetech.org/original_news

156 Anonymous. "Unreliable Research.Trouble at the Lab." The Economist,October 17, 2013 (paywall restricted).http://www.economist.com/news/briefingscientists-think-science-self-correcting-alarming-degree-it-not-trouble.

157 Schmidt, M. and H. Lipson. "Distilling Free–Form Natural Lawsfrom Experimental Data." Science 324,no. 5923 (2009): 81 – 5.http://creativemachines.cornell.edu/sitesKeim,

B. "Computer Program Self-Discovers Laws of Physics." Wired,April 2, 2009.http://www.wired.com/2009/04/newtonai/

158 Muggleton, S. "Developing RobustSynthetic Biology Designs Using aMicrofluidic Robot Scientist. Advancesin Artificial Intelligence—SBIA 2008." Lecture notes in Computer Science 5249(2008):4.http://link.springer.com/chapter/10.1007 3-540-88190-2_3.

159 Waltz, D. and BG Buchanan. "Automating Science." Science 324, no.5923 (2009): 43 - 4.http://www.sciencemag.org/content/324/5

160 Higgins, S. "Sidechains White PaperImagines New Future for DigitalCurrency Development." Coindesk,October 23, 2014.http://www.coindesk.com/sidechains-white-paper-ecosystem-reboot/; Back,A. et al. "Enabling BlockchainInnovations with Pegged Sidechains." Accessed 2014 (publishing dataunavailable).http://www.blockstream.com/sidechains.p

161 daCosta, F. Rethinking the Internetof Things: A Scalable Approach toConnecting Everything. New York:Apress, 2013.

162 Deleuze, G. Cinema 2: The Time-Image. Minneapolis: University ofMinnesota Press, 1989.

163 Heidegger, M. Being and Time. NewYork: Harper Perennial ModernClassics, 1927.

164 Crackerhead (handle name). "MiningLTBCoin." BitcoinTalk.org forum, July27, 2014.https://bitcointalk.org/index.php?topic=712944.0.

165 von Hayek, F.A. Denationalization ofMoney: An Analysis of the Theory andPractice of Concurrent Currencies.London: Institute of Economic Affairs,1977.

166 ——. "The 'Paradox' of Saving." Economica, no. 32 (1931).

167 Blumen, R. "Hayek on the Paradox ofSaving." Ludwig von Mises Institute, January 9, 2008.http://mises.org/daily/2804.

168 Ferrara, P. "Rethinking Money: TheRise Of Hayek's Private Competing Currencies." Forbes, March 1, 2013.http://www.forbes.com/sites/peterferraramoney-the-rise-of-hayeks-private- competing-currencies/.

169 Wong, J.I. "MIT Undergrads CanNow Claim Their Free $100 in Bitcoin." CoinDesk, October 29, 2014.http://www.coindesk.com/mit-undergrads-can-now-claim-free-100-bitcoin/.

170 Rizzo, P. "70,000 Caribbean IslandResidents to Receive Bitcoin in 2015." CoinDesk, August 28, 2014.http://www.coindesk.com/70000-caribbean-island-

residents-receive-bitcoin-2015/.

171 Cawrey, D. "Auroracoin Airdrop:Will Iceland Embrace a National DigitalCurrency?" CoinDesk, March 24, 2014. http://www.coindesk.com/auroracoin-airdrop-iceland-embrace-national-digital-currency/.

172 Khaosan, V "Ecuador: The First.Nation to Create Its Own DigitalCurrency." CryptoCoins News, updatedAugust 1, 2014.https://www.cryptocoinsnews.com/ecuadofirst-nation-create-digital-currency/.

173 Hamill, J. "The Battle of LittleBitcoin: Native American TribeLaunches Its Own Cryptocurrency." Forbes, February 27, 2014.http://www.forbes.com/sites/jasperhamillbattle-of-little-bitcoin-native-american-tribe-launches-its-own-cryptocurrency/.

174 Lietaerm, B. and J. Dunne.Rethinking Money: How NewCurrencies Turn Scarcity intoProsperity London: Berrett-KoehlerPublishers, 2013.

175 Swan, M. "Social EconomicNetworks and the New Intangibles." Broader Perspective blog, August 15,2010.http://futurememes.blogspot.com/2010/08economic-networks-and-new.html.

176 ———. "New Banks, NewCurrencies, and New Markets in aMulticurrency World: Roadmap for aPost-Scarcity Economy by 2050." Create Futures IberoAmérica,Enthusiasmo Cultural, São Paolo Brazil,October 14, 2009.

177 ———. "Connected WorldWearables Free Cognitive Surplus." Broader Perspective blog, October 26,2014.http://futurememes.blogspot.com/2014/10world-frees-cognitive-surplus.html.

178 Lee, T.B. "Bitcoin Needs to Scale bya Factor of 1000 to Compete with Visa.Here's How to Do It." The WashingtonPost, November 12, 2013.http://www.washingtonpost.com/blogs/thswitch/wp/2013/11/12/bitcoin-needs-to-scale-by-a-factor-of-1000-to-compete- with-visa-heres-how-to-do-it/.

179 Spaven, E. "The 12 Best Answersfrom Gavin Andresen's Reddit AMA." CoinDesk, October 21, 2014.http://www.coindesk.com/12-answers-gavin-andresen-reddit-ama/.

180 Prashar, V "What Is Bitcoin 51%.Attack, Should I Be Worried?" BTCpedia, April 21, 2013.http://www.btcpedia.com/bitcoin-51-attack/.

181 Rizzo, P. "Ghash.io: We Will NeverLaunch a 51% Attack Against Bitcoin." CoinDesk, June 16, 2014.http://www.coindesk.com/ghash-io-never-launch-51-

attack/.

182 Courtois, N. "How to Upgrade theBitcoin Elliptic Curve." FinancialCryptography, Bitcoin, CryptoCurrencies blog, November 16, 2014.http://blog.bettercrypto.com/?p=1008.

183 Ibid.

184 Kwon, J. "Tendermint: ConsensusWithout Mining" Accessed 2014 (whitepaper). http://tendermint.com/docs/tendermint.pd

185 ———. "Tendermint ConsensusProposal." Bitcoin forum, November 20,2014. https://bitcointalk.org/index.php?topic=866460.0. See alsotendermint.com/posts/security-of- cryptocurrency-protocols/.

186 Anonymous. "The Troubling Holes inMtGox's Account of How It Lost $600Million in Bitcoins." MIT TechnologyReview, April 4, 2014.http://www.technologyreview.com/view/5troubling-holes-in-mtgoxs-account-of-how-it-lost-600-million-in-bitcoins/.

187 Collier, K. "Moolah CEO Accused ofDisappearing with $1.4 Million inBitcoin." Daily Dot, October 21, 2014.http://www.dailydot.com/politics/moolahdogecoin-alex-green-ryan-kennedy-ryan-gentle-millions-missing-mintpal/.

188 Pick, L. "Nearly $2 Million Worth ofVericoin Stolen from MintPal, Hard Fork Implemented." Digital CurrencyMagnates, July 15, 2014.http://dcmagnates.com/nearly-2-million-worth-of-vericoin-stolen-from-mintpal-hard-fork-considered/.

189 Greenberg, A. "Hacker HijacksStorage Devices, Mines $620,000 inDogecoin." Wired, June 17, 2014.http://www.wired.com/2014/06/hacker-hijacks-storage-devices-mines-620000-in-dogecoin/.

190 Swan, M. "Scaling CrowdsourcedHealth Studies: The Emergence of aNew Form of Contract ResearchOrganization." Pers Med. 9, no. 2(2012): 223 – 34

191 Reitman, R. "Beware the BitLicense:New York's Virtual CurrencyRegulations Invade Privacy and HamperInnovation." Electronic FrontierFoundation, October 15, 2014.https://www.eff.org/deeplinks/2014/10/bebitlicense-new-yorks-virtual-currency-regulations-invade-privacy-and-hamper.

192 Santori, M. "What New York's Proposed Regulations Mean for Bitcoin Businesses." CoinDesk, July 18, 2014. http://www.coindesk.com/new-yorks- proposed-regulations-mean-bitcoin- businesses/.

193 Cowen, T. Average Is Over: Powering America Beyond the Age of the Great Stagnation. New York: Dutton Publishing, 2013.

194 Antonopoulos, A.M. Mastering Bitcoin: Unlocking Digital Crypto- Currencies. Sebastopol, CA: O'Reilly Media, 2014.

195 Bostrom, N. Superintelligence: Paths, Dangers, Strategies. Oxford, UK: Oxford University Press, 2014.

196 Swan, M. "Blockchain-Enforced Friendly AI." Crypto Money Expo, December 5, 2014. http://cryptomoneyexpo.com/expos/inv2/ and http://youtu.be/qdGoRep5iT0/.

区块链专业名词中英文对照表

由巴比特mastering bitcoin翻译小组和本书翻译组修订

A

51% attacks 51%攻击

51% attacks 攻击

account level(multiaccountstructure)账户等级（多账户结构）

accounts 账户

adding blocks to 增加区块至

addition operator 加法操作符

addr message 地址消息

Advanced Encryption Standard(AES)高级加密标准(AES)

aggregating 聚合

aggregating into blocks 聚集至区块

alert messages 警告信息

altchains 竞争币区块链

altcoins 竞争币

anonymity focused 匿名的

architecture of 的架构

assembling 集合

assembling 集合

assembling blocks into将区块集合至

attacks攻击

authentication path认证路径

B

backing up备份

balanced trees平衡树

balances余额

Base58 Check encodingBase58Check编码

Base58 CheckencodingBase58Check编码

Base58 encodingBase58编码

Base58 encodingBase58编码

Base-64 representationBase-64表示

binary hash tree二叉哈希树

BIP0038 encryptionBIP0038加密标准

bitcoin addressesvs.比特币地址与

bitcoin ledger,outputs in比特币账目 输出日志

bitcoin network比特币网络

BitmessageBitmessage

Blake algorithmBlake算法

Blockchain 区块链、账链

block chain apps区块链应用

block generation rate

block generation rate出块速度

block hash区块散列值

block header hash区块头散列值

block headers区块头

block height区块高度

block templates区块模板

blockchains区块链

bloom filtersand布鲁姆过滤器(bloom过滤器)

BOINC open grid computingBOINC开放式网格计算

broad casting to network全网广播

broad casting transactions to广播交易到

C

centralized control中心化控制

chaining transactions交易链条

Check Block function(Bitcoin Coreclient)区块检查功能(BitcoinCore客户端)

CHECKMULTISIG implementationCHECKMULTISIG实现

checksum校验和

child key derivation(CKD) function子密钥导出(CKD)函数

child private keys子私钥

coinbase reward calculatingcoinbase奖励计算

coinbase rewardscoinbase奖励

coinbase transactioncoinbase交易

CoinJoinCoinJoin

cold-storage wallets冷钱包

colored coins彩色币

compressed keys压缩钥

compressed private keys压缩格式私钥

compressed public keys压缩格式公钥

computing power算力

connections连接

consensus attacks一致性功能攻击

consensus innovation一致性的创新

constant常数

constructing建造

constructing block headers

constructing block headers with通过……构造区块头部

constructing block headers with通过……构造区块头部

converting compressed keys to将压缩地址转换为

converting to bitcoin addresses转换为比特币地址

counterparty protocol合约方协议

257

creating full blockchains on建立全节点于
creating on nodes在节点上新建
crypto-currency加密数字货币
Cunning hamprime chains坎宁安素数链
currency creation货币创造

D

Darkcoin暗黑币（译者注：现已更名为达世币）
data structure数据结构
decentralized去中心化
decentralized consensus去中心化共识
decoding Base58Check to/from hexBase58Check编码与16进制的相互转换
decoding to hex解码为16进制
deflationary money通缩货币
demurrage currency滞期费
denial of service attack拒绝服务攻击
deterministic wallets确定性钱包
difficulty bits难度位
difficulty retargeting难度调整
difficulty targets难度目标
digitalnotary services数字公正服务
domain name service(DNS)域名服务(DNS)
double-spend attack双重支付攻击
dual-purpose双重目标
dual-purposemining双重目的挖矿

E

ecommerce servers keys for电子商务服务器……的密钥
electricity cost电力成本
electricity cost and target difficulty电力消耗与目标难度
Electrum walletElectrum 钱包
ellipticcurve multiplication椭圆曲线乘法

encoding/decoding from Base58Check依据Base58Check编码/解码
encrypted加密
encrypted private keys加密私钥
extended key扩展密钥
extra nonce solutions添加额外nonce的方式

F

fees
fees手续费
field programma blegatearray(FPGA)现场可编程门阵列(FPGA)
fork attack分叉攻击
forks分叉
full nodes完整节点

G

generating生成
generation transactions
generation transactions生成交易（这是字面意思，本义是产生比特币的交易）
generator point生成点
genesis block创世块
genesis block in创世区块
GetBlock Template(GBT)mining protocolGetBlockTemplate(GBT)挖矿协议
gettingon SPV nodes获取SPV节点
GetWork(GWK) mining protocolGetWork(GWK)挖矿协议
graphical processing units(GPUs)图形处理单元(GPUs)

H

hackers黑客
hardware wallets硬件钱包
hashing powerand哈希算力
HD walletHD钱包

header hash头部散列值
Hierarchy deterministic分层确定的

I

identifiers标识符
immutability of blockchai区块链不可更改性
implementing in Python由Python实现
in block header在区块的头部
independent verificatio独立验证
innovation创新
inputs输入

K

key formats密钥格式

L

Level DB database(Google)LevelDB数据库(Google)
light weight轻量级
linking blocks to将区块连接至
linking to blockchain连接至区块链
lock time锁定时间
lock time锁定时间
locking scripts锁定脚本

M

managed pools托管池
mastercoin protocol万事达币协议
memorypool内存池
merkle treemerkle树
metachains附生块链
mining挖矿

mining挖矿
mining blocks successfully成功产(挖)出区块
mining pools矿池
mining rigs矿机
modifying private key formats修改密钥格式
monetary parameter alternatives货币参数替代物
Moore'sLaw摩尔定律
multi account structure多重账户结构
multi-signature addresse多重签名地址
multi-signature addresses多重签名地址
multi-signature scripts多重签名脚本
multi-signatureaccount多重签名账户

N

Namecoin域名币
Namecoin
navigating导航
nodes节点
nodes节点
nonce随机数
noncurrency非货币
nondeterministic wallets非确定性的

O

on full nodes在全节点上
on new nodes在新节点上
on SPV nodes在SPV节点
on the bitcoin network在比特币网络中
OP_RETURN operatorOP_RETURN操作符
OpenSSL cryptographiclibraryOpenSSL密码库
orphan block孤块
outputs输出

261

P

P2P PoolP2Pool（一种点对点方式的矿池）

parent blocks父区块

paths for路径

peer-to-peer networksP2P网络

physical bitcoin storage比特币物理存储

pool operator of mining pools矿池运营方

priority of的优先级

priority of transactions交易优先级

proof of stake权益证明

proof of work工作量证明

proof-of-work algorithm

proof-of-work algorithm工作量证明算法

propagating transactions on交易广播

protein folding algorithms蛋白质折叠算法

public child key derivation公钥子钥派生

public child key derivation导出公有子密钥

public key derivation公钥推导

publickeys公钥

purpose level(multiaccount structure)目标层（多账户结构）

Python ECDSA libraryPythonECDSA库

R

random随机

random wallets随机钱包的

retargeting切换目标

RIPEMD160RIPEMD160一种算法

risk balancing适度安保

risk diversifying分散风险

root of trust可信根

root seeds根种子

S

satoshis 聪

scriptcons truction 脚本构建

scriptl anguage for 脚本语言

Scriptlanguage 脚本语言

scripts 脚本

scrypt algorithm scrypt 算法

scrypt-N algorithm scrypt-N 算法

Secure Hash Algorithm(SHA) SHA(SecureHashAlgorithm)

security 安全

seed nodes 种子节点

seeded 种子

seeded wallets 种子钱包

selecting 选择

SHA256 SHA256

SHA3 algorithm SHA3 算法

shopping carts public keys 购物车公钥

simplified payment verification (SPV) nodes 简易支付验证（SPV）节点

Skein algorithm Skein 算法

smart contracts 智能合约

solo miners 独立矿工

stateless verification of transactions 交易状态验证

statelessness 无状态

storage 存储

Stratum(STM) mining protocol Stratum 挖矿协议

structure of 的结构

sx tools sx 工具

syncing the blockchain 同步区块链

system security 系统安全

T

taking off blockchain从区块链中删除

timeline时间轴

timestamping blocks带时间戳的区块

transaction fees矿工费

transaction fees交易费

transaction pools交易池

transaction validation交易验证

transactions independent verification独立验证交易

tree structure树结构

Trezor walletTrezor钱包

Turing Complete图灵完备

tx messagestx消息

Type-0 nondeterministic wallet原始随机钱包

U

uncompressed keys解密钥

unconfirmed transactions未确认交易

user security用户安全性

UTXO poolUTXO池

UTXO setUTXO集合

V

validating new blocks验证新区块

validation验证条件

validation(transaction)校验(交易)

vanity靓号

vanity addresses靓号地址

vanity-miners靓号挖掘程序

verification验证

verification criteria验证条件

version message版本信息

W

Wallet Import Format(WIF)钱包导入格

wallets钱包

图书在版编目（CIP）数据

区块链：新经济蓝图及导读／（美）斯万著；韩锋主编. —北京：新星出版社，2016.1（2018.3重印）
ISBN 978-7-5133-1972-0

Ⅰ.①区… Ⅱ.①斯… ②韩… Ⅲ.①电子商务－支付方式－研究 Ⅳ.①F713.36

中国版本图书馆CIP数据核字（2015）第281748号

区块链：新经济蓝图及导读

[美] 梅兰妮·斯万 著

责任编辑：汪　欣
责任印制：李珊珊
封面设计：Ellie Volckhausen　张健

出版发行：新星出版社
出 版 人：谢　刚
社　　址：北京市西城区车公庄大街丙3号楼　　100044
网　　址：www.newstarpress.com
电　　话：010-88310888
传　　真：010-65270449
法律顾问：北京市大成律师事务所

读者服务：010-88310811　　service@newstarpress.com
邮购地址：北京市西城区车公庄大街丙3号楼　　100044

印　　刷：北京京都六环印刷厂
开　　本：787mm×1092mm　　1/16
印　　张：17
字　　数：140千字
版　　次：2016年1月第一版　2018年3月第六次印刷
书　　号：ISBN 978-7-5133-1972-0
定　　价：50.00元

版权专有，侵权必究；如有质量问题，请与印刷厂联系调换。